SAÚDE, DESENVOLVIMENTO E GLOBALIZAÇÃO:
Um Desafio Para Os Gestores Do Terceiro Milênio

S255 Saúde, desenvolvimento e globalização : um desafio para os gestores do terceiro milênio / organizadoras, Tâmara Iwanow Cianciarullo, Vitória Kedy Cornetta . – São Paulo Ícone, 2002.
337 p. ; 24 cm.

ISBN 85-274-0665-9

1. Saúde Pública. I. Cianciarullo, Tâmara Iwanow. II. Cornetta, Vitória Kedy. III. Título.

CDU 614

Catalogação na publicação:
Samile Andréa de Souza Vanz CRB 10/1398

Organizadoras

Tamara Iwanow Cianciarullo
Vitória Kedy Cornetta

SAÚDE, DESENVOLVIMENTO E GLOBALIZAÇÃO:
Um Desafio Para Os Gestores Do Terceiro Milênio

© Copyright 2002.
Ícone Editora Ltda.

Capa
Andréa Magalhães da Silva

Diagramação
Rejane Mota

Revisão
Marcus Macsoda Facciollo

Proibida a reprodução total ou parcial desta obra, de qualquer forma
ou meio eletrônico, mecânico, inclusive através de processos
xerográficos, sem a permissão expressa do editor.
(Lei n.º 9.610/1998).

Todos os direitos reservados pela
ÍCONE EDITORA LTDA.
Rua das Palmeiras, 213 - Sta. Cecília
CEP: 01226-010 - São Paulo - SP
Tel./Fax: (11) 3666-3095
www.iconelivraria.com.br
E-mail: editora@editoraicone.com.br

AUTORES

Mara Regina Santos Silva – Enfermeira; Professora do Departamento de Enfermagem da Universidade Federal do Rio Grande; Doutoranda da PEN/UFSC.

Silvana Sidney Costa Santos – Enfermeira; Professora da Faculdade de Enfermagem N.S. das Graças da Universidade de Pernambuco; Doutoranda da PEN/UFSC.

Telma Marques da Silva – Enfermeira; Professora da Universidade Federal de Pernambuco; Doutoranda da PEN/UFSC.

Neusa de Queiroz Santos – Enfermeira; Especialista em Imunologia Básica e Microbiologia Clínica; Doutoranda da PEN/UFSC.

Marilene Rodrigues Portela – Enfermeira; Professora da Universidade de Passo Fundo; Doutoranda da PEN/UFSC.

Marisa Monticelli – Enfermeira; Professora do Departamento de Enfermagem da Universidade Federal de Santa Catarina; Doutoranda da PEN/UFSC.

Nazaré Otília Nazário – Enfermeira do Hospital Universitário da UFSC; Doutoranda da PEN/UFSC.

Eliane Maria Ribeiro de Vasconcelos – Enfermeira; Professora do Departamento de Enfermagem da Universidade Federal de Pernambuco; Terapeuta Floral; Doutoranda da PEN/UFSC.

Francine Lima Gelbcke – Enfermeira; Professora Assistente IV do Departamento de Enfermagem da Universidade Federal de Santa Catarina; membro do Núcleo de Pesquisa e Estudos sobre o Trabalho, Saúde e Cidadania; Doutoranda da PEN/UFSC.

Kenya Schmidt Reibnitz – Enfermeira; Professora Titular do Departamento de Enfermagem da Universidade Federal de Santa Catarina; membro do Núcleo de Estudos sobre Inventos e Adaptações Tecnológicas em Enfermagem; Coordenadora Didático-pedagógica do Projeto Auxiliar de Enfermagem da UFSC; Diretora de Educação da ABEn-SC ; doutoranda da PEN/UFSC.

Eda Schwartz – Enfermeira; Professora do Departamento de Enfermagem da Universidade Federal de Santa Maria; Doutoranda da PEN/UFSC.

Vera Maria Ribeiro Nogueira – Professora do Departamento de Serviço Social da Universidade Federal de Santa Catarina; Doutoranda da PEN/UFSC.

Antonio Carlos Onofre de Lira – Médico; Doutor pela Faculdade de Medicina da Universidade de São Paulo; Diretor Executivo do Instituto Central do Hospital das Clínicas da FMUSP.

Débora Pimenta Ferreira – Médica ; Doutora pela Faculdade de Medicina da Universidade de São Paulo ; Assistente Técnico do Instituto Central do Hospital das Clínicas da FMUSP.

Bernard François Couttolenc – Economista; Doutor pela Harvard University; Professor Doutor da Faculdade de Saúde Pública da Universidade de São Paulo; Consultor Internacional em Economia da Saúde.

Elma Lourdes Campos Pavone Zoboli – Enfermeira; Mestra em Saúde Pública; Professora Assistente da Escola de Enfermagem da Universidade de São Paulo.

Paulo Antonio de Carvalho Fortes – Médico; Professor Livre-docente da Faculdade de Saúde Pública da Universidade de São Paulo; Consultor em Ética e Bioética das Organizações de Saúde.

Vitória Kedy Cornetta – Advogada; Doutora em Saúde Pública; Professora Livre-docente da Faculdade de Saúde Pública da Universidade de São Paulo; Consultora em nível nacional e internacional em Sistemas de Saúde.

Tamara Iwanow Cianciarullo – Enfermeira; Doutora em Sociologia; Professora Titular da Escola de Enfermagem da Universidade de São Paulo e da Universidade Federal de Santa Catarina; Consultora em nível nacional e internacional em Sistemas de Saúde; Coordenadora de Programas MINTER em Enfermagem (1997- 2001).

SUMÁRIO

Prefácio, 9

DESENVOLVIMENTO SUSTENTÁVEL E SAÚDE, 11

1. A SAÚDE NO CONTEXTO DO DESENVOLVIMENTO SUSTENTÁVEL, 13

Autoras: Mara Regina S. Silva e Silvana Sidney C. Santos

2. A POBREZA E A SAÚDE: que perspectiva de vida saudável teremos para o século XXI?, 37

Autora: Telma Marques da Silva

3. A ARTE DO CUIDADO, A ECOLOGIA E O DESENVOLVIMENTO SUSTENTÁVEL, 55

Autora: Neusa de Queiroz Santos

4. O DESENVOLVIMENTO SUSTENTÁVEL E O CUIDADO AO IDOSO: desafios convergentes, 87

Autora: Silvana Sidney Costa Santos

GLOBALIZAÇÃO E BEM-ESTAR HUMANO, 101

1. GLOBALIZAÇÃO, CULTURA E CIDADANIA, 103

Autoras: Marilene Rodrigues Portela, Marisa Monticelli e Nazaré Otília Nazário

2. BEM-ESTAR HUMANO E SUA INFLUÊNCIA NA SAÚDE, 127

Autora: Eliane Maria Ribeiro de Vasconcelos

3. EMPREGABILIDADE: perda ou reconquista da cidadania?, 149

Autoras: Francine Lima Gelbcke e Kenya Schmidt Reibnitz

4. EXCLUSÃO SOCIAL: a desigualdade do século XX, 175

Autoras: Eda Schwartz e Vera Maria Ribeiro Nogueira

5. QUALIDADE DE VIDA E ORGANIZAÇÃO DO TRABALHO: questões relevantes para a Enfermagem, 199

Autora: Francine Lima Gelbcke

A QUESTÃO DA SAÚDE NO TERCEIRO MILÊNIO, 235

1. NECESSIDADES HUMANAS E SAÚDE, 237
Autora: Tamara Iwanow Cianciarullo

2. SISTEMAS E TECNOLOGIA DE INFORMAÇÃO PARA A GESTÃO EM SAÚDE, 249
Autor: Antonio Carlos Onofre de Lira

3. INDICADORES EM SAÚDE: construção e uso, 259
Autora: Débora Pimenta Ferreira

4. A DIMENSÃO ECONÔMICA DA SAÚDE, 271
Autor: Bernard François Couttolenc

5. ÉTICA E GESTÃO EM SERVIÇOS DE SAÚDE, 305
Autores: Elma Zoboli e Paulo Antonio de Carvalho Fortes

6. RECURSOS HUMANOS EM SAÚDE: reflexões e desafios, 321
Autora: Vitória Kedy Cornetta

7. O CONHECIMENTO E A PESQUISA NA SAÚDE: suas implicações no cenário atual, 337
Autora: Tamara Iwanow Cianciarullo

PREFÁCIO

A construção da saúde pública, no século XX, foi marcada pela crescente presença da articulação entre saberes que se debruçam sobre o "fenômeno coletivo" da saúde e da doença e aqueles que se orientam para o terreno da organização em administração das ações de saúde.

Com certa importância destaca-se, nestes últimos anos, o impacto deste longo processo sobre a emergência de novos paradigmas gerenciais na saúde.

Dentro deste panorama, torna-se um desafio a possibilidade de se pensar modelos organizacionais que permitam operar sobre os processos decisórios em saúde.

A década de 90 apresentou alguns desafios difíceis de serem superados pelas pessoas e organizações.

A prática e a teoria, nos diversos campos da administração na área de saúde, modificam-se constantemente.

Este livro dedica-se a contemplar as idéias e realidades que vêm alterando os conceitos tradicionais de gerência em serviços de saúde.

Os autores expõem, ao longo dos trabalhos apresentados, as alterações e desafios que acompanham o novo paradigma e caracterizam as mudanças importantes para os gestores do terceiro milênio: um desafio a todos aqueles que gerenciam, ensinam e estudam as organizações.

O futuro econômico e social de uma nação depende da administração criativa dos seus membros.

Este é um livro cuja missão é instruir e inspirar, fornecendo descrições sobre os conceitos e práticas importantes da administração moderna, permitindo aos leitores refletirem sobre os efeitos dessas mudanças em suas vidas, analisando os modos possíveis de se relacionarem com as novas organizações e incluí-los criativamente em seus projetos.

Prof. Dr. João Yunes
Diretor da Faculdade de Saúde Pública
da Universidade de São Paulo

DESENVOLVIMENTO SUSTENTÁVEL E SAÚDE

A Saúde no Contexto do Desenvolvimento Sustentável

Mara Regina Santos Silva[1]
Silvana Sidney Costa Santos[2]

Propósito deste capítulo

Este capítulo apresenta um trabalho de reflexão que se propõe a ampliar o campo da Enfermagem na interface com o meio ambiente, procurando correlacionar algumas questões entrelaçadas com a saúde, o cuidado e o desenvolvimento sustentável. Com este propósito utilizamos, como fonte de dados, material bibliográfico produzido em diferentes áreas do conhecimento, procurando estabelecer uma ponte entre eles e o campo específico da Enfermagem.

Questões abordadas

1. Explicitação de alguns conceitos-chaves imbricados na relação saúde e desenvolvimento sustentável, tais como: meio ambiente, ecologia, ecossistema, cuidado humano, cuidado profissional e cuidado ecológico, desenvolvimento sustentável.

2. A saúde no Brasil e sua inserção no desenvolvimento sustentável.

3. Caminhos possíveis para a convergência da saúde com o desenvolvimento sustentável.

---

[1] Enfermeira. Professora do Departamento de Enfermagem da Universidade Federal do Rio Grande. Aluna do Doutorado em Enfermagem da UFSC.

[2] Enfermeira. Professora da Faculdadede de Enfermagem N. S. das Graças, Universidade de Pernambuco – UPE. Aluna do Doutorado em Enfermagem da UFSC.

INTRODUÇÃO

"Se a alegria e os pesares, se o descontentamento e a satisfação não perturbassem o espírito dos seres humanos, estes se pareceriam então com o universo. A fronteira entre a felicidade e a desgraça desapareceria. Quando os seres humanos compreenderem que o seu bem maior é ser semelhante a todos os outros seres vivos serão felizes e não poderão perder esse bem: transformar-se-ão sem procurarem fixar-se" (Confúcio).

Tomando como ponto de partida que a Enfermagem é uma profissão comprometida com o cuidado do ser humano e que este faz parte do meio ambiente, sobre o qual detém a competência para influenciá-lo e modificá-lo, ao mesmo tempo em que é por ele influenciado e modificado, procuramos, neste estudo, resgatar a intrínseca relação entre a profissão que cuida, o ser que é cuidado e o ambiente onde este cuidado se realiza. Relação esta cuja importância é reconhecida e referendada desde os tempos de Florence Nightingale[3], embora nem sempre tenha recebido a atenção que merece.

Baseada em relatório da OMS, Pascalicchio (1998) diz que cerca de 75% dos 49 milhões de pessoas que morrem todos os anos são vítimas de doenças relacionadas às questões ambientais ou a estilos de vida e, por essa razão, passa a ser imprescindível relacionar a questão da saúde com o meio ambiente. Acrescentamos a isso a inadiável necessidade de promover um rompimento com a visão antropocêntrica, predominante da modernidade, que concebe o domínio do homem sobre a natureza e, novamente, reconduzi-lo a ser apenas uma das partes integrantes desta natureza e não mais o seu dominador.

Respaldado em Arendt e Wolin, Leis (1999) reafirma que antes do século VI a.C. a natureza, o ser humano e a sociedade formavam um contínuo e estavam submetidos à mesma legalidade. Assim, em

---

[3] Enfermeira. Precursora da Enfermagem moderna que viveu na Inglaterra de 1820 a 1910, tendo atuação destacada na guerra da Criméia. Em seu país, atuou na reforma de hospitais militares de campanha, na administração sanitária do exército; participou da elaboração de políticas internas e externas; atuou como *expert* em assuntos sanitários e lançou as bases da Enfermagem como profissão, para todo o mundo (Castro, 1989).

termos de relevância os fenômenos ficavam, praticamente, indiferenciados entre eles. Para esses autores, os primeiros a separar a legalidade da sociedade da legalidade da natureza foram os sofistas, no século V a.C.

Ainda no século XIX, época em que segundo Leis (1999) tem origem a preocupação estética pelo meio ambiente, este tema começa a espalhar-se por todo tipo de lugar e pessoas e membros das mais variadas formações e pertencentes a todo tipo de instituições e setores sociais começam a concientizar-se acerca de sua importância.

Bem mais tarde, já na década de 60 do século XX, iniciou-se, em caráter mais formal, a preocupação da comunidade internacional com os limites do desenvolvimento do planeta. Isto aconteceu em decorrência das discussões sobre os riscos da degradação do meio ambiente. Tais discussões ganharam tamanha repercussão que levaram a ONU a instituir, em 1983, uma Comissão Mundial sobre o Meio Ambiente e Desenvolvimento (CMMAD), com a finalidade de criar propostas para harmonizar as questões de meio ambiente e desenvolvimento. Esta comissão, que ficou conhecida pelo nome de seu presidente, "Comissão Brundtland", teve seu trabalho destacado pelo fato de conseguir um consenso mundial que ultrapassou as diferenças políticas existentes entre países ricos e pobres, capitalistas e socialistas, através da articulação entre a ética e a política e, fundamentalmente, pelo reconhecimento da complexidade e interdependência de países e fenômenos.

De acordo com Barbieri (1997), ao encerrar suas atividades em 1987, esta Comissão apresentou seu relatório denominado "Nosso Futuro Comum", cujo núcleo está centrado na formulação de princípios do que hoje conhecemos como desenvolvimento sustentável. Conforme este relatório, "o desenvolvimento sustentável é um processo de transformação no qual a exploração dos recursos, a direção dos investimentos, a orientação do desenvolvimento tecnológico e a mudança institucional se harmonizam e reforçam o potencial presente e futuro, a fim de atender às necessidades e aspirações humanas" (CMMAD; 1988, p. 49).

Ainda, segundo Barbieri (1997, p. 25), a partir desse conceito de desenvolvimento, a Comissão Brundtland recomendou: retomar o crescimento como condição necessária para erradicar a pobreza; mudar a qualidade do crescimento para torná-lo mais justo, eqüitativo e menos intensivo em termos de matéria-prima e energia; atender às suas necessidades humanas essenciais de emprego, alimentação, energia, água e saneamento; manter um nível populacional sustentável; conservar e melhorar a base de recursos; reorientar a tecnologia e administrar os riscos e incluir o meio ambiente e a economia no processo decisório.

Já em 1992, por convocação da ONU, através da resolução 44/228, realizou-se no Rio de Janeiro a Conferência das Nações Unidas sobre o Meio Ambiente e Desenvolvimento, denominada "Cúpula da Terra", que aprovou um documento intitulado "Agenda 21", o qual incorpora e consagra as linhas mestras do relatório da Comissão Brundtland. Foi nessa Conferência que a interface entre o conceito de desenvolvimento e a sustentabilidade apareceu.

Esse breve histórico mostra-nos que o meio ambiente, que até bem pouco tempo atrás detinha pouca visibilidade tanto na área política quanto na área da saúde, obriga-nos, hoje, a repensar o seu lugar, já que as principais tendências socioeconômicas e suas mais prováveis conseqüências ambientais, referidas por diversos autores, apontam para o rápido crescimento da população, trazendo como conseqüência provável o aumento da pobreza e a escassez dos recursos naturais; a globalização da economia e o avanço tecnológico, provocando, tanto por via direta quanto indireta, a contaminação e/ou degradação dos ecossistemas; a forma como o ser humano vem utilizando o ambiente e seus recursos que, muitas vezes, acaba produzindo mudanças climáticas globais, perda da biodiversidade e perda da diversidade cultural. Todos esses problemas, além de outros que pairam como ameaças sobre o próprio homem, obrigam-nos a pensar e recriar formas diferentes para bem viver neste planeta. Ao mesmo tempo, torna-se praticamente inviável que os profissionais da saúde continuem a prestar um cuidado dissociado dessas questões que ameaçam a si próprios e a seus clientes.

Segundo Leis (1999) não há dúvidas de que se não houver modificações em aspectos importantes do atual modelo civilizatório, a fim de produzir uma aproximação entre critérios ecológicos e dinâmica social, a espécie humana corre riscos de sobrevivência a longo prazo. Para esse autor, não se trata de impor uma finalidade à sociedade, rebelando-se contra o curso dos acontecimentos, mas de buscar efetivamente algumas alternativas.

Diante do acelerado processo de degradação ambiental que repercute em todas as formas de vida sobre o planeta, é preciso muito mais que uma readaptação de conceitos ou mesmo da forma de viver, é mister que se proceda a uma reconceitualização e transformação da própria política com relação ao meio ambiente e também desta forma de viver cada vez mais mutilante para a natureza e, fundamentalmente, a uma crítica profunda ao dualismo contemporâneo, que trata a humanidade e a natureza como entidades dissociadas e diferentes.

As causas da atual crise ecológica vão muito além da falta de compreensão dos riscos ambientais existentes. Elas desafiam a humanidade a encontrar soluções abrangentes e complexas que transcendem as capacidades da ciência, da técnica e das instituições políticas existentes. A complexa inter-relação dos problemas ambientais com a economia, a política e a cultura, em geral, colocam o ambiente e o desenvolvimento como duas questões intrinsecamente unidas e sugere, precisamente, que sua resolução compreende um amplo espectro de níveis de conhecimentos e de práticas que incluem não apenas as ciências naturais e humanas, senão também a cultura, a filosofia e a religião, em sentido amplo (Leis, 1999, p. 24).

As questões ambientais envolvem, com certeza, numerosas trocas e negociações entre dimensões e atores diferentes e implicam em tomar decisões em contextos muitas vezes paradoxais. Sabemos que desde a percepção dos problemas até chegar aos meios para resolvê-los pode haver um longo caminho, muitas vezes tortuoso, que passa pelos custos sociais e políticos neles imbricados. Entretanto, é inadiável que os profissionais da saúde passem a inserir como parte indissociável do cuidado que desenvolvem as questões do macrocontexto ambiental, no qual a saúde do ser humano, razão do seu trabalho, torna-se possível ou não, e assim, talvez, resgatar uma relação para a qual Florence Nightingale já chamava a atenção, no século XIX, quando defendia que era papel da enfermeira colocar seu cliente num ambiente em que a natureza lhe proporcionasse uma condição ótima de saúde, através do estímulo da ventilação, pelo ar fresco; evitando a perda desnecessária do calor; removendo substâncias que pudessem causar odor nocivo; evitando barulho, principalmente durante o sono, e possibilitando ao cliente ver o céu e a luz do sol.

Mesmo distantes no tempo, pensamos que essas ações sugeridas pela enfermeira Nightingale estão assentadas em pressupostos que, de certa forma, revelam a importância dada por ela aos ecossistemas na construção do cuidado efetivo, desde o século XIX.

CONCEITOS CHAVE IMBRICADOS NA QUESTÃO SAÚDE E DESENVOLVIMENTO SUSTENTÁVEL

Meio Ambiente

Pode ser entendido como um sistema no qual interagem os seres humanos, o próprio meio, a sociedade e a natureza, apontando para a superação da preocupação imediatista de proteção e de conservação. Numa visão mais abrangente, o meio ambiente é entendido como um espaço socialmente construído nas relações cotidianas, que são permeadas por atividades econômicas, sociais e políticas.

Para o Centro de Informações Multieducação (CIM) o meio ambiente é um lugar determinado e/ou percebido, onde estão em relações dinâmicas e em constante interação os aspectos naturais e sociais, cujas relações acarretam processos de criação cultural e tecnológica, assim como processos históricos e políticos de transformação da natureza e da sociedade, enquanto que para Kim (1992) o meio ambiente é a parte essencial da existência humana. É a entidade que existe externamente ao ser humano, concebida como um todo ou contendo muitos elementos distintos, pois muitas das condições de saúde humana estão associadas com os fatores ambientais.

Para essa autora não é suficiente dizer que as condições e as experiências humanas, tais como saúde, doença ou crescimento, são afetadas pelo ambiente. É necessário ir mais longe e considerar que a natureza humana também permite o uso consciente e propositado das condições para o benefício da existência. Fatores no ambiente mais imediato de uma pessoa, como exemplo a poluição, podem ser considerados como tendo influência sobre o estado de saúde, de crescimento e de sentimentos do ser humano. Num sentido restrito, a existência humana não pode ser considerada fora do contexto ambiental.

O meio ambiente para Kim (1992) é também uma entidade complexa, formada por três características: o *meio ambiente num sentido espacial*, que é conceituado em círculos concêntricos em volta da pessoa que está no centro, indicando a proximidade dos elementos ambientais para com a pessoa; o *meio ambiente temporal*, compreendendo os aspectos do ambiente com respeito à duração e ao modo de presença, isto é, se os elementos existem no ambiente de uma maneira padronizada, sistemática ou de uma maneira casual, irregular; o *meio ambiente focado sobre o aspecto qualitativo*, considerado em termos de *qualidades físicas, sociais e simbólicas.*

No aspecto qualitativo, o *meio ambiente físico* consiste dos aspectos do meio ambiente geradores de energia e baseados na matéria que aparecem em vários formatos de elementos bióticos e abióticos. O *meio ambiente social* refere-se aos seres humanos e grupos com os quais um ser humano interage e se comunica. O *meio ambiente simbólico* consiste de *elementos conceituais* como idéias, valores, crenças e conhecimento; *elementos normativos* como regras, leis, expectativas e repressões; *elementos institucionais* como posições na vida real, organizações, instituições, sociedade e cultura.

Segundo Kim (1992) a perspectiva da Enfermagem requer conceituações de meio ambiente de duas maneiras específicas: primeiro, tendo *o meio ambiente do cliente como o ser humano sendo o centro do campo concêntrico*, isto é, o meio ambiente do cliente é a realidade externa identificável de acordo com as três dimensões, ou seja, espacial, temporal e qualitativa, sendo então o meio ambiente do cliente adequado à especificidade de sua doença. Percebemos então que algumas teóricas da Enfermagem apresentam entendimentos diferenciados sobre o meio ambiente e o cliente. Para Rogers, o meio ambiente é uma totalidade, uma entidade que apenas é expremível como um todo. Emógenes Kim conceitua o meio ambiente como um mundo que é percebido por um ser humano, composto por outros seres humanos e por coisas que são fontes de fatores de estresse para a pessoa. Já Neuman vê o meio ambiente como aquilo a partir do qual os estresses e os estímulos são gerados em direção ao ser humano e com o qual o mesmo tenta atingir equilíbrio.

A outra maneira de conceituar-se ambiente na Enfermagem é perceber *o meio ambiente como o ambiente de tratamento de enfermagem, no qual este ambiente recebe uma intenção simbólica específica, que é a intenção da saúde e da Enfermagem* (Kim,1992). Nesta perspectiva, o meio ambiente pode ser concebido como aquele definido especificamente em termos sociais, no qual o ser humano passa a ser designado como cliente.

Ecologia

Em 1869, Ernst Haeckel, em seu livro *Generelle Morphologie des Organismen* conceituava ecologia como um ramo da biologia, responsável por estudar o relacionamento dos seres vivos entre si e com o seu meio ambiente. Boff (1999b), utilizando esse mesmo autor, reafirma que ecologia é o estudo do inter-retro-relacionamento de todos os sistemas vivos e não-vivos entre si e com o meio ambiente, entendido este como casa, donde deriva a palavra ecologia (*oikos* em grego = casa).

Aprofundando esse conceito, Guatarri (1999), no início da década de 90, aponta três dimensões para a ecologia: a *ambiental*, que se ocupa com o meio ambiente e as relações que as sociedades históricas têm com ele; a *social*, que se preocupa, principalmente com as relações sociais, enquanto pertencentes às relações ecológicas, entendendo o ser humano pessoal e social enquanto parte do todo natural; a *mental*, que parte da constatação de que a natureza é interior ao ser humano, ou seja, encontra-se inserida em seu comportamento.

Em 1972, Odum apresenta uma conceituação de ecologia enquanto o estudo da estrutura e da função da natureza, entendendo que o ser humano faz parte dela, enquanto Wickersham, em 1975, concebe a ecologia como sendo a disciplina que estuda os processos interativos e a dinâmica de todos os seres vivos, com os aspectos químicos e físicos do meio ambiente e com cada um dos demais, incluindo os aspectos econômicos, sociais, culturais e psicológicos peculiares ao ser humano (CIM,1999). A ecologia é ainda um estudo interdisciplinar e interativo, que deve, por sua própria natureza, sintetizar informação e conhecimento o mais amplamente possível.

Não podemos esquecer que conforme Boff (1999b, p. 34), "(...) a terra é um superorganismo vivo, denominado Gaia, com calibragens refinadíssimas de elementos físico-químicos e auto-organizacionais que somente um ser vivo pode ter". Sendo assim, somos co-responsáveis pelo destino de nosso planeta, da biosfera, do equilíbrio social e planetário. Para que isto aconteça, o ser humano precisa entender a importância da existência de uma ecologia integral, a qual direciona a uma visão global e holística. Nessa perspectiva integral, não se pode afastar a sociedade e a cultura da ecologia, considerando-a enquanto relação de todos os seres vivos e não-vivos entre si e o meio ambiente. Também as questões econômicas, políticas, sociais, educacionais, urbanísticas e agrícolas entram no campo ecológico.

Outra questão importante é que não basta o conservacionismo (conservar as espécies em extinção), o preservacionismo (preservar em reservas ou parques naturais), o ambientalismo (conseguir a "purificação" do planeta), esses processos nada servem se não lembrarem da realidade de que o ser humano faz parte do meio ambiente, ele é, na verdade, um ser da natureza, com capacidade para modificar a si mesmo e a própria natureza e assim fazer cultura.

Ecossistema

É a unidade funcional da ecologia porque inclui, ao mesmo tempo, os seres vivos e o meio onde vivem, com todas as interações recíprocas entre o meio e os organismos. "É um conjunto de todos os sistemas, sejam naturais, sejam técnicos, projetados para o ser humano" (Boff,1999a, p. 195). Ainda pode ser conceituado como um sistema de interações entre os membros de diversos grupos humanos e com os componentes físicos e químicos do meio ambiente. Pode ser também o conjunto dos seres vivos e não vivos que estão inseridos numa região e constituem uma comunidade biológica, onde estão ligados entre si por uma intricada rede de relações.

Outra conceituação de ecossistema, essa descrita por Hurtubia, nos anos 80, considera-o como um sistema aberto integrado por todos os organismos vivos, incluindo o ser humano, e os elementos não viventes de um setor ambiental, definido no tempo e no espaço, cujas propriedades globais de funcionamento, tais como fluxo de energia e ciclagem de matéria, e de auto-regulação/controle, derivam das relações entre todos os seus componentes, tanto pertencentes aos ecossistemas naturais quanto os criados ou modificados pelo ser humano.

Para Boff (1999b, p. 61), "existe o ecossistema planetário; dentro dele, com um dos seres singulares, está o ser humano, [...], está a sociedade como conjunto de relações entre seres, com suas instituições e estruturas de produção, distribuição e significação", mostrando então a complexidade do conceito de ecossistema e a importância da interação ser humano, sociedade e meio ambiente.

Cuidado Humano

Enquanto o termo *cuidar* denota uma ação dinâmica, pensada, refletida, o termo *cuidado* dá a conotação de responsabilidade e de zelo. Dessa forma, o processo de cuidar é a forma como se dá o cuidado dentro de um processo interativo, que desenvolve ações, atitudes e comportamentos embasados no conhecimento científico, na experiência, na intuição, tendo como ferramenta principal o pensamento crítico, sendo essas ações e/ou outros atributos realizados para e com o ser cuidado, no sentido de promover, manter e/ou recuperar sua dignidade e totalidade humanas. Por outro lado, o termo *assistir* parece ser uma ação mais passiva de observar, acompanhar, favorecer, auxiliar, proteger, na verdade o assistir e /ou a assistência não necessariamente incluem o cuidar/cuidado.

Esta conceituação apresenta o ponto de vista de Waldow (1998, p. 127), que mostra "o cuidar como comportamentos e ações, que envolvem conhecimento, valores, habilidades e atitudes, empreendidas no sentido de favorecer as potencialidades das pessoas para manter ou melhorar a condição humana no processo de viver e morrer. O cuidado seria então o fenômeno resultante do processo de cuidar." Esta autora refere ainda que o cuidado humano enquanto uma forma de viver, de ser e de expressar-se é também uma postura ética e estética frente ao mundo, ou seja, "é um compromisso com o estar no mundo e contribuir com o bem-estar geral, na preservação da natureza, da dignidade humana e da nossa espiritualidade; é contribuir na construção da história, do conhecimento, da vida."

Respaldando-se em Roach (1991), Waldow (1998) aponta o caráter responsivo do cuidado, considerando-o como uma resposta que envolve doação e autotranscendência e que, portanto, não deve ser confundido com auto-anulação ou subserviência, mas contendo os seguintes atributos: compaixão, competência, confiança, consciência e comprometimento. Acrescentamos a isso, também, a importância das relações interpessoais no processo de cuidar/cuidado.

Boff (1999a) privilegia sete conceitos essenciais que surgem como ressonância do cuidado, que são: o amor como fenômeno biológico, a justa medida, a ternura, a carícia, a cordialidade, a convivialidade e a compaixão, acrescentando ainda: a sinergia, a hospitalidade, a cortesia e a gentileza.

Waldow (1998) descreve as qualidades essenciais para o cuidar/cuidado, as quais incluem: o conhecimento do outro ser, a capacidade de modificar o próprio comportamento frente às necessidades do outro (qualidade também chamada de alterar ritmos), a honestidade, a humildade, a esperança e a coragem. Estas qualidades devem permear o cuidado, porém nunca criar dependência no ser cuidado, pois o cuidador tem o dever de possibilitar ao outro o conhecimento para que ele possa utilizar suas próprias capacidades.

Para o termo cuidado a filologia apresenta o significado de *cura*, vindo do latim, que se escrevia *coera* e era usada num contexto de relações de amor e de amizade, expressando atitude de cuidado, de desvelo, de preocupação e de inquietação pela pessoa amada ou pelo objeto de estimação. Outros derivam a palavra cuidado de *cogitare-cogitus* e de sua transformação *coyedar, coidar, cuidar*, também tendo o mesmo sentido de cura e mais: cogitar, pensar, colocar atenção, mostrar interesse, revelar uma atitude de desvelo e de preocupação. Interessante pontuar que o cuidado somente surge quando a existência de alguém tem importância para si. Cuidar é mais que um ato, é na verdade uma atitude e abrange mais que um momento de atenção, de zelo e de desvelo, vai além, representando uma atitude de ocupação, de preocupação, de responsabilização e de envolvimento afetivo com o outro ser (Boff, 1999a).

A partir dos escritos de Yves Leloup (1997), o cuidado é apresentado quando o autor comenta sobre os terapeutas, segundo Filon de Alexandria, os quais se baseiam no *quatérnio*, formado pela: dimensão corporal (soma), dimensão psíquica (alma), dimensão noética da consciência em paz (nous) e a dimensão espiritual (sopro). Para esses terapeutas a arte de cuidar inclui o reconhecimento de uma interligação entre si e o outro, condição da terapêutica, ou seja, cuido de mim e do outro com o mesmo empenho e busco ajuda quando não tenho os meios para todo o cuidado.

Cuidado Profissional

Neste conceito enfatizamos o cuidado específico da enfermagem, tomando como ponto de partida as leituras de Waldow (1998), as quais nos levam a entender o cuidado profissional de enfermagem como um conjunto de ações demarcadas pelo campo da ética, que deve fazer parte do ensino, do cotidiano do meio acadêmico e principalmente da prática profissional.

Assim como Waldow (1998) também consideramos que a prática da Enfermagem é essencialmente humana em sua natureza, tendo como sustentáculos o respeito, o cuidado pelas pessoas e a competência técnica. O respeito é evidenciado pelo cuidado a clientes, familiares, colegas e à profissão. O respeito e o cuidado são elementos necessários, porém não são suficientes, pois necessitam do conhecimento técnico específico. Entendemos, pois, que o cuidado profissional tem como base o cuidado humano, sem o qual a Enfermagem inexiste, e que o respeito pelas pessoas precede o cuidado na relação com o cliente.

Algumas implicações fundamentais estão presentes no ensino da prática do cuidar/cuidado, tais como: os docentes devem reafirmar a importância do cuidado e de seu significado; desenvolver estratégias que motivem e mobilizem para o cuidado; desenvolver competência teórica e prática. Nesse sentido, a reflexão crítica passa a ser um importante instrumento para a docente desenvolver o cuidar/cuidado com suas alunas.

Para Waldow (1998) não se pode ensinar comportamentos de cuidado, mas por outro lado ela considera que as profissionais que gerenciam os serviços na Enfermagem, têm como responsabilidade favorecer um ambiente de cuidado. Isto só é possível a partir da prática do empoderamento, cujo significado contempla a idéia de dar ou permitir poder ao outro. Esta conceituação de empoderar é vista como um processo social de reconhecer, de promover e de desenvolver as habilidades das pessoas, para que elas possam satisfazer suas próprias necessidades; resolver seus problemas e mobilizar os recursos necessários de forma a sentirem-se com controle de suas próprias vidas.

Cuidado Ecológico

De acordo com Boff (1999a), ultimamente têm-se percebido um descuido quanto a salvaguardar a casa de todos os seres humanos, o planeta Terra; solos e ares são contaminados, águas são poluídas, florestas são devastadas, espécies de seres vivos são extintos, a injustiça e a violência imperam sobre muitos seres humanos. Armados de aparatos técnicos avançados, vivem tempos de impiedade e de insensatez, até parece que a humanidade regride de forma atroz. Um cuidado todo espacial merece o planeta Terra, uma vez que esta é o lugar que temos para viver e morar. Na verdade, dentre todos é o cuidado ecológico que mais discussões vem levantando, maior descaso vem sofrendo a cada dia.

Nesse contexto, repensar o paradigma científico vigente passa ser uma necessidade. Capra (1996, p. 25) propõe o que denominou paradigma social, ou seja, "uma constelação de concepções, de valores, de percepções e de práticas compartilhadas por uma comunidade, que dá forma a uma visão particular da realidade, a qual constitui a base da maneira como a comunidade se organiza". Partindo desta concepção de paradigma social, este autor aponta o cuidado ecológico como sendo o cerne da ecologia profunda, onde os termos holístico e ecológico diferem, ao mesmo tempo em que são importantes e interdependentes. A centralidade maior não é mais o ser humano, mas todos os seres do meio ambiente; e assim passa a existir uma expansão dos valores, sendo que todas essas questões estão demarcadas pela ética.

Capra (1996), percebendo a urgência em reconhecer o valor inerente da vida não humana, lembra que todos os seres são membros de comunidades ligadas umas às outras numa rede de interdependência. Para este autor, quando a percepção ecológica profunda tornar-se parte da consciência do ser humano, tornar-se-á parte também de seu cotidiano. Surgirá um sistema de ética totalmente novo e, portanto, o ser humano "precisa" enxergar o cuidado com a Terra dentro de sua importância e abrangência, pois sem esse, os outros ficam comprometidos e até ameaçados.

Desenvolvimento Sustentável

Conceito introduzido através do documento intitulado *World Conservation Strategy*[4], na década de 80, num processo de substi-

---

[4] Esse documento considerava que uma estratégia mundial para a conservação da natureza deve alcançar os seguintes objetivos: manter os processos ecológicos essenciais e os sistemas naturais vitais necessários à sobrevivência e ao desenvolvimento do ser humano; preservar a diversidade genética; e assegurar o aproveitamento sustentável das espécies e dos ecossistemas que constituem a base da vida humana.

tuição progressiva à expressão ecodesenvolvimento, embora este último ainda seja utilizado em várias partes do mundo. Em sua essência, o "desenvolvimento sustentável é aquele que atende às necessidades do presente sem comprometer a possibilidade das gerações futuras de atenderem às suas próprias necessidades" (CMMAD). Neste conceito está contemplada a noção que demanda a responsabilidade do ser humano frente à natureza, assim como o legado permanente de uma geração à outra, na medida em que concebe a continuidade do progresso material, porém com a necessária prudência ética explicitada pelo seu compromisso com as próximas gerações.

Para Leis (1999) existem três dimensões no conceito de desenvolvimento sustentável: ambiental, social e econômica. A sustentabilidade ambiental refere-se à base física do processo produtivo e da vida social, apontando tanto para a conservação do estoque dos recursos naturais necessários para este processo, como para a proteção dos ecossistemas naturais. Para o caso dos recursos naturais renováveis a taxa de utilização não pode exceder a capacidade de reprodução da própria natureza. Para o caso dos não renováveis, além de considerar a importância do desequilíbrio ecológico que produz sua diminuição, é necessário acomodar o ritmo de sua utilização ao processo de procura de substitutos. Da mesma forma, a taxa de emissão de dejetos e de materiais contaminantes não pode exceder a capacidade de regeneração dos ecossistemas.

A sustentabilidade social do desenvolvimento refere-se à qualidade de vida das populações, a qual está intrinsicamente associada à idéia de desenvolvimento humano proposta pela ONU. Esta idéia, fundamentada em princípios éticos, está intrinsecamente associada a valores tais como saúde física e mental, educação, satisfação das necessidades espirituais e culturais, dentre outras, e não especificamente a abundância de bens, enquanto que a sustentabilidade econômica refere-se ao crescimento econômico contínuo sobre bases não predatórias, tanto para garantir a riqueza quanto para eliminar a pobreza (causa importante de degradação ambiental) e fazer os investimentos que permitam uma mudança do modelo produtivo para tecnologias mais sofisticadas e apropriadas.

Por outro lado, Viola e Oliveira (2000) ampliaram as implicações do conceito de desenvolvimento sustentável, apresentando cinco dimensões fundamentais para que se alcance uma sociedade sustentável, que são: a *democracia política* (na qual o governo foi escolhido em eleições livres e os direitos individuais têm correlatos nos deveres individuais e os interesses coletivos têm predomínio sobre os interesses individuais); a *eficiência econômica* (priorizando a avaliação de custo-benefício na tomada de decisões e a promoção contínua do desenvolvimento científico tecnológico); *a eqüidade social* (as mesmas oportunidades para todos os seres humanos, independentes do gênero, origem social, raça, idade, credo, ideologia, língua e orientação sexual); a *proteção ambiental* (tendo como medida do progresso a qualidade de vida, decorrente desta proteção ambiental); e a *inserção ativa na globalização* (o Estado reconhece o caráter inter-trans-nacional do sistema, em favor da construção progressiva de instituições de governabilidade global.

Para que se alcance o desenvolvimento sustentável serão necessárias mudanças fundamentais na forma de pensar-se e no modo em que se vive, produz-se e consome-se. Os desenvolvimentos sustentáveis, além das questões ambientais, tecnológicas e econômicas, têm uma dimensão cultural e política que vai exigir a participação democrática de todos na tomada de decisões para as mudanças que serão necessárias (Conferência Internacional sobre Desenvolvimento Humano,1994).

Mahbub ul Haq, no seu livro *Reflexões sobre o desenvolvimento humano*, apresentou o termo paradigma do desenvolvimento sustentável, no qual coloca o ser humano como sendo o meio e o fim do desenvolvimento econômico, ou seja, antes dos anos 90 o importante eram os números, ou o que esses números representavam, depois despertou-se para a percepção de que não só a renda era o que mais pesava para apontar o desenvolvimento de um país, o reconhecimento de que o objetivo real do desenvolvimento é aumentar as opções dos seres humanos, sendo a renda, somente uma daquelas opções, mas não o somatório total da vida humana. Saúde, educação, meio ambiente e liberdade, para enumerar algumas outras poucas escolhas humanas, podem ser tão importantes quanto a renda (Relatório do Desenvolvimento Humano de 1998, 1999).

Para esse autor existem quatro componentes essenciais no paradigma do desenvolvimento sustentável, a saber: a *eqüidade*, que é a igualdade de oportunidades para todos os seres humanos na sociedade; o *caráter sustentável*, para que tais oportunidades "passem" de uma geração para a próxima; a *produtividade* e por fim o *empoderamento (*que significa o exercício do poder individual de cada ser humano, que leva a crescimento, transformação, unidade, justiça e paz) dos seres humanos, de modo que eles participem, e se beneficiem, do processo de desenvolvimento.

O paradigma do desenvolvimento considera o crescimento econômico essencial, mas enfatiza a necessidade de prestar atenção à sua qualidade e distribuição; analisa em detalhe seu elo com vidas humanas e questiona seu caráter sustentável a longo prazo. Embora esse paradigma se firme em quatro pilares, ele cobre todos os aspectos do desenvolvimento, oportunizando os seres humanos a exercer o direito de escolha, tendo o enriquecimento das suas vidas como a questão central do paradigma.

A INSERÇÃO DA SAÚDE NAS QUESTÕES QUE ENVOLVEM O DESENVOLVIMENTO SUSTENTÁVEL

O desenvolvimento sustentável enquanto uma forma de desenvolvimento econômico que priorize o atendimento das necessidades do presente sem comprometer a capacidade das futuras gerações tende à implicação de que as mudanças nas características fundamentais do modelo de desenvolvimento econômico precisam levar em consideração as condições de vida e de saúde das populações.

No atual quadro brasileiro da saúde verifica-se a enorme desigualdade social que afeta as regiões, estados e municípios, tendo como alvo principal determinados grupos populacionais. Estas desigualdades resultam, na maioria das vezes, do atual modelo de desenvolvimento econômico globalizado. Essa verificação está presente na referência de MacNeill et al (1991), apresentada por Freitas (2000), de que enquanto cerca de 20% da população mundial, situada principalmente nos países mais ricos, consome aproximadamente 80% dos bens produzidos, os outros 80%, localizados principalmente nos países mais pobres, consomem apenas 20%.

Assim, a manutenção do atual sistema econômico mundial parece incompatível com um desenvolvimento sustentável que atenda, principalmente: 1) às necessidades das populações mais pobres e excluídas, as quais têm pago o tributo mais pesado do atual modelo de desenvolvimento; 2) aos propósitos de melhoria da qualidade de vida da população, significando isto o atendimento das suas necessidades básicas de bem-estar físico e social através de acesso aos alimentos, roupas, saúde, educação, oportunidades de emprego, salários decentes, bens de consumo e serviços de infra-estrutura urbana; 3) as condições de um meio ambiente saudável e equilibrado que não comprometa a saúde das gerações presentes e futuras (Freitas, 2000). Através dessa constatação percebemos que a grande maioria dos problemas de saúde resultam direta ou indiretamente das políticas econômicas ou sociais, mostrando assim a necessidade de haver integração entre estas e as demais políticas.

Portanto, o Estado deve concentrar-se em reduzir as graves desigualdades sociais existentes no país, procurando diminuir a pobreza absoluta e a grande separação entre ricos e pobres, preocupando-se em destinar os recursos governamentais para as questões relacionadas à infra-estrutura social e para uma distribuição de renda mais eqüitativa. Uma saída que parece bem positiva nessa perspectiva é acoplar a essa mudança um processo de descentralização governamental, de modo a atribuir-se aos níveis locais e municipais um papel mais relevante e em parcerias com entidades civis, como as Organizações Não Governamentais - ONGs.

O Brasil, assim como outros países em desenvolvimento, passou por um processo de intenso crescimento econômico entre as décadas de 60 e 80, mediante grande endividamento externo, aumentando assim, a participação de empresas multinacionais no processo de industrialização, e além disso sofrendo forte intervenção do Estado na economia. Esse modelo de desenvolvimento econômico adotado foi mantido pela ausência de um sistema político democrático e grandes transformações na sociedade, combinando concentração de capital, exploração de mão-de-obra e abandono ou omissão do poder público no controle e na prevenção dos riscos de adoecer (Freitas, 2000). Isto tudo causou um grande descontrole quanto ao crescimento desordenado da industrialização e um incontrolado processo de migração da zona rural para a urbana, fato que contribuiu para o desequilíbrio ambiental e por conseqüência social.

Apesar dos avanços alcançados com a promulgação da atual Constituição Federal, em 1988, o Brasil é um país onde ainda se encontram situações de fome e de desnutrição numa grande parcela populacional. Ao mesmo tempo, apresenta um quadro epidemiológico bastante complexo, no qual as doenças cardiovasculares ocupam o primeiro lugar, seguidas das doenças causadas por fatores externos, como acidentes de trânsito e atos de violência; doenças neoplásicas; problemas respiratórios; e outras como: malária, cólera, leptospirose, dengue, doença de Chagas, esquistossomose, essas causadas principalmente pelas péssimas condições ambientais, mostrando que no Brasil convivemos simultaneamente com doenças predominantes do mundo desenvolvido e outras do não desenvolvido.

Portanto, o que se evidencia no país é um quadro sombrio, em que os seres humanos, trabalhadores urbanos e rurais, homens, mulheres e crianças, vivem ou trabalham inadequadamente, tendo suas saúdes afetadas, tudo isto tendo como base um modelo de desenvolvimento que não atende às reais necessidades da maioria da população, distanciando cada vez mais os conceitos de desenvolvimento sustentável e saúde.

CONSIDERAÇÕES FINAIS ACERCA DA SAÚDE NO CONTEXTO DO DESENVOLVIMENTO SUSTENTÁVEL

O conceito de desenvolvimento sustentável representa uma verdadeira mudança paradigmática, na medida em que deixa de assumir o ser humano como medida de todas as coisas, substituindo-o pela relação deste com a natureza. De acordo com Leis (1999), talvez uma das piores heranças que o século XX recebeu do passado é a noção de que o progresso humano baseia-se na superação de todo e qualquer obstáculo através das forças de trabalho e da tecnologia, o que supõe sempre uma liberdade conquistada às custas da degradação do meio ambiente. Nesse sentido, é preciso, pois, atentar para as perturbações e os danos que uma liberdade concebida antropocentricamente impõe ao mundo não humano.

Ao nosso ver os problemas ecológicos e as demandas de sustentabilidade provocaram uma mudança de prioridades no sentido de que hoje não mais se busca a conquista da natureza, mas a procura de uma relação harmoniosa entre a sociedade e a natureza e procurando reunir o que as ciências haviam separado, isto é, fatos e valores, conhecimento científico e prudência ética.

Consideramos que, hoje, o desafio da humanidade não é tanto encontrar soluções que tenham como pressuposto uma imaginária igualdade entre os seres humanos e entre estes e o resto das espécies, mas aceitar a realidade tal como ela é, com a complexidade que comporta. É preciso, pois, que as necessidades dos seres humanos estejam submetidas a algum tipo de controle externo para que seja possível produzir as melhores condições de existência para a sociedade humana.

A fixação de limites que torna possível pensar num desenvolvimento realmente sustentável não é tarefa apenas de economistas e empresários. Esses limites supõem uma revisão das relações entre a sociedade, a ciência, a política, e, sem dúvida, o envolvimento e o comprometimento dos profissionais da área da saúde que, diante dos complexos problemas de saúde da população, agravados em conseqüência dos problemas ecológicos, não podem mais pretender o monopólio do conhecimento e das decisões, nem mesmo dentro daquela que, em geral, consideram sua área de domínio.

A existência de uma diversidade de contextos ambientais, principalmente num país da extensão do Brasil, pressupõe diferentes necessidades e modos de relacionamento entre os seres humanos e entre estes e a natureza. Interessa, nesse momento, encontrar os valores comuns que permitam a convergência das várias abordagens interdisciplinares.

Reconhecer a complexidade e o dinamismo dos ecossistemas implica em aceitar trabalhar com a incerteza, aceitando como legítima uma pluralidade de perspectivas e, fundamentalmente, a submeter-se a uma inter-relação na qual os diversos saberes existentes possam complementar-se ao invés de excluir-se. Nesse sentido, a dimensão e os desafios do processo saúde-doença, retratados nos baixos índices de desenvolvimento humano, no Brasil, evidenciam a precariedade das abordagens fragmentárias de áreas especializadas do conhecimento.

Nesse campo, a interdisciplinaridade surge como a grande arma para enfrentar a diversidade de problemas com os quais convivemos nos dias de hoje, uma vez que esta reconhece diferentes saberes, transita em diferentes áreas do conhecimento, transpondo barreiras e obrigando a criação de novas formas de resolução dos velhos problemas.

A reflexão iniciada neste capítulo não teve a pretensão de esgotar uma temática tão ampla quanto o desenvolvimento sustentável e a saúde das populações, mas de levar para o campo da Enfermagem a preocupação com a necessidade e a responsabilidade em adentrar-se nesta dimensão do viver humano. Por essa razão, neste momento parece oportuno direcionar esta reflexão para pensar alguns caminhos que possam viabilizar um estado de saúde compatível com o desenvolvimento sustentável e assim, quem sabe, nos aproximarmos de uma melhoria da qualidade de vida dos seres humanos.

Importante ressaltar que essas saídas ou esses caminhos devem ter como suporte básico a redução das desigualdades sociais e regionais, através da universalização do atendimento e das ações dos órgãos governamentais relacionados com a busca da eqüidade, da descentralização e da integração dos diversos setores envolvidos, além da participação da sociedade na formulação e no controle das políticas públicas, bem como nos processos decisórios que afetem, principalmente, à saúde.

Na nossa opinião, como ponto de partida, convém que os profissionais da Enfermagem e outros possam determinar o tipo de desenvolvimento a que uma população aspira, balizando-se pelas próprias necessidades desta população e pelos objetivos e diretrizes já sacramentados para um desenvolvimento sustentável, utilizando-se como referência os princípios estabelecidos na Agenda 21. E, como afirmamos anteriormente, proceder a essa definição num contexto em que haja representação de todos os grupos sociais e garantia do direito de decisão.

De qualquer modo, é imprescindível que a Enfermagem se comprometa com a sustentabilidade de suas ações, para garantir a qualidade de vida, respeitando os limites da capacidade dos ecossistemas e utilizando-se da educação ambiental e do gerenciamento ecológico como meios para atingir este propósito. Entendendo educação ambiental como um processo longo e contínuo de aprendizagem de uma filosofia de trabalho participativo em que todos, família, escola e comunidade devem estar envolvidos, com o propósito de construir cidadãos, cujos conhecimentos acerca do ambiente biofísico e seus problemas associados possam alertá-los e habilitá-los a resolver seus problemas. Objetivo este que só pode ser alcançado através do desenvolvimento progressivo de um senso de preocupação com o meio ambiente, baseado num completo e sensível entendimento das relações do ser humano com o ambiente a sua volta. Em outras palavras, a educação ambiental entendida como um processo de formação e informação orientado para o desenvolvimento da consciência crítica sobre as questões ambientais e de atividades que levem à participação das comunidades na preservação do equilíbrio ambiental. E entendendo o gerenciamento ecológico, como a administração com consciência ecológica, priorizando os negócios sustentáveis, estimulando a transformação de valores, de idéias e de comportamento por meio de pesquisa, educação ambiental, diálogo e trabalho conjunto. Que inclua entre suas metas a satisfação com o emprego, com a consciência de que o trabalho de cada um é efetuado com o menor prejuízo possível ao ambiente, à saúde pessoal e às oportunidades das gerações futuras.

Ainda, outros caminhos apontados por Freitas (2000), os quais julgamos pertinentes, incluem:

— incorporar a saúde na formulação, execução e avaliação das políticas públicas: industrial, agrícola, mineral, educacional, energética, de recursos hídricos, de saneamento, de habitação;

— garantir que as propostas para aumentar a competitividade internacional do Brasil não prejudiquem a saúde e nem venham a se transformar em obstáculos para a conquista de novos e melhores padrões de serviços à população;

— fazer valer os direitos do cidadão em termos da saúde, por meio da aplicação dos princípios constitucionais e da legislação específica, buscando a convergência entre saúde e desenvolvimento sustentável, nunca esquecendo os princípios de universalidade, eqüidade e integralidade;

— assegurar a destinação de recursos orçamentários suficientes para as ações saúde com vistas a equacionar os problemas relacionados a essa área;

— fortalecer o funcionamento do Sistema Único de Saúde – SUS, através de: mecanismos de abordagem integral e integrada de ações de saúde no contexto do desenvolvimento sustentável; busca de mecanismos para suprir as eventuais carências das instâncias estaduais e municipais por meio de capacitação, assessoria técnica e fomento à cooperação intermunicipal ou à criação de consórcios entre municípios; ampliação da participação da sociedade nos conselhos, tornando-a mais efetiva, informada, representativa e legítima; valorização do trabalho dos servidores públicos através de melhores salários e capacitação, incentivando-se a interiorização dos profissionais, bem como provendo-os de condições de trabalho adequadas;

— estimular os servidores públicos e os representantes nos diversos conselhos sobre a necessidade de se adotar uma visão integradora, sistêmica e interdisciplinar, particularmente no que diz respeito à saúde e ao desenvolvimento sustentável;

— estabelecer parcerias de toda a natureza, envolvendo organizações não-governamentais – ONGs, setor privado e universidades, adequando a saúde ao alcance do desenvolvimento sustentável.

Outra forma de direcionar as questões de saúde dentro da perspectiva do desenvolvimento sustentável diz respeito às próprias enfermeiras, no sentido de perceber-se a necessidade de inclusão da temática cuidado, tanto o humano quanto o profissional e o ecológico nos currículos da graduação e da pós-graduação, buscando a integração do meio físico natural e do meio construído pelos seres humanos, resultante da interação dos aspectos físicos, biológicos, sociais, econômicos e culturais, para que essas reflexões façam parte do cotidiano dessas profissionais e elas possam se tornar cada vez mais competentes no cuidado do outro.

REFERÊNCIAS BIBLIOGRÁFICAS

BARBIERI, J. C. Desenvolvimento sustentável. In: *Desenvolvimento e meio ambiente:* estratégias de mudanças da Agenda 21. Rio de Janeiro: Vozes, 1997.

BOFF. L. *Saber cuidar*: ética do humano – compaixão pela terra. Petrópolis: Vozes, 1999a.

_____. *Ética da vida*. Brasília: Letra Viva, 1999b.

CAPRA, F. *A teia da vida:* uma nova compreensão científica dos sistemas vivos. São Paulo: Cultrix, 1996.

CASTRO, I. B. *Florence Nightingale*: notas sobre enfermagem. São Paulo: Cortez, 1989.

CENTRO DE INFORMAÇÃO MULTIEDUCAÇÃO. *Grandes temas.* Disponível na Internet. http://www.rio.rj.gov.br/multirio/cime/ CE09 Em 05/01/2000.

CONFERÊNCIA INTERNACIONAL SOBRE POPULAÇÃO E DESENVOLVIMENTO. *Resumo do programa de ação*. Mimeo. 1994. 32 p.

CONFÚCIO. *Vida e doutrina:* os analéctos. Trad. M. P. Ferreira. 8 ed. São Paulo: Melhoramentos, 1999.

FREITAS, C. M. de. *Saúde, meio ambiente e sustentabilidade.* Disponível na Internet. http://www.iban.org/parceria21/reddes21.htm Em 05/01/2000.

GUATTARI, F. *As três ecologias.* 9 ed. São Paulo: Papirus, 1999.

LEIS, H. R. A *modernidade insustentável:* as críticas do ambientalismo à sociedade contemporânea. Rio de Janeiro: Vozes, 1999.

LELOUP, J. *Cuidar do ser:* Fílon e os terapeutas da Alexandria. Petrópolis: Vozes, 1997.

KIM, H. S. *Análise teórica dos fenômenos no domínio do ambiente.* Mimeo, 1992. 26 p.

PASCALICCHIO, A. E. A questão ambiental e a saúde sob a ótica da sociodiversidade: estudo de caso de São Sebastião, São Paulo. In: VEIGA, José Eli da (Org). *Ciência ambiental:* primeiros mestrados. São Paulo: Ana Blume-FASPEP, 1998.

RELATÓRIO DO DESENVOLVIMENTO HUMANO 1998. Disponível na Internet. http://www.undp.org.br/press Em 22/12/2000.

VIOLA E OLIVEIRA. In: *Redução das desigualdades sociais.* Disponível da Internet. http://www.ibam.org.br/parceria21/reddes21.htm Em 05/01/2000.

WALDOW, V. R. *Cuidado humano:* o resgate necessário. Porto Alegre: Sagra Luzzatto, 1998.

2

A Pobreza e a Saúde: Que Perspectiva de Vida Saudável Teremos para o Século XXI?

Telma Marques da Silva[1]

Resumo

Em tempos de mudança política, de reforma social e de expectativa de retomada do desenvolvimento econômico, é oportuno o debate sobre a pobreza no Brasil, tema que suscita a reflexão sobre as circunstâncias de desigualdade crescente, que coloca imensos desafios para o próximo século, no Brasil e no mundo, e cujas conseqüências repercutem na saúde e, por via de conseqüência, na Enfermagem. Embora as disparidades sociais e de renda entre as nações, e dentro de cada uma delas, tenham-se ampliado, a realidade da pobreza mundial é cada vez mais dissimulada pela manipulação das estatísticas de renda. O presente texto trata dessa problemática no Brasil, de forma empírica e contextual. Para desenvolver o assunto, foi compulsada literatura nacional e internacional de pesquisadores da área política, econômica, social e de saúde, numa visão retrospectiva do que ocorre nos países desenvolvidos e em desenvolvimento, para fazer uma análise crítica e reflexiva sobre o

---

[1] Doutoranda em Enfermagem da UFSC, da área de Enfermagem, Saúde e Sociedade. Mestra em Enfermagem Médico-Cirúrgica pela UFBA, Docente de Enfermagem da UFPE e Enfermeira do Trabalho. Endereço: Av. Brigadeiro Silva Paes, nº 86, aptº 902. Edifício Royalle Residence, Campinas, São José- SC. CEP: 88.101 – 250. Fone: 48 – 241-7210.

que nos levou a essa precária situação. Considerando a nossa área de atuação, este estudo tem por objetivo refletir acerca da situação da pobreza, inter-relacionando-a com a saúde e a Enfermagem.

Unitermos

Pobreza – Saúde – Enfermagem – Perspectiva de vida para o século XXI.

INTRODUÇÃO

O crescimento populacional trouxe para o Brasil um sério problema a resolver neste início do século XXI: a pobreza e suas conseqüências, mormente no tocante à saúde e à qualidade de vida.

Muito se fala hoje nas crises vigentes: econômica, energética, social, educacional, moral, ecológica e espiritual. Essa crise é global porque a civilização que a criou se difundiu ou foi imposta praticamente ao mundo inteiro (Boff, 1999). A situação política, econômica e social que aflige os brasileiros, levando-os à pobreza e conseqüentemente à miséria, acaba por excluí-los da sociedade.

Em tempos de mudança política, de reforma social e de expectativa de retomada do desenvolvimento econômico, é oportuno o debate sobre a pobreza no Brasil, tema que suscita a reflexão sobre as circunstâncias de desigualdade crescente, que coloca imensos desafios para este século, no Brasil e no mundo, e cujas conseqüências repercutem na saúde e, por via de conseqüência, na Enfermagem. Embora as disparidades sociais e de renda entre as nações, e dentro de cada uma delas, tenham-se ampliado, a realidade da pobreza mundial é cada vez mais dissimulada pela manipulação das estatísticas de renda.

A proporção dos americanos definidos oficialmente como pobres tem variado ao longo do tempo. A taxa declinou durante os anos 60 e 70, aumentou de 1978 até 1984, declinou de novo, e voltou a aumentar em 1989. Por volta de 1994, cerca de 38 milhões de americanos, representando 14,5% da população, eram classificados como pobres, mas esses números variam conforme o método e o cálculo utilizados.

Apesar do crescimento econômico do pós-guerra, no Brasil amplos segmentos da população permaneceram excluídos de seus benefícios. A situação agravou-se com a crise em que o país mergulhou desde os anos 80: de 1980 a 1988, o contingente de pessoas em situação de pobreza absoluta passou de 29 milhões para 45 milhões. A oferta de empregos formais ficou aquém da demanda, expandindo-se a economia informal. O salário mínimo, que tem reflexos diretos sobre a massa salarial, perdeu poder de compra. O perfil da distribuição de renda agravou-se: em 1980, os 40% mais pobres se apropriavam de 7,5% da renda e, em 1989, de 6,5%; por outro lado, a renda dos 5% mais ricos passou, no mesmo período, de 36,6% para 39%. Mesmo assim, a expectativa de vida aumentou, no período de 1980 a 1988, de 60 para 65 anos, sendo maior na Região Sul e entre as populações de renda mais alta (Rocha, 1995).

O presente texto trata dessa problemática no Brasil, de forma empírica e contextual. Para desenvolver o assunto, foi compulsada literatura nacional e internacional de pesquisadores das áreas política, econômica, social e de saúde, numa visão retrospectiva do que ocorre nos países desenvolvidos e em desenvolvimento, para fazer uma análise crítica e reflexiva sobre o que nos levou a essa precária situação. Considerando a nossa área de atuação, este estudo tem por objetivo refletir acerca da situação da pobreza, inter-relacionando-a com a saúde e a Enfermagem.

CONCEITOS PERTINENTES À TEMÁTICA

Pobreza

A pobreza na América é, a um tempo, antiga e recente. É antiga porque sempre existiu, e é recente porque não era definida como problema. Até o final dos anos 50, os economistas assumiam que, economicamente, nós estávamos progredindo de maneira consistente. Estávamos produzindo mais, a renda das pessoas aumentava, mas persistia a questão da pobreza. Embora os sociólogos sempre tenham identificado a pobreza como problema, pesquisa do Instituto Gallup mostrou que somente a partir de 1965 o público começou a identificá-la como um dos mais sérios problemas da América (Lauer, 1998).

Nos Estados Unidos, há pessoas que estão em melhores condições do que outras no mundo, mas que têm muito menos do que a maior parte dos americanos. Cabe aqui um questionamento: menos do quê? Qual a medida deste *menos*? A resposta do governo federal é em termos de renda. Nos anos 60, o Departamento de Agricultura desenvolveu um "plano econômico de alimentação", de aplicação temporária ou de emergência, para quando os recursos financeiros da família fossem insuficientes. Naquela época, estima-se que os pobres gastavam um terço de seu orçamento em comida. O governo, portanto, simplesmente multiplicava o custo do plano econômico de alimentação por três e igualava a linha divisora entre "pobres" e "não pobres".

A pobreza pode não ser tão perversa na América quanto é em algumas partes do mundo, mas a pobreza da América precisa ser avaliada em termos do padrão de vida atingido pela maioria dos americanos. A definição de pobreza feita pelo governo está baseada no custo de uma dieta básica chamada de "plano de alimentação econômico". Ele é corrigido de acordo com a inflação e varia de acordo com o local, tamanho da família, sexo e idade do chefe da família. Em 1994, uma família de quatro pessoas com uma renda anual de $ 15.141 ou menos era oficialmente pobre. Esta definição oficial é recusada como sendo inadequada ou irreal, pois ela estabelece uma posição muito baixa para o nível de pobreza (Lauer, 1998).

O Banco Mundial *estima* que 18% dos habitantes do Terceiro Mundo são *extremamente pobres* e 33% são *pobres*. Num importante estudo que fez e tem servido de referência sobre questões de pobreza global, a *linha de pobreza superior* é arbitrariamente estabelecida a uma renda *per capita* de US$ 1 por dia e de US$ 370 por ano. Grupos de população em países com rendas *per capita* excedendo US$ 1 por dia são arbitrariamente identificados como "*não-pobres*". Em outras palavras, por meio da manipulação das estatísticas de renda, os números do Banco Mundial servem ao útil propósito de representar o pobre nos países em desenvolvimento como um grupo minoritário. O uso de dois pesos e duas medidas é abundante nas *medições científicas da pobreza* (Chossudovsky, 1999).

O uso de dois pesos e duas medidas é abundante nas *medições científicas da pobreza. O* Banco Mundial, por exemplo, *estima* que na América Latina e no Caribe só 19% da população é *pobre*. Uma grosseira distorção, quando sabemos que nos Estados

Unidos (com renda *per capita* anual aproximada de US$ 20 mil) 20% dos norte-americanos são categorizados pelo censo abaixo da linha pobreza. (Lauer, 1998).

Utilizando parâmetros de renda localmente diferenciados e estimados a preços de 1990, e com base nas linhas de pobreza no Brasil, Rocha (1995) classifica os brasileiros em *pobres*, que é o indicador de pobreza mais usual, e em *indigentes*, termos que suscitam algumas considerações.

Pobres

Os pobres no Brasil seriam 30% da população, cerca de 42 milhões de pessoas em 1990, com forte componente regional, atingindo proporções mais elevadas no Norte e no Nordeste e reduzindo-se em direção ao Sul. No Recife e nas áreas rurais do Nordeste os pobres correspondem a quase 50% da população. A incidência da pobreza no Brasil é sensivelmente mais elevada em áreas rurais (39%), embora em São Paulo e no Rio de Janeiro, regiões mais urbanizadas do país, a pobreza seja preponderantemente um fenômeno metropolitano. Para o país como um todo, em função da urbanização, mais de dois terços dos pobres são pobres urbanos (metropolitanos ou não-metropolitanos).

Outras características dos pobres são óbvias: têm baixo nível educacional, o que limita seu acesso a postos de trabalho de baixa qualificação, baixa produtividade e baixa remuneração. A pletora de mão-de-obra não-qualificada contribui para aviltar ainda mais a remuneração, tornando freqüentemente inócuo o salário mínimo legal. A elevada freqüência dos indivíduos pobres trabalhando por conta própria, empregados sem carteira e não-remunerados, é um sintoma evidente desse fenômeno.

Indigentes

Os indigentes, os mais pobres dentre os pobres, aqueles que, mesmo usando toda a sua renda para comprar alimentos, não conseguem atender às necessidades básicas alimentares, representam 12% da população brasileira (cerca de 16,6 milhões de pessoas em

1990). O padrão regional e urbano-rural verificado para os pobres se mantém, embora claramente mais acentuado: 55% dos indigentes estão no Nordeste, sendo que quase 1/3 do total são residentes do Nordeste rural; os indigentes rurais representam cerca de 43% do número total de indigentes no país (Rocha, 1995).

Mesmo sem ter havido agravamento global da pobreza e da indigência do ponto de vista da renda, os níveis atuais se tornam inaceitáveis diante das desigualdades crescentes e da urbanização. Embora pobres e indigentes no Brasil estejam ainda preponderantemente nas áreas rurais, a evolução no período 81-90 evidencia que parcela crescente deles são residentes urbanos em geral e metropolitanos em particular. Em meio urbano, rompidos os laços de solidariedade e de dependência, e pelos contrastes extremos de riqueza e poder, as condições adversas de vida desses grupos tornam-se insustentáveis, gerando forte tensão social (Rocha, 1995). Daí o aumento da criminalidade e da violência urbanas.

A esse respeito é importante observar que, embora a pobreza esteja muito associada a uma inadequada inserção no mercado de trabalho, mesmo o trabalhador do setor formal ocupado 40 horas por semana pode estar condenado à pobreza pelo baixo valor do salário mínimo. Assim, na metrópole de São Paulo, em 1990, por exemplo, a linha de pobreza se situava acima do salário mínimo, o que coloca abaixo da linha da pobreza o trabalhador individualmente ou uma família de quatro pessoas com dois recebendo o mínimo.

Os resultados obtidos mostram que a probabilidade de um indivíduo ser pobre quando reúne o conjunto de características adversas é de 95%. Por exemplo: a probabilidade de ser pobre se reduz para 87% se, apesar das demais características adversas, a família residir em região que não o Nordeste. Observa-se que a característica do chefe mais fortemente associada à pobreza é o nível educacional: escolaridade superior a quatro anos reduz a probabilidade de ser pobre para 86%, apesar dos demais aspectos negativos. No extremo oposto, a cor é das variáveis selecionadas a que por si só está menos associada à pobreza.

O valor extremo da taxa de dependência quando todos os membros da família trabalham tem efeito drástico sobre a probabilidade de ser pobre porque é, na verdade, uma situação limite. Quando se adota, alternativamente, a média da variável – 0,58 – isto é, pouco mais da metade dos membros da família trabalham nas famílias brasileiras, a probabilidade de ser pobre cai para 71%, apesar do efeito adverso das outras variáveis.

Esses resultados indicam claramente que o combate à pobreza deve privilegiar três aspectos. O primeiro é a educação, que se apresenta como determinante básico da pobreza. Porém, mais do que promover a mudança do *status* educacional dos adultos, responsável pela pobreza hoje, o objetivo primordial deve ser o da igualdade de oportunidades no acesso ao ensino de qualidade para redução da pobreza no futuro. O segundo se refere ao apoio prioritário a grupos especialmente vulneráveis, como as famílias chefiadas por mulheres com crianças menores de 10 anos. Finalmente, o componente locacional exige mecanismos especialmente concebidos para combater a pobreza no Nordeste rural, onde a elevada proporção de pobres, além de aspectos culturais e políticos, torna inviável enfrentar o problema sem recursos financeiros e gerenciais externos às áreas críticas (Rocha, 1995).

A apresentação de informações empíricas sobre pobreza exige explicitar o conceito utilizado. Num país como o Brasil, com largas parcelas da população sem acesso aos bens e serviços essenciais, adotou-se uma definição objetiva de necessidade, refletindo escolhas médias de consumo observadas em famílias de baixa renda. Como resultado, são definidos como pobres aqueles que não dispõem de meios para atender às necessidades de alimentação, nem demais necessidades de vestuário, educação, habitação, etc. Mais restritivamente são indigentes aqueles incapazes de atender sequer às necessidades alimentares.

Fato adicional importante acerca da identidade dos pobres: ao contrário da opinião popular, as pessoas não são pobres por causa de sua má vontade em trabalhar; há um movimento para dentro e para fora da pobreza. Mas existe também um núcleo de pessoas que permanecem na pobreza, uma subclasse que experimenta fome crônica e subnutrição, desemprego e moradia abaixo do padrão mínimo. Ou como Lauer (1998) colocou, a subclasse é uma comunidade de pobres "onde 90% das crianças nasceram em famílias sem pais, onde cerca de 60% da população está vivendo por meio de assistência social, onde a ética do trabalho evaporou-se e a atividade empresarial é canalizada em gangues e tráfico de drogas". A subclasse é apenas uma minoria dos pobres, porém apresenta à nação o desafio mais sério da pobreza – como lidar com aqueles que parecem estar na agonia da pobreza mais ou menos permanente.

Sem-Teto

Nos Estados Unidos há outra classificação, ainda não utilizada oficialmente no Brasil. Trata-se dos sem-teto, grupo heterogêneo que inclui homens e mulheres, jovens e solteiros, famílias só com pai ou só com mãe e famílias (normais) com um pai e uma mãe alcoólatras, indivíduos com doenças mentais e os idosos. Mulheres e crianças compreendem 30 a 40% da população sem-teto. Famílias com crianças representam um terço ou mais da população sem-teto; há também veteranos de guerra, homens incapacitados e minorias. 40% têm problema com álcool e 10% são viciados em drogas.

A condição de ser sem-teto apareceu como uma questão de preocupação nacional nos anos 80. Foi também objeto de preocupação nacional durante a Grande Depressão, porém depois da Segunda Guerra Mundial a maioria das pessoas simplesmente assumiu que os sem-teto eram pessoas sem valor, que não estavam dispostas a trabalhar e que eram viciadas em álcool ou drogas.

Alguns dos sem-teto trabalham. Porém, uma combinação de pobreza (originária dos baixos salários), alto custo da moradia, desemprego temporário e doenças mentais contribuem para comprometer ainda mais a sua condição de vida (Lauer, 1998).

A CONSEQÜÊNCIA DA POBREZA NA SAÚDE

Segundo Boff (1999), somos parte de um imenso equilíbrio/desequilíbrio ecossocial; a pobreza e miséria são questões sociais, e não naturais e fatais. Elas são produzidas pela forma como se organiza a sociedade. Ao perseguir o desenvolvimento material ilimitado, nosso sistema social cria desigualdades entre o capital e o trabalho e entre quem está no mercado e quem não está. Disso deriva a deterioração da qualidade de vida em suas várias dimensões: material, psíquica, social, cultural e espiritual.

Os pobres são obrigados a viver em circunstâncias que os fazem sofrer mais de doenças mentais e físicas do que o resto da população. Nas camadas socioeconômicas mais baixas as pessoas têm doenças diferentes e em maior incidência do que nas camadas média e superior; os pobres usam menos os serviços de saúde por problemas de acesso e de custos. Tais frustrações podem ser tão opressivas que levam o indivíduo pobre a sofrer de depressão crônica. Mães de baixa renda, por exemplo, provavelmente são deprimidas, e sua depressão está diretamente relacionada com a realidade que enfrentam a cada dia.

A relação entre pobreza e saúde é um dos *círculos viciosos* que freqüentemente caracterizam os problemas sociais. Como os problemas de saúde colocam pressões adicionais sobre os escassos recursos financeiros da família, podemos ter como resultado a perpetuação da doença: a pobreza gera estresse que leva à doença que intensifica o estresse, e o círculo continua (Lauer, 1998).

Até 1989 as unidades de saúde ofereciam gratuitamente consultas médicas e os medicamentos essenciais para a população.
Por volta de 1989 a produção doméstica de produtos farmacêuticos declinara cerca de 98,5% em relação à de 1980, com grande número de indústrias do ramo fechando suas portas. Com a desregulamentação completa do setor e a liberação dos preços, os medicamentos importados (ora vendidos exclusivamente no "*livre*" mercado a preços excessivamente altos) tomaram amplamente o lugar das marcas domésticas. Um mercado comercial "*reduzido*" mas altamente lucrativo surgiu para as grandes transnacionais farmacêuticas.

Aos 12 anos da "Constituição cidadã" constatamos, com tristeza, que o anunciado direito à saúde não passou ainda do papel e do discurso para a prática. As perspectivas são sombrias. Se ontem a saúde era promovida por atos de caridade, hoje, na lógica globalizante do mercado, corre o risco de virar simples mercadoria! Publicação do próprio Ministério da Saúde, *A Saúde no Brasil* (1997), mostra que a realidade socioeconômica divide a população brasileira em relação à saúde em três grupos: os que têm planos de saúde, os que, bem ou mal, são atendidos pela rede pública, e os que, na prática, não têm acesso a nenhum tipo de socorro médico e padecem das doenças, da miséria e da desinformação (Pessini, 1998).

No *primeiro grupo* se incluem aqueles que podem pagar dispendiosos tratamentos médico-cirúrgicos e exames diagnósticos usando tecnologia de ponta. São cerca de 38 milhões. No *segundo grupo* estão aqueles que enfrentam as filas dos órgãos públicos, e 80% deles não precisariam estar ali, seus problemas poderiam ser resolvidos em casa, com vacina, saneamento básico, educação, cuidados ambulatoriais ou outros. Já os doentes do Brasil miserável (10 milhões), que correspondem ao *terceiro grupo,* são os que, quando muito, só contam com o socorro improvisado nas macas dos corredores. São aqueles que precisam aprender a beber água filtrada, e, na ausência de filtro, ferver a água antes de beber. Esses brasileiros desinformados sobrevivem na periferia das metrópoles e em cerca de mil municípios onde tudo é muito precário. Ignoram que têm direito aos benefícios da universalização do atendimento, garantidos na Constituição.

O desejo de ter boa qualidade de vida depende do contexto onde a pessoa está inserida. Os índios, os negros, os pobres, os velhos e, durante muitos séculos, as mulheres, foram maltratados. O poder de decidir a quem cabia saúde e liberdade, a quem cabia pensar bem ou não pensar, a quem cabia trabalhar ou não era determinado por interesses de países que tinham o mando, faziam as leis e ditavam as verdades em benefício próprio. Assim, os países ricos subjugavam os pobres e, dentro de cada país, repetia-se a mesma história: os ricos mandavam nos pobres. É fácil de entender que as doenças dos ricos e os seus desejos eram mais bem atendidos que as doenças e os desejos dos pobres.

A qualidade de vida depende das condições sociais e da interpretação cultural das pessoas. Algumas pessoas podem ter planos de saúde e aposentadoria, podem trabalhar pouco ou nada e ganhar muito, podem viajar, viver em casa confortável, estudar nas melhores escolas e universidades, enquanto outras são criadas para não terem nada disso.

O mundo social é feito de acordo com os interesses de alguns que têm o poder político e econômico. Isso significa que é importante tentar fugir das prisões onde os pobres, os idosos e todos aqueles que não têm poder são aprisionados. Movimentos sociais, organizações de grupos, projetos consistentes com encaminhamentos adequados e constantes pressões podem reverter o quadro repressor da qualidade de vida. Organizações de moradores, grupos com doenças específicas, idosos organizados em torno de suas reivindicações, sindicatos de toda ordem, movimentos para a preservação da paz e de rejeição de todas as formas de violência são alguns exemplos por onde passam as transformações históricas que solicitam a melhoria da qualidade de vida (Both, 1999).

Para construir uma cultura cívica universal, via sensibilidade ética crescente em relação ao respeito e à dignidade humana, a saúde precisa ser inserida no âmbito dos direitos humanos de terceira geração, vinculados ao caráter de solidariedade, meio ambiente saudável e qualidade de vida.

A promoção da saúde *pari passu* com a educação não é atividade secundária em qualquer comunidade. O economista norte-americano Paul R. Krugman (Harvard University), citado por Lepargneur (1998), lembra que a força de uma nação depende mais de seu sistema de saúde e de sua capacidade de inovação do que do valor de sua moeda e do custo de seu trabalho. O futuro de uma nação decide-se menos nos mercados mundiais do que no seu progresso técnico e social, o que envolve a saúde. A Organização Mundial da Saúde (OMS) tem como finalidade promover a melhor saúde possível na humanidade. E como metas, a promoção dos cuidados de saúde primários, como apresentados em Alma Ata[2], seguida de outras medidas, como o ensino sanitário, a cooperação com as medicinas locais sem desprezar as terapias alternativas, a luta contra as doenças transmissíveis e não transmissíveis e a expansão dos métodos sanitários e dos remédios comuns; a distribuição de medicamentos e campanhas de vacinação; legislações sanitárias locais adequadas, além do incentivo à pesquisa nacional e internacional.

A questão no momento, segundo Morais (1998), não diz respeito à redefinição do conceito de saúde, mas ao questionamento acerca do acesso aos instrumentais tecnológicos desenvolvidos no âmbito das ciências médicas e os seus vínculos com o referencial dos direitos humanos, na perspectiva do acesso à saúde. Assim, o direito à saúde assegurado pelo texto constitucional de 1988 precisa ser discutido sob duas vertentes fundamentais: as possibilidades que o desenvolvimento tecnológico apresenta no que diz respeito às intervenções possíveis da ciência no devir humano e as possibilidades que o desenvolvimento tecnológico coloca à disposição dos operadores da saúde para o tratamento de enfermidades, até então incuráveis.

---

[2] Em Alma-Ata, antiga capital do Cazaquistão, com 1,8 milhão de habitantes, a OMS decidiu promover atendimento dos cuidados primários para todos até o ano 2000.

Há, portanto, dois vieses a serem enfrentados: um que impõe a construção de paradigmas éticos para a atividade científica, o que vem sendo reivindicado pela discussão bioética, e outro que implica montagem de estruturas de bem-estar que desobstruam e facilitem/permitam o acesso aos meios biotecnológicos de tratamento e prevenção de doenças, com a responsabilização solidária de práticas de políticas públicas de saúde que enfrentem o problema da divisão social da riqueza, permitindo que o avanço científico não signifique apenas mais um espaço de diferenciação social, onde aqueles que podem pagar têm direito a formas de tratamento mais sofisticadas e eficazes, enquanto os demais ficam relegados aos instrumentais já ultrapassados pelo "progresso científico".

Neste sentido, devemos considerar a saúde como direito social próprio ao Estado do Bem-Estar Social, além de propor inseri-la no novo âmbito dos direitos humanos de terceira geração, tendo como núcleo de sua elaboração a idéia de qualidade de vida, atrelando-a à idéia de cidadania que implicaria o direito à promoção de uma vida digna às pessoas, como parte do patrimônio comum da humanidade e não como pretensão exclusiva dos indivíduos que têm condições de pagar por ela.

Assim, a saúde e o acesso aos meios de promovê-la, recuperá-la ou preveni-la, como aspecto que compõe o elenco dos direitos humanos e dos direitos constitucionalmente garantidos, precisa ser percebida como conjunto de estratégias que visam a assegurar uma vida digna ao cidadão, compondo parcela de seu patrimônio comum. Tal aspecto não se restringe ao âmbito dos indivíduos diferenciados economicamente, mas se estende aos países que compõem a ordem internacional, membros de seletos grupos – países de primeiro mundo, subdesenvolvidos, emergentes e outros, na medida em que o acesso ao conhecimento tecnológico fica vinculado a interesse econômico-mercadológico.

Reflexões sobre a Pobreza e o Agir da Enfermagem

Diante do enfoque descrito, com o índice de pobreza tão alarmante que enfrentamos no nosso país, o sistema de saúde e os profissionais inseridos neste contexto necessitam ter um conhecimento mais amplo e aprofundado da realidade da política vigente no país.

Também é essencial que tenhamos conhecimento dos fatores que levam a pobreza e a doença aos indivíduos, ficando claro que esta problemática é de difícil solução para os governantes, tanto nos países ricos como nos países em desenvolvimento, mas precisamos refletir para ter uma ação mais atuante.

Hoje o enfermeiro deve ter ampla visão da política de saúde de forma globalizada, para poder atender a população de acordo com suas necessidades prioritárias, proporcionando-lhe uma vida saudável de forma holística. Deve também participar dos planejamentos estratégicos relacionados à política nacional e regional de saúde, dirigindo-os para a solução dos problemas de saúde reais e prioritários em cada região, especialmente daqueles carentes e mais vulneráveis às doenças decorrentes da pobreza.

Como seres pensantes da academia e multiplicadores de informações, e como profissionais da área da saúde, em particular da Enfermagem, não podemos furtar-nos a apurar esta visão do mundo atual e das variáveis que interferem na saúde do indivíduo em busca de soluções viáveis e reais para a melhoria da sua saúde, não apenas na forma curativa, mas enfatizando a educação para a saúde e medidas profiláticas, para evitar a incidência das doenças, sua cronicidade e, em caso extremo, complicações que podem levar ao óbito precoce. Somos, pois, co-responsáveis pela vida saudável que teremos no século XXI.

Estamos em tempo de mudança política, de reforma social e de expectativa de retomada do desenvolvimento econômico. Parece oportuno este debate para os dias atuais e que suscita reflexão sobre um momento histórico em pleno século XX em que tanto se invoca a ingovernabilidade. Nessa circunstância, pobreza e desigualdade crescentes constituem desafios para o próximo século, no Brasil e no mundo.

CONSIDERAÇÕES FINAIS

Cabe aqui considerar o que já foi feito para resolver o problema da pobreza. A chamada Guerra contra a Pobreza iniciada nos anos 60 foi um ataque de múltiplas facetas contra o problema. A Medida de Oportunidade Econômica de 1964 definiu diversos programas com a intenção de beneficiar os pobres, incluindo as Corporações do Emprego (para treinar jovens de reduzida instrução ou experiência/habilitação), o Programa de Estudo do Trabalho para a Universidade (para ajudar universitários oriundos de famílias de baixa renda) e o Programa de Ação Comunitária.

Para eliminar a pobreza, é necessário que sejam alteradas algumas atitudes e ideologias entre as lideranças políticas. Ao mesmo tempo, devem ser feitas modificações no governo e na economia de tal forma que os interesses dos pobres possam ser não apenas manifestados, mas também atendidos. A participação do governo federal é essencial. Seus programas passados foram inadequados, e é necessário um comprometimento com as novas políticas e programas, como ajuda estratégica para mães solteiras, detentoras da mais alta taxa de pobreza da nação, o que indica a sua prioridade. Alguns dos pobres poderiam também ser ajudados pelo aumento do salário mínimo. Outra ação que ajudará a tratar o problema da pobreza é a continuação e a expansão de alguns programas que funcionem.

A assistência social tem sido criticada como incapaz de eliminar o problema. Em resposta à crítica, devemos observar que existe alguma evidência a garantias mais altas de assistência as quais possam possibilitar que algumas pessoas – não todas – escapem da pobreza.

A forma mais óbvia de reduzir a incidência de pobreza é o crescimento econômico, pois o aumento da atividade produtiva tem efeito direto sobre a redução da pobreza. Isto é evidenciado pelos aumentos e reduções da incidência de pobreza ao longo da década de oitenta, acompanhando diretamente os movimentos dos ciclos econômicos de curto prazo. Nas regiões metropolitanas, onde esse efeito é mais sentido, a proporção de pobres atinge o nível mais elevado no auge da recessão do início da década, em 1983, depois declina, atingindo o ponto mínimo com o *boom* do Plano Cruzado, em 1986. De fato, com o aumento do nível de atividade ocorre melhoria da renda e do emprego, que acaba por promover o avanço de uma parcela dos pobres para um nível de rendimento acima da linha de pobreza (Rocha, 1995).

O combate à pobreza tornou-se, assim, um objetivo estratégico para a construção da nova ordem mundial. Organismos internacionais, como o Banco Mundial, apressam-se em forçar a mudança dos modelos de política praticados pelos países não-desenvolvidos. A palavra de ordem é aumentar a eficácia dos gastos sociais e um dos instrumentos é a focalização da política nos segmentos pobres (Ribeiro, apud Valladares, 1995).

50

Boff (1999) refere que a dívida externa tem significado basicamente político. Economicamente, os bancos já se asseguraram e se protegeram contra o não-pagamento dela. Mesmo assim, é mantida como instrumento de controle e aumento da dependência a partir dos centros de poder situados nos países do Norte. Pela dívida, o sistema continua impondo-se a todos, elaborando políticas globais que favorecem os seus interesses estratégicos; estimula um desenvolvimento que privilegia os megaprojetos e as monoculturas (soja, no Brasil; gado, na América Central; frutas, no Chile); fornece créditos para implementar tais projetos, com financiamentos do Banco Mundial, do BID e do FMI. Com isso, cria-se o endividamento.

O pagamento da dívida e de seus juros se faz pela exportação de matérias-primas e manufaturados, cujos preços são aviltados no mercado mundial, o que não permite honrar toda a dívida; então, reduzem-se os investimentos sociais para, com a sobra, compensar parte da dívida. Essa estratégia produz verdadeira devastação social em termos das políticas públicas concernentes à alimentação, à saúde, à criação de empregos e à organização das cidades. Junto com essa taxa de perversidade social caminha o déficit ambiental, pois os pobres ocupam áreas perigosas nas cidades, lançam-se na fronteira agrícola, destruindo florestas, no esforço de sobreviver, fazendo queimadas, poluindo os rios com garimpos ou praticando com pesca e caça predatórias. Por causa da insolvência dos países devedores, fazem-se novos empréstimos para pagar os juros, com novos juros aumentados como condição para financiamento de novos projetos. E assim recomeça a ciranda da dependência, do neocolonialismo e da dominação (Boff, 1999).

Para diminuir os índices de pobreza, os governos deveriam:

— incorporar os fatores demográficos às avaliações de impacto ambiental e a outros processos de planejamento e tomada de decisões que visem alcançar o desenvolvimento sustentável;

— adotar medidas voltadas para a erradicação da pobreza, dando especial atenção às estratégias de geração de renda e emprego para a população rural pobre e para pessoas que vivem em ecossistemas frágeis ou em suas redondezas;

— utilizar dados demográficos para promover o gerenciamento dos recursos naturais, especialmente de sistemas ecologicamente frágeis;

— modificar padrões não-sustentáveis de produção e de consumo mediante a adoção de medidas econômicas, legislativas e administrativas, buscando estimular a utilização sustentável dos recursos e visando impedir a degradação do meio ambiente; e

— implementar políticas que enfrentem as conseqüências ecológicas dos inevitáveis aumentos futuros da população e as mudanças em sua concentração e distribuição, particularmente em áreas ecologicamente vulneráveis e em conglomerados urbanos (CIPD, 1994).

Enquanto não houver consciência moral e ética por parte dos governantes, que são os grupos dominantes que planejam e direcionam as ações políticas e socioeconômicas em nosso país, tais direcionamentos serão inadequados para as reais necessidades da população. Impõe-se, pois, o combate à pobreza, à fome, à miséria, ao desemprego, à criminalidade e à doença; impõe-se ainda facilitar o acesso à educação, à moradia e ao lazer, ou seja, prover os meios para satisfazer as necessidades básicas prioritárias de sobrevivência do ser humano para termos uma vida digna e saudável para todos. Finalmente, conclui-se que, mantidas as atuais condições de pobreza, é sombria e preocupante a perspectiva de vida saudável para o século XXI.

REFERÊNCIAS BIBLIOGRÁFICAS

BOFF, Leonardo. *Ética da vida*. Brasília: Letra Viva, 1999.

BOTH, Agostinho. *Gerontologia*: educação e longevidade. Passo Fundo: Imperial, 1999.

CHOSSUDOVSKY. Michel. *A globalização da pobreza*: impactos das reformas do FMI e do Banco Mundial. São Paulo: Moderna, 1999.

CONFERÊNCIA INTERNACIONAL SOBRE POPULAÇÃO E DESENVOLVIMENTO. Resumo do programa de ação. Mimeo, 1994. 32 p.

LAUER, Roberth H. *Social problems and the quality of life*. McGraw-Hill, 1998.

LEPARGNEUR, Hubert. 50 anos da Declaração dos Direitos e da OMS. *O Mundo da Saúde*, São Paulo, ano 22, v. 22, n° 2, 1998.

MORAIS, José Luis Bolzan, MORAIS, Eliane Pinheiro. Direitos humanos e Saúde. O Mundo da Saúde, São Paulo, ano 22, v. 22, n° 2, 1998.

PESSINI, Léo. Direitos Humanos e Saúde. *O Mundo da Saúde*, São Paulo, ano 22, v. 22, n° 2, 1998.

ROCHA, Sônia. Governabilidade e pobreza: o desafio dos números. In: VALLADARES, Licia, COELHO, Magda Prates. *Governabilidade e pobreza no Brasil*. Rio de Janeiro: Civilização Brasileira, 1995.

VALLADARES, Licia, COELHO, Magda Prates. *Governabilidade e pobreza no Brasil*. Rio de Janeiro: Civilização Brasileira, 1995.

3

A ARTE DO CUIDADO, A ECOLOGIA E O DESENVOLVIMENTO SUSTENTÁVEL

Neusa de Queiroz Santos

O homem moderno é capaz de transformar tudo,
mas esquece de desenvolver-se a si mesmo

(Aurélio Peccei, 1981)

INTRODUÇÃO

Estudos realizados nas últimas décadas denunciam ações criminosas e depredatórias que o ser humano vem causando ao meio ambiente. Assim, hoje, o homem é considerado o único agente "patológico" destruidor, responsável e causador de todo o desequilíbrio ecológico existente no planeta Terra. A necessidade de se criarem novos paradigmas para se dar um basta, frear ou reverter esta situação tem emergido nos mais diferentes setores da sociedade moderna. Alguns pensadores contemporâneos (Boff, 1999a; Singer, 1998; Capra, 1996; Prigogine & Stengers, 1991; Morin, 1982; Dubos, 1972) vêm se dedicando ao estudo da busca de soluções ou indicando caminhos pelos quais poder-se-á alcançar uma melhor qualidade de vida. Neste terceiro milênio, o desenvolvimento sustentável surge como um exemplo de um novo caminho, na busca do "ponto de mutação" deste desastre ambiental criado pelo próprio homem. Concorda-se com Capra (1996, p. 24) quando ele ressalta que o grande desafio de nosso tempo é "criar comunidades sustentáveis, isto é, ambientes sociais e culturais em que podemos satisfazer as nossas necessidades e aspirações, sem diminuir as chances das gerações futuras". Logo, a humanidade precisa estar consciente da importância da inter-relação da tríade cuidado/ecologia/desenvolvimento sustentável. Esta perspectiva de desenvolvimento de comunidades sustentáveis e o cuidado com o meio ambiente são abordados neste capítulo nos seus diferentes aspectos.

UMA VISÃO GLOBAL DO DESENVOLVIMENTO SUSTENTÁVEL E O CUIDADO

Nosso século tem testemunhado mudanças drásticas no modelo de desenvolvimento das sociedades atuais sob as diferentes perspectivas que circundam o nosso planeta.

Tudo se relaciona com a evolução e ampliação da ciência e a sua aplicabilidade na sociedade em geral.

Capra (1982, p. 13) diz estar convicto "de que, hoje, nossa sociedade, como um todo, encontra-se em crise". Podemos ler acerca de suas numerosas manifestações todos os dias nos jornais. Temos taxas elevadas de inflação e desemprego, temos uma crise energética, uma crise na assistência à saúde, poluição e outros desastres ambientais. Para o autor, tudo isso são "facetas diferentes de uma só crise, que é, essencialmente, uma crise de percepção".

As mudanças cruciais dessa virada de milênio são motivadas primordialmente pela produção e manejo de conhecimento. Os países mais desenvolvidos permanecem em sua hegemonia porque construíram a capacidade de ponta, ou seja, domínio científico e tecnológico. Infelizmente, isto se tornou o fator diferencial entre as nações.

Estamos numa época histórica em que os desenvolvimentos científicos, técnicos e sociológicos estão cada vez mais em inter-retroações estreitas e múltiplas (Morin, 1982, 16).

Infelizmente, apesar destas mudanças, alguns resultados perversos têm provocado uma seqüência de eventos desastrosos para a humanidade.

De acordo com Aumond (1999, p. 8), " há quatro séculos, as sociedades são reféns do mito do progresso e do crescimento desenfreado, ininterrupto e ilimitado, necessitando ostentar crescimento na produção de bens e serviços".

Conforme Boff (1995, p. 14), " vivemos um estado de guerra declarado entre o ser humano e a natureza, fruto da forma perversa do *dominium terrae* que implica a exploração sistemática dos recursos naturais para a geração de lucro". Ele, mais tarde, em outra obra, comenta "que atualmente as sociedades estão enfermas. Produzem má qualidade de vida para todos, seres humanos e demais seres da natureza" (Boff, 1999a, p. 136).

Em conseqüência disto, para Morin (1982, p. 16), "estamos numa era histórica em que os desenvolvimentos científicos, técnicos e sociológicos estão cada vez em inter-retroações estreitas e múltiplas. Em função deste progresso, a situação e o papel da ciência na sociedade modificaram-se profundamente desde o século XVII". Mais adiante, ressalta também que "hoje, a ciência tornou-se uma poderosa e maciça instituição no centro da sociedade subvencionada, alimentada, controlada pelos poderes econômicos e estatais. Assim, estamos num processo inter-retroativo. Então, a técnica produzida pelas ciências transforma a sociedade, mas também, retroativamente, a sociedade tecnologizada transforma a própria ciência".

Neste sentido, destaca Boff (1995, p. 15) que "as sociedades atuais são energívoras: importa crescer, expandir os mercados e enchê-los de bens e serviços. Estas sociedades atuais reduziram a terra a um 'reservatório de matérias primas' e 'recursos naturais', e os homens a 'recursos humanos', não respeitando nem a natureza em seu valor intrínseco. Separa-se o capital do trabalho, o trabalho do lazer, a pessoa da natureza, o homem da mulher, o corpo do espírito, o sexo da ternura, a eficiência da poesia, a admiração da organização. Assim, surgiram antropocentrismo, capitalismo materialista, patriarcalismo, *performance* (fordismo, taylorismo), e o homem se isolou e esqueceu a teia de interdependência e sinergismo. É uma sociedade profundamente antiecológica".

De acordo com Kim (1983, p. 80), "a vida humana ocorre em um contexto mutante o qual chamamos de ambiente ou meio ambiente". *O ambiente é parte essencial da existência humana.* Esta estudiosa define ambiente como "entidade que existe externamente à pessoa ou à humanidade, concebida ou como um todo ou como contendo muitos elementos distintos".

Nesta perspectiva, deve-se ressaltar que inegavelmente a civilização moderna e a tecnologia, especialmente, demonstram avanços e descobertas surpreendentes, muitas das quais são benéficas e importantes mas outras, na sua maioria, são terrivelmente nocivas para a sociedade moderna. Conforme Kim (1983, p. 81) "as pessoas criaram as alterações em seus ambientes ao longo da história e, da mesma maneira, foram afetadas por estas mudanças".

Acredita-se que o modelo de desenvolvimento vigente, embasado nas forças produtivas/destrutivas para extrair da terra tudo que ela possa fornecer, é responsável pela crise ecológica mundial.

Ressalta Boff (1999a, p. 17) que "por toda parte apontam sintomas que sinalizam grandes devastações no planeta Terra e na humanidade. O projeto de crescimento material ilimitado, mundialmente integrado, sacrifica dois terços da humanidade, extenua recursos da Terra e compromete o futuro das gerações vindouras".

Por outro lado, é importante enfatizar que as seqüelas e as conseqüências devastadoras e profundas deixadas pelas bombas atômicas, jogadas durante a II Guerra Mundial sobre as cidades de Hiroshima e Nagasaki são o exemplo deplorável do conhecimento tecno-científico aplicado nocivamente contra a humanidade.

Outra grande ameaça são os metais pesados que vêm contaminando a vida dos seres vivos que habitam o nosso planeta Terra. Um exemplo típico ocorreu em 1956 na cidade de Minamata, Japão, onde aproximadamente 56 pessoas foram internadas em diferentes hospitais daquela região, com disfunção do sistema nervoso. Estes pacientes coincidentemente moravam nas vizinhanças da baía de Minamata, cujas dietas eram centradas em peixes e frutos do mar. As mortes e doenças conseqüentes da contaminação por mercúrio, em Minamata, foram causadas pelos dejetos da industria química Chisso. O mercúrio era despejado em um rio que desaguava no mar. A fauna marinha foi intoxicada e, através da comida, o metal altamente tóxico chegou aos organismos humanos (Ministério do Meio Ambiente, 1999).

Este é um exemplo da força tóxica do grupo de elementos químicos conhecido como metais pesados, que poluem e destroem nosso ecossistema, causando um desequilíbrio ecológico muitas vezes irreversível, e muitas vezes também ceifando vidas humanas.

De acordo com Singer (1998, p. 283), " o efeito estufa – para ficarmos apenas em uma das ameaças ao nosso meio ambiente – coloca o planeta sob o risco de uma elevação do nível dos mares que inundará as regiões costeiras mais baixas". Prosseguindo nesta linha de pensamento, uma reflexão se faz necessária. Por acaso não são as populações simples (como pescadores ou moradores de casa de palafitas) que moram e vivem nestas regiões costeiras mais baixas, especialmente nos países em desenvolvimento?

Por outro lado, os desafios crescentes da ecologia urbana provocada pela migração generalizada das populações humanas para as grandes cidades vêm impondo desafios ambientais a legisladores, pesquisadores, ambientalistas e autoridades públicas (http://www.agestado.com.br,1999).

Desventuradamente, esta migração é uma das conseqüências, entre tantas outras, provocadas pela injustiça social que predomina nos países em desenvolvimento, fruto da crise ecológica mundial.

Nas décadas de 1970 e 1980 os desastres ambientais de Seveso, Bhopal, Chernobil e Basel provocaram um dramático crescimento da conscientização ambiental em toda a Europa, que se seguiu por toda a aldeia global.

Muitos outros exemplos poderiam ser elencados referentes ao problemas nocivos que têm assolado nosso universo nestes últimos séculos, porém estes não são objeto do presente estudo.

De acordo com Aumond (1999, p. 7) "o modelo de desenvolvimento nas sociedades atuais é concentrador e está baseado em um paradigma perverso e patológico do ponto de vista da integridade humana, da natureza e de suas interações".

A crescente falta de cuidado do homem para consigo mesmo, a degradação que ele tem causado ao meio ambiente, a espoliação desmedida ao seu ecossistema e as práticas antiecológicas depredatórias como a poluição do ar, do solo, dos mananciais hídricos, da flora, da fauna vêm trazendo, como conseqüência, o impacto ambiental negativo no mundo inteiro.

Conforme Peccei (1981, p. 7), " a humanidade caminha para o desastre. É necessário encontrar um meio de fazê-la parar neste caminho e tomar outra direção". Para ele, "os acontecimentos galopam; nós estamos diante de fenômenos e problemas altamente dinâmicos perante os quais todo atraso é nocivo. Eu não cansarei de repetir que é necessário atacar com urgência a realidade que evolui rapidamente e enfrentá-la tal como é, e não como queríamos que fosse para nosso conforto".

Então, atulhados de aparatos tecnológicos, vivemos tempos de impiedade e de insensatez. Sob certos aspectos regredimos à barbárie mais atroz (Boff, 1999a, p. 20).

Conforme Capra (1996, p. 23), "à medida que o século XX se aproxima do fim, as preocupações com o meio ambiente adquirem suprema importância. Defrontamo-nos com toda uma série de problemas globais que estão danificando a biosfera e a vida humana de uma maneira alarmante, e que pode logo se tornar irreversível".

René Dubos, no seu livro *O despertar da razão* (1972, p. 21), ressalta que Max Weber foi profético ao afirmar, no início do século XX, que o *desencanto* seria a marca de nossos tempos. Dubos, importante médico e microbiologista do século XX e respeitada autoridade no campo da biomedicina ambiental complementa a reflexão weberiana quando diz "que a razão mais óbvia do *desencanto* é a compreensão de que a prosperidade e o conforto não asseguram a saúde e a felicidade. De fato, o progresso material tem, muitas vezes, conseqüências que prejudicam a qualidade de vida. A poluição ambiental, o aumento dos estímulos sensoriais (ruídos), a erosão progressiva dos serviços públicos, a perda da intimidade pessoal e o aumento da arregimentação social são apenas alguns aspectos inquietantes da vida moderna que se originam da tecnologia ou, no mínimo, da sua má aplicação" (Dubos, 1972, p. 27).

Então, neste início do século XXI, o desequilíbrio ecológico, social, econômico que se processa em todo o mundo ocidental/oriental vem batendo de frente, de maneira crescente, com o conforto/bem-estar da existência humana, ameaçada pela evolução desenfreada da tecnociência.

Assim, conforme Boff (1999a, p. 12), "infelizmente, o tipo de sociedade do conhecimento e da comunicação que se tem desenvolvido nas últimas décadas ameaça a essência humana. [...] Na medida que (o homem) avança tecnologicamente na produção e serviço de bens materiais, será que não produz mais empobrecidos e excluídos, quase dois terços da humanidade não está condenada a morrer antes do tempo?".

Ressalta-se que atualmente cientistas de todo o mundo têm pesquisado e trabalhado pioneiramente em áreas delicadas da ciência, em que suas habilidades e competências os têm levado até a descobrir e a desvelar os difíceis e intrincados mistérios do processo da vida.

As descobertas revolucionárias desenvolvidas na área da engenharia genética e da biologia molecular como a clonagem de seres vivos, o uso de vírus e bactérias para a confecção de armas biológicas, têm causado impacto no meio científico. Os princípios destas descobertas mexem com questões éticas bastante questionáveis.

Por outro lado, a biotecnologia também engloba, hoje, aparatos tecnológicos avançados para o desenvolvimento de produtos transgênicos. Estes avanços científico-tecnológicos, citados acima, que estão ocorrendo nesta virada do terceiro milênio são, sem dúvida, importantes para a sociedade, principalmente àquelas que visam prevenir e controlar doenças genéticas, congênitas ou patológicas como o câncer. Porém, outras descobertas como, por exemplo, a manipulação de genes, têm gerado uma incerteza em relação ao futuro da humanidade, sobretudo agitando não só o mundo científico, mas também outros segmentos da nossa sociedade.

Enfatiza-se que a medicina moderna tem se ocupado muito com "o curar" através de transplantes de órgãos, no aprimoramento de novas vacinas para a prevenção e o controle de muitas doenças infecto-contagiosas. Contudo, como ressalta Capra (1982, p. 116) "ao concentrar-se em partes cada vez menores do corpo, a medicina moderna perde freqüentemente de vista o paciente como ser humano, que geralmente envolve uma complexa interação entre aspectos físicos, psicológicos, sociais e ambientais inerentes à condição humana". Mais à frente, o próprio autor também escreve: " evitar as questões filosóficas e existenciais que são suscitadas com relação a toda e qualquer enfermidade séria é um aspecto característico da medicina contemporânea. [...] De fato, a questão 'o que é saúde?' geralmente não é sequer formulada nas escolas de medicina ou de outras da área da saúde, nem há discussão sobre atitudes e estilos de vida de saúde" (Capra, 1982, p. 137).

Então, um novo sentido ético deve ser criado para medir ou calibrar o desvio perverso do progresso científico. Quem sabe, como diz Boff (1999a p. 27), adotar uma nova ética a partir de uma nova ótica.

Contudo, questiona-se: até onde o homem poderá transpor seus conhecimentos e interferir sobre os complexos e integrativos sistemas da vida? Que herança estaremos deixando para as gerações futuras? Onde ficam as questões éticas/morais das descobertas tão abrangentes? Como fica este poder que está nas mãos de poucos e, obviamente, sob o controle de apenas alguns países do primeiro mundo?

Assim, a história contemporânea vive um momento de transição, vive um momento ímpar!

No encontro do desencontro da modernidade contemporânea surge uma nova linguagem para definir ou explicar os complexos e integrativos sistemas da vida.

Segundo o físico e teórico de sistemas, Capra (1996, p. 20), "a concepção sistêmica baseia-se na consciência do estado de inter-relação e interdependência essencial de todos os fenômenos físicos, biológicos, psicológicos, sociais e culturais". A síntese das teorias e dos modelos atuais pode ser vista como arcabouço de uma teoria emergente sobre os sistemas vivos, que oferece uma visão unificada de mente, matéria e vida. De acordo com a visão deste pensador contemporâneo, essa nova abordagem da compreensão da vida deve ser analisada como 'a teia da vida' que constitui um todo que é mais do que a soma de suas partes". É uma visão holística do mundo que nos cerca.

Muitos cientistas de renome nacional e internacional, como Boff (1999a), Singer (1998), Capra (1996), Prigogine & Stengers (1991), Kim (1983), Peccei (1981) e outros, preocupados com a evolução galopante de descobertas revolucionárias que proliferam abruptamente no quotidiano de nossa sociedade estão envolvidos no estudar, desvelar e compreender novos paradigmas que permeiam o século XXI.

Embora o pessimismo e a desconfiança em relação às revolucionárias descobertas destas últimas décadas permaneçam ainda enraizados no meio científico e na sociedade como um todo, novas mudanças no comportamento do homem começam a emergir, visando, principalmente, à melhoria de sua qualidade de vida. Começa então a surgir *a esperança* de que a humanidade venha urgentemente a assumir e adotar uma consciência ecológica mundial.

De acordo com Boff (1999a, p. 17), importa que entremos na idade madura e mostremos sinais de sabedoria. Sem isso não garantiremos um futuro promissor.

Para Capra (1996, p. 20), "esta nova compreensão da vida pode ser vista como a linha de frente científica da mudança de paradigma de uma visão de mundo mecanicista para uma *visão de mundo ecológica*".

Prigogine (1994, p. 47), mais otimista que Max Weber, conclama a humanidade a viver um "reencantamento do mundo", que para o autor "é um apelo ao desmantelamento das fronteiras artificiais existentes entre os seres humanos e a natureza, ao reconhecimento de que ambos fazem parte de um universo único, enformado pela flecha do tempo".

Neste sentido, Dubos (1972, p. 25) argumenta que "a esperança e o pessimismo estarão em competição na minha avaliação do esforço científico. Se há um predomínio da esperança, é porque acredito que o otimismo é essencial para a ação e constitui a única atitude compatível com a sanidade mental".

A sabedoria sistêmica ou holística da vida baseia-se num profundo respeito pela sabedoria da natureza, a qual é totalmente compatível com *insights* da ecologia moderna (Aumond, 1999, p. 7).

Acredita-se que a humanidade caminha na busca do equilíbrio, pois pressente que o meio ambiente é um potencial "criado" para com e sobre a vida humana. O homem sabe que ele é parte de um todo, sendo que o todo é, sem dúvida, maior que as partes, e que a natureza do todo é sempre diferente da mera soma destas partes.

Para Peccei (1981, p. 111) "um *novo humanismo* adaptado à era tecnológica deverá renovar radicalmente e derrubar princípios e normas que até agora consideramos intocáveis; ele deverá encorajar o surgimento de novos sistemas de valores e de motivações espirituais, éticas, filosóficas, sociais, políticas, estéticas, artísticas, que reconstituam nossos equilíbrios interiores; e deverá ser capaz de restabelecer em nós, como bens e necessidades supremos, o amor, a amizade, a compreensão, a solidariedade, o espírito de sacrifício. A convivência, fazendo-nos irmãos e irmãs, em toda a parte do mundo, mais nós lucraremos".

HISTORICIDADE E AS NOVAS PERSPECTIVAS DA METAMORFOSE DA VIDA

Para fundamentar a construção da historicidade das novas perspectivas da metamorfose da vida frente aos desafios que permeiam a sociedade moderna, optou-se em se destacar, principalmente, algumas idéias do conhecido pensador contemporâneo Fritjof Capra. Este respeitado físico, estudioso da filosofia da ciência, é também mentor dos princípios da alfabetização ecológica, bem como autor de vários livros publicados no exterior e no Brasil.

Segundo Capra (1996, p. 37), na metade do século XIX foi Jacques Loeb que introduziu a concepção mecanicista da vida, que exerceu uma forte influência predominante sobre o pensamento biológico de sua época. Assim, os triunfos do século XIX — teoria da células, embriologia, leis da hereditariedade e microbiologia – estabelece-ram a concepção mecanicista da vida como firme dogma entre os biólogos. O embriologista alemão Hans Driesch iniciou a oposição à biologia mecanicista na virada do século XX, formulando a primeira *teoria do vitalismo* ou *teoria da auto-regeneração*. Segundo este mesmo autor, durante o início do século XX os biólogos organísmicos que se opunham tanto ao mecanicismo como ao vitalismo abordaram o problema da forma biológica sob outra visão e então conceberam algumas das principais características daquilo que hoje denominamos "pensamento sistêmico", que emergiram de suas longas reflexões (Capra, 1999, p. 39).

Mais adiante, este mesmo autor salienta que o bioquímico Lawrence Henderson foi influente no seu pioneiro termo "sistema" para denotar tanto organismos vivos como sistemas sociais. Desta época em diante, um sistema passou a significar um todo integrado cujas propriedades essenciais surgem das relações entre suas partes e o "pensamento sistêmico", a compreensão de um fenômeno dentro de um contexto de um todo maior. Entender as coisas sistematicamente significa, literalmente, colocá-la dentro de um contexto, estabelecer a natureza de suas relações (Capra, 1996, p.39).

De acordo com Capra (1996, p. 40), "a visão sistêmica, as propriedades essenciais de um organismo, ou sistemas vivos, são propriedades do todo, que nenhuma das partes possui. Elas surgem das interações e das relações entre as partes".

Assim, se todas as partes fazem parte de um todo maior, e o todo não subsiste sem as partes, a humanidade é uma parte do todo Universo, logo o "homem" não subsistirá se o meio ambiente em que vive venha a se deteriorar.

Portanto, o surgimento do pensamento sistêmico representou uma profunda revolução na história do pensamento científico ocidental. Logo, o grande impacto que adveio com a ciência do século XX foi *a percepção* de que os sistemas não podem ser entendidos pela análise. As propriedades das partes não são propriedades intrínsecas, mas só podem ser entendidas dentro do contexto do todo mais amplo. O pensamento sistêmico é "contextual", o que é o oposto do pensamento analítico. Na análise significa isolar alguma coisa a fim de entendê-la; o pensamento sistêmico significa colocá-la no contexto de um todo mais amplo (Capra,1996, p. 41).

Segundo Capra (1996, p. 42), " na virada do século XX, o filósofo Christian von Ehrenfels caracterizou uma *Gestalt*, afirmando que o todo é mais do que a soma de suas partes, reconhecimento que se tornaria, mais tarde, a fórmula-chave dos pensadores sistêmicos". Como conseqüência desta concepção, os psicólogos da *Gestalt*, liderados por Wertheimer e por Köhler, reconheceram a existência de totalidades irredutíveis como o aspecto-chave da *percepção*. Assim, na década de 60, originou-se a *abordagem holística* da psicologia, que enfatiza a integração de experiências pessoais em totalidades significativas.

Todas essas suposições filosóficas, biológicas, físicas, sociais e psicológicas e outras têm sido decisivamente desafiadas por eventos ecológicos recentes. Então, na verdade, está ocorrendo, na atualidade, uma revisão radical desta posição mecanicista, conseqüentemente, novos paradigmas começaram a emergir em anos recentes.

Ressalta ainda Capra (1996,p.13) que "na década de 70, concentrou-se a drástica mudança de conceitos e idéias que ocorreram na física durante os primeiros trinta anos do século XX e que ainda está sendo elaborada nas atuais teorias da matéria". O mesmo autor relembra, também, "que os novos conceitos em física provocaram uma profunda mudança de visão do mundo, passou da concepção mecanicista de Descartes e Newton para a visão holística e ecológica, que reputo semelhante às visões dos místicos de todas as épocas e tradições". Para este autor, o termo "holístico", do grego *holos*, "totalidade", refere-se a uma "compreensão da realidade em função de totalidade integradas cujas propriedades não podem ser reduzidas a unidades menores".

Assim, para Capra (1996), hoje, a mudança de paradigma na ciência, em seu nível mais profundo, implica uma mudança da física para as ciências da vida.

Por sua vez, pode-se completar este pensamento salientando, especialmente, que a ciência da vida, em seu nível mais profundo, implica adotar a ciência do cuidado. Pois o cuidado é a "essência" da vida. Logo, o homem é responsável pelo "cuidado" por si mesmo e pelo "cuidado" do que cria, e como faz e para quem faz o "cuidado". Este cuidado se estende a todo o reino dos seres vivos, pois toda vida precisa de cuidado, caso contrário, morre. Assim, *cuidado* todo especial deve ter a humanidade com o nosso planeta Terra uma vez que, por hora, possuímos unicamente ele para viver e morar.

ECOLOGIA: CONSTRUIR
UMA SOCIEDADE SUSTENTÁVEL

Assim, em virtude da exploração desenfreada do *Homo sapiens* sobre a mãe natureza, este mesmo *Homo sapiens,* hoje, infelizmente, está sentindo as conseqüências nocivas de seus atos sobre si mesmo e sobre o mundo que o rodeia, o planeta Terra.

Neste sentido, Boff (1999a, p. 133) enfatiza que "por causa do assalto predador do processo industrialista dos últimos séculos, esse desequilibro está prestes a romper-se em cadeia. O agravamento deste quadro com a mundialização do acelerado processo produtivo faz aumentar a ameaça e, conseqüentemente, a necessidade de um cuidado especial com o futuro da Terra".

Observa-se que Boff, ao destacar "a necessidade de um cuidado especial com o futuro da Terra", reforça uma reflexão importante já delineada por alguns pensadores contemporâneos até aqui citados.

Portanto, a tríade *ecologia/ cuidado/ desenvolvimento sustentável* constitui também um elo importante no contexto do meio ambiente, em que o (des)equilíbrio, entre eles, é fator preponderante para a coexistência humana.

Para Capra (1996, p. 42), enquanto os biólogos organísmicos encontraram uma totalidade irredutível nos organismos, os físicos quânticos em fenômenos atômicos e os psicólogos da *Gestalt* na percepção os ecologistas a encontraram em seus estudos sobre comunidades animais e vegetais.

A palavra ecologia, proveniente de duas palavras gregas, *oikos* ("lar") e *logia* (estudo), é o estudo do "Lar Terra", ou mais precisamente é o estudo das relações que interligam todos os membros do "Lar Terra". Segundo Aguesse (1971, p. 1), " O termo foi introduzido há mais de um século, pelo biólogo alemão Ernst Haeckel (1866) e a definição para ele de ecologia: 'É o conhecimento da economia da natureza, a investigação de todas as relações de um animal ao mesmo tempo com seu meio inorgânico e orgânico, incluindo além disso todas as suas relações amigáveis e hostis com os animais e plantas com as quais entra diretamente em contato. Numa palavra, a ecologia é o estudo de todas essas inter-relações complexas consideradas por Darwin como as condições da luta pela vida. Esta ciência da ecologia constitui-se há muito tempo no principal elemento daquilo que habitualmente se denomina história natural' ".

Importa salientar que o criador deste termo, sabiamente, já naquela época, dava ênfase não só à economia da natureza, mas, também, às interações e inter-relações existentes entre o meio ambiente (orgânico e inorgânico) e os seres vivos. Em relação às demais concepções, contidas neste conceito, deve-se levar em consideração que a visão do universo daquela época baseava-se no paradigma mecanicista, cujas idéias e valores estavam entrincheirados numa sociedade que seguia uma ciência naturalista.

Para Capra (1996, p. 46), "Haeckel definiu *ecologia como a ciência das relações entre o organismo e o mundo externo circunvizinho.* Ainda, de acordo com Capra , em 1909, a palavra *Umwelt* ("meio ambiente") foi utilizada pela primeira vez pelo biólogo e pioneiro da ecologia do Báltico Jakob von Uexküll. E, na década de 30, Tansley introduziu o termo *ecossistema* para caracterizar comunidades animais e vegetais.

A concepção de ecossistema é definida, hoje, como "uma comunidade de organismos e suas interações ambientais físicas como uma unidade ecológica" e moldou todo o pensamento ecológico subseqüente, com seu próprio nome promovendo uma abordagem sistêmica da ecologia (Capra, 1996, p. 46).

O termo "biosfera" foi introduzido pela primeira vez no final do século XIX pelo geólogo austríaco Eduard Sues, estudioso da camada de vida que envolve o planeta terra.

Capra (1996, p. 43) ressalta " que é a concepção de Vernadsky – ao considerar a vida como uma 'força geológica' que, parcialmente, cria e controla o meio planetário – que mais se aproxima da contemporânea Teoria Gaia, desenvolvida na década de 70 por Lovelock e por Lynn Margulis".

A nova ciência da ecologia enriqueceu a emergente maneira sistêmica de pensar introduzindo duas novas concepções, comunidade e rede, considerando uma comunidade ecológica como conjunto de organismos aglutinados num todo funcional por meio de suas relações mútuas. A concepção de rede à concepção contemporânea de teias alimentares do ciclo da vida. E a "teia da vida" é uma idéia antiga, que tem sido utilizada por poetas, filósofos e místicos ao longo das eras para transmitir seu sentido de entrelaçamento e de interdependência de todos os fenômenos.

Um dos documentos mais belos já escritos sobre o uso do solo é a famosa carta redigida, em 1854, pelo Chefe Seattle ao presidente dos EUA, Franklin Pierce, quando este propõe comprar as terras de sua tribo, concedendo-lhe uma outra "reserva". Neste sentido, vejamos apenas um pequeno trecho selecionado desta magnífica carta de intenções, elaborada pelo chefe indígena americano, na metade do século XIX:

"...Vocês devem ensinar às crianças que o solo a seus pés é a cinza de nossos avós. Para que respeitem a terra, digam a seus filhos que ela foi enriquecida com as vidas de nosso povo. Ensinem às suas crianças o que ensinamos às nossas, que a terra é nossa mãe. Tudo o que acontecer à terra, acontecerá aos filhos da terra. Se os homens cospem no solo, estão cuspindo em si mesmos.

O que ocorrer com a terra recairá sobre os filhos da terra. O homem não tramou o tecido da vida; ele é simplesmente um dos seus fios. Tudo o que fizer ao tecido, fará a si mesmo" (Dental Brasil Sul Ltda., 1992, p. 1-2).

Um pensamento simples e verdadeiro que reflete uma sabedoria contida somente naqueles que possuem corações puros. Uma lição de vida jamais esquecida, principalmente, por conter uma profunda visão social-humanista *e holística do mundo*, um profundo respeito humano a seu próximo e expressa conscientemente a necessidade do cuidado com a terra, chão que lhe sustenta e, conseqüentemente, dá-lhe a vida.

Neste sentido, Capra (1999, p. 44) formula a seguinte idéia: "a concepção de sistemas vivos como redes fornece uma nova perspectiva sobre as chamadas hierarquias da natureza. Desde que os sistemas vivos, em todos os níveis, são redes, devemos visualizar a *teia da vida* como sistemas vivos (redes) interagindo à maneira de rede com outros sistemas (redes)". Para este autor, "no contexto da modernidade contemporânea, a perspectiva de rede incorporou-se profundamente na ecologia". Associando-se a esta idéia, observa-se a expressão do ecologista Patten segundo o qual " Ecologia são redes... Entender ecossistema será, em última análise, entender redes" (*in* Capra 1999, p. 45).

Então, Capra (1996, p. 45) comenta que de fato, na segunda metade do século XX, a concepção de rede foi *a chave* para os recentes avanços na compreensão científica não apenas dos ecossistemas, mas também da própria natureza humana.

Com o estudo sobre o amplo espectro da rede ecológica e com a *teia da vida* tem emergido uma nova linguagem voltada para o entendimento dos complexos e altamente integrativos sistemas de vida.

Algumas concepções-chaves já estão bem delineadas, como "teoria dos sistemas dinâmicos", "teoria da complexidade", "dinâmica de rede" e outras mais. E a partir do ponto de vista sistêmico, as únicas soluções viáveis em relação aos problemas com o meio ambiente são as soluções "sustentáveis" (Capra, 1996, p. 45).

O *conceito de sustentabilidade* adquiriu *importância-chave* no contexto do movimento ecológico e o desenvolvimento sustentável é realmente fundamental para a obtenção de soluções viáveis de curto ou de longo prazo.

Segundo Brown (1981, p. 25), "uma sociedade sustentável é aquela que satisfaz suas necessidades sem diminuir as perspectivas das gerações futuras".

Para melhor englobar o sentido de sustentabilidade, Capra (1996, p. 231) formula esta concepção: "reconectar-se com a teia da vida significa construir, nutrir e educar comunidades sustentáveis, nas quais podemos satisfazer nossas aspirações e nossas necessidades sem diminuir as chances das gerações futuras". Segundo o mesmo pesquisador, quanto mais estudamos os principais problemas de nossa época, mais somos levados a perceber que eles não podem ser entendidos isoladamente. São problemas sistêmicos, o que significa que estão interligados e são interdependentes.

Assim, as descobertas recentes que estão emergindo nas fronteiras do pensamento científico-social-cultural-biológico-econômico-filosófico têm causado uma expectativa na sociedade universal. Elas têm desafiado as visões convencionais da evolução nos antigos paradigmas do pensar mecanicista e incitam outro modo de agir, de maneira que os princípios da ecologia se manifestem na sociedade através de mudanças estruturais, sejam elas econômicas, políticas, científicas, educacionais, culturais, éticas, administrativas, sociais ou holísticas.

Prosseguindo nesta linha de pensamento, Capra (1996, p. 231), habilmente, argumenta: "naturalmente, há muita diferença entre ecossistemas e comunidades humanas. Nos ecossistemas não existe autopercepção, nem linguagem, nem consciência e nem cultura; portanto, neles não há justiça, nem democracia; mas também não há cobiça nem desonestidade. Não podemos aprender algo sobre valores e fraquezas humanas a partir de ecossistemas. Mas o que podemos aprender e devemos aprender com eles é como viver de maneira sustentável".

Segundo Decaunes (*in* Aguesse, 1972, p. ix), "nem o estudo das ciências e das técnicas, nem o das artes e das letras poderão com efeito continuar a ter qualquer sentido para a humanidade se a sobrevivência dessa humanidade não estiver assegurada, se o homem estiver condenado a desaparecer dentro de pouco tempo, por não ter sabido preservar, economizar, proteger o que precisamente lhe permite existir, manter-se vivo sobre a terra".

De acordo com Aumond (1999, p. 6), "a insustentabilidade do modelo de desenvolvimento do ponto de vista planetário, ecológico e ambiental evidencia a perplexidade do dilema desenvolvido *versus* preservação e o perigo ecológico planetário". Este mesmo autor ainda argumenta que "a sustentabilidade ecológica e ambiental está relacionada com a capacidade de suporte da natureza, isto é, a manutenção da capacidade de carga e recuperação dos ecossistemas que, por sua vez, têm uma relação direta da necessidade do crescimento demográfico".

As análises sobre a atual crise ecológica evidenciam a urgente necessidade de mudanças ou da aquisição de novas posturas de toda a sociedade, porque esta crise ambiental é um problema comum a todas as nações que formam esta aldeia global.

Dado o caráter predatório e constante sobre o meio ambiente, Boff (1999a, p. 17) destaca que "precisamos de um novo paradigma de convivência que funde uma relação mais benfazeja para a Terra e inaugure um novo pacto social entre os povos no sentido de respeito e de preservação de tudo que existe e vive. Só a partir desta mutação faz sentido pensarmos em alternativas que representem uma nova esperança".

Pode-se falar em esperança? Podem-se formular novos paradigmas na busca de novos caminhos para a construção de comunidades sustentáveis? Sim, pois segundo o provérbio popular, poder é querer! Desejar a melhoria da qualidade de vida da população do mundo é uma utopia? Não! Enquanto houver vida humana sobre a terra, sempre existirão indivíduos sedentos por justiça social, liberdade, eqüidade e solidariedade.

Assim, Capra (1996, p. 231), estudando mais profundamente os princípios básicos da ecologia, evoca que "reconectar-se com a teia da vida significa construir, nutrir e educar comunidades sustentáveis, nas quais podemos satisfazer nossas aspirações e nossas necessidades, sem diminuir as chances das gerações futuras". Este físico e teórico de sistemas ressalta também que no contexto de entender os princípios de organização das comunidades ecológicas e usar estes princípios para criar comunidades humanas sustentáveis é indispensável a aplicação da parceria. Portanto, para este mesmo autor, "a parceria é uma característica essencial das comunidades sustentáveis. Num ecossistema, os intercâmbios cíclicos de energia e de recursos são sustentados por uma cooperação generalizada" (Capra, 1999, p. 231).

Cooperar é querer ajudar, realizar pelo outro aquilo que gostaria de fazer para si mesmo, possuir a reta intenção de não prejudicar, em outras palavras, é amar ao próximo como a si mesmo. Hoje, ao contrário, vive-se uma outra realidade e, então, a nossa sociedade está globalizadamente egoísta, perversa, injusta e doente.

Segundo Morin (1982), a história, desde que se impõe como uma dimensão constitutiva permanente da humanidade, impõe-se ao mesmo tempo como ciência cardinal. Este pensador posteriormente comenta que " hoje, a ciência tornou-se uma poderosa e maciça instituição no centro da sociedade subvencionada, alimentada, controlada pelos poderes econômicos e estatais" (Morin, 1982, p.189).

Os pensadores contemporâneos que fundamentaram este trabalho nos vêm alertando reiteradamente para a importância da responsabilidade dos cientistas com suas descobertas revolucionárias, introduzidas diariamente na sociedade.

Torna-se urgente e necessária a participação e mobilização da sociedade como um todo. A humanidade deve lutar contra as crescentes atrocidades que vêm destruindo nosso meio ambiente. Urge recorrer a todas as estruturas da sociedade, sejam elas políticas, econômicas, educacionais, científicas, culturais, filosóficas ou humanitárias, buscando nelas uma intervenção drástica, mas acima de tudo permeada de solidariedade, na busca do desenvolvimento de comunidades sustentáveis.

Para Bordenave (1994, p. 12), "do ponto de vista progressista, *a participação* facilita o crescimento da consciência crítica da população, fortalece seu poder de reivindicação e a prepara para adquirir mais poder na sociedade".

O movimento *Greenpeace* é um exemplo desse poder. Que outros e muitos outros movimentos surjam em todo o mundo para que a humanidade possa tornar-se mais solidária, mais amiga e ter cuidado com seu habitat, o planeta terra.

O DESPERTAR DA CONSCIÊNCIA ECOLÓGICA

A humanidade já tem acesso a uma vasta documentação a respeito de uma série de problemas globais que estão danificando a biosfera e a vida humana de uma maneira assustadora, que se pode tornar-se irreversível.

Que herança estamos deixando para as gerações futuras? Esta pergunta fundamental tem motivado a sociedade a promover movimentos ecológicos em defesa do nosso planeta Terra. É o despertar da consciência ecológica tão necessária e importante para este século XXI que se inicia.

Para muitos pesquisadores de diferentes áreas da ciência, como por exemplo para o respeitado físico Fritjof Capra (1996, p. 23), "há soluções para os principais problemas de nosso tempo, algumas delas até mesmo simples. Mas requerem uma mudança radical, de nossa percepção, no nosso pensamento e nossos valores".

Assim, o meio ambiente, o ecossistema deixou de ser retórica acadêmica e ganhou as ruas, tornando-se preocupação das diferentes classes sociais e políticas, e das diferentes faixas etárias da população.

Promover a instrução básica em ecologia, discutir, analisar a gama de problemas ambientais, culturais, sociais, políticos e econômicos que afetam o bem-estar do homem, da cidade, do Estado, do país, do planeta *Gaia* (no sentido originário grego significa planeta Terra), isto vem acontecendo com assiduidade através de conferências, simpósios, fóruns, palestras, cartas de intenções em todo o mundo.

Geralmente os temas destes encontros diferem nas suas ações, entretanto os mesmos estão intrinsecamente relacionados e se completam como um todo.

De acordo com o Resumo do Programa de Ação da Conferência Internacional sobre População e Desenvolvimento (CIPD' 94 – FNUAP), "em 1972, na Conferência das Nações Unidas sobre o Ambiente Humano, a questão ambiental foi tratada como um problema técnico, de âmbito regional.

Em 1990, na Cúpula Mundial, foi alcançado o acordo em favor da infância. Na Conferência das Nações Unidas sobre Meio Ambiente e Desenvolvimento (UNCED), realizada no Rio de Janeiro, em 1992, (Agenda 21) a ecologia passou a ser avaliada sob uma perspectiva política de abrangência mundial em função dos riscos globais.

A Conferência Internacional sobre População e Desenvolvimento (CIPD'94), realizada no Cairo (Egito) em 1994, foi uma conferência das Nações Unidas composta por uma delegação de 179 Países. A carta de intenções produzida neste encontro endossa uma nova estratégia que destaca os numerosos vínculos existentes entre população e desenvolvimento e coloca mais ênfase no atendimento às necessidades de homens e mulheres como indivíduos do que na consecução de objetivos demográficos. A população e o crescimento sustentável foram os principais temas abordados da Conferência do Cairo.

Ressalta-se que os resultados da CIPD'94 estão estreitamente vinculados a outras importantes conferências que se realizaram em 1995 e 1996, tais como a Cúpula Mundial sobre Desenvolvimento Social, a Quarta Conferência Mundial sobre a Mulher, a Segunda Conferência das Nações Unidas sobre Assentamentos Humanos (Habitat II).

Entre os principais objetivos e metas do programa de ação da CIPD'94 cabe mencionar alguns: o crescimento econômico sustentado no contexto do desenvolvimento sustentável; a educação, especialmente das meninas; a igualdade e a eqüidade entre os sexos; a redução da mortalidade infantil e materno-infantil; o acesso universal aos serviços de saúde reprodutiva, em particular o planejamento familiar e a saúde sexual; a família, seu papel, direitos, composição e estrutura; crescimento e estrutura da população, das crianças, jovens, os idosos, a população indígena, os portadores de deficiência física; saúde, morbidade e mortalidade; distribuição populacional, urbanização e migração interna; população, desenvolvimento e educação; tecnologia, pesquisa e desenvolvimento, entre outras".

Milhões de pessoas de todo o mundo reuniram-se em 1990, no Dia da Terra, simbolizando os esforços para "salvar" o planeta. "Hoje há um consenso generalizado de que a década de 90 será a década do meio ambiente" (Callenbach, Capra et al., 1993, p. 11).

Conforme Brown et al. (1981, p. 24), a década de 90 foi crítica, caracterizando-se pela profunda mudança de uma visão mecanicista para uma visão ecológica do mundo, de um sistema de valores baseado na dominação para o sistema baseado em parcerias. O desafio dos anos 90 foi criar sociedades sustentáveis, ou seja, ambientes sociais e culturais nos quais possamos "satisfazer nossas necessidades sem colocar em risco as perspectivas das gerações futuras".

Então, a partir destes encontros para o despertar da consciência ecológica, pode-se conceituar desenvolvimento sustentável com um plano de metas, de ações, de compromisso, de pacto entre as populações de todo o mundo, países, o governo, políticos, instituições públicas e privadas, comunidades representativas da sociedade civil, entidades sociais, religiosas e outras, visando ao desenvolvimento sustentável para alcançar o bem-estar comum a toda e qualquer segmento da sociedade, sem destruir o meio ambiente, com maior justiça social. Suprir as necessidades do presente sem comprometer a capacidade das futuras gerações suprirem as suas próprias necessidades e estabelecer elos de parceria, de solidariedade e convivialidade entre os homens e os outros seres vivos deste planeta.

Concorda-se com Boff (1999a, p. 13) quando ele assim se expressa: "Sonhamos com uma sociedade mundializada, na grande casa comum, a Terra, onde os valores estruturantes se construirão ao redor *do cuidado* com as pessoas, sobretudo os diferentes culturalmente, como os penalizados pela natureza ou pela história, cuidado com os espoliados e excluídos, as crianças, os velhos, os moribundos, cuidando com as plantas, os animais, as paisagens queridas e especialmente cuidada com a nossa grande e generosa Mãe, a Terra."

Acrescenta-se ainda que a humanidade deve buscar novos caminhos e atitudes para melhor compreender a dimensão da realidade vivida. O ser humano precisa entender da gravidade desta crucial crise ecológica que assola o mundo e, assim, incorporar no seu cotidiano *o cuidado* como atitude indispensável para a convivialidade destas duas crises da atualidade, tão interligadas: a crise do processo industrialista e a crise ecológica.

Segundo Boff (1999 a, p. 124), "a convivialidade é a capacidade de fazer conviver as dimensões de produção e de cuidado, de efetividade e de compaixão; a modelagem cuidadosa de tudo o que produzimos, usando a criatividade, a liberdade e a fantasia, aptidão para manter o equilíbrio multidimensional entre a sociedade e a natureza, reforçando o sentido de mútua pertença".

UMA NOVA VISÃO ÉTICA
DO PENSAMENTO AMBIENTAL CONTEMPORÂNEO

O meio ambiente preservado e saudável é a essência da sobrevivência humana.

Logo, o aumento da consciência da co-responsabilidade de valorizar e preservar o planeta Terra é imprescindível, principalmente, visando *ao cuidado* dos diferentes aspectos da imensa biodiversidade e por cada ser vivo ameaçado de extinção.

Então, nas últimas décadas, novos questionamentos de valores éticos e morais começam a emergir na sociedade contemporânea.

Boff (1999a, p. 27) pergunta: "de onde vamos derivar um novo *ethos* civilizacional? Ele deve emergir da natureza profunda do homem. De dimensões por um lado fundamentais e por outro compreensíveis para todos. Se não nascer do cerne essencial do ser humano, não terá seiva suficiente para dar sustentabilidade a uma nova florada humana com frutos sadios para a posteridade". Segundo ele, "uma nova ética deverá nascer de uma nova ótica", isto é, daquela que se opõe à falta de cuidado, ao descuido, ao descaso, ao abandono e outros mais.

Boff (1999b, p. 21), no seu recente livro denominado *Ética da vida*, ressalta que as questões de ecologia, ética e espiritualidade são recorrentes nos debates dos últimos tempos, todas elas refletem a crise de civilização pela qual estamos passando.

No seu livro *Ética prática*, Singer (1998, p. 1) considera um problema ético relevante a partir do momento em que um ser racional deva defrontar-se com ele. Ele pergunta: "quais são as nossas responsabilidades com os pobres? Justifica-se que tratemos os animais como nada além de máquinas que produzem carne para a nossa alimentação? Devemos continuar usando papel não reciclado? E por que, afinal, devemos nos preocupar em agir de acordo com princípios morais".

Singer (1998) apresenta argumentos atuais e revolucionários. Denuncia nua e cruamente o comportamento inescrupuloso das relações pouco éticas das práticas aplicadas na sociedade como conseqüência do desenvolvimento técnico-científico criado nos laboratórios nestas últimas décadas.

Singer (1998, p. 8) evoca a aplicação da ética ou da moralidade à abordagem de questões práticas, como o tratamento dispensado às minorias étnicas, a igualdade para as mulheres, o uso de animais para pesquisas e para fabricação de alimentos, a preservação do meio ambiente, o aborto, a eutanásia e a obrigação que tem o rico de ajudar os pobres.

Conforme Singer (1998, p. 295), "há quarenta anos, o ecologista norte-americano Aldo Leopold escreveu que uma nova ética se fazia necessária, uma 'ética que se trata da relação do homem com a terra, os animais e as plantas que nela vivem' ".

Assim, em face da crise ecológica mundial, aproximadamente a partir da década de 70 as preocupações ecológicas aumentaram e começaram a despertar a necessidade de uma nova postura em relação às questões éticas e morais, a respeito destas modificações que vêm ocorrendo acarretadas pelo avanço da tecnociência.

Então, recentemente, surgiu um novo conceito de ecologia denominada "ecologia profunda", é um novo paradigma da modernidade. De acordo com Singer (1998, p. 295), "a concepção deste termo deve-se ao filósofo norueguês, Arne Naess, que no início dos anos 70 surgiu com sua distinção entre "ecologia rasa" (alguns a chamam de ética superficial) e "ecologia profunda".

A "ecologia profunda", adotada por Naess, usa o termo "biosfera" de um modo mais abrangente, referindo-se também às coisas inanimadas como os rios (bacias hidrográficas), paisagens e ecossistemas.

Seguindo este pensamento, Capra (1996, p. 25) comenta que "a 'ecologia rasa' é antropocêntrica, ou centralizada no ser humano. Ela vê os seres humanos como situados acima ou fora da natureza, e atribui apenas um valor instrumental, ou de 'uso', à natureza. A 'ecologia profunda' não separa seres humanos – ou qualquer outra coisa – do meio ambiente natural. Ela vê o mundo não como uma coleção de objetos isolados, mas como rede de fenômenos que estão fundamentalmente interconectados e são interdependentes. A ecologia profunda reconhece o valor intrínseco de todos os seres vivos e concebe os seres humanos apenas como um fio particular na teia da vida". Para este pesquisador, "a percepção ecológica profunda reconhece a interdependência fundamental de todos os fenômenos e o fato de que, enquanto indivíduos e sociedades, estamos todos encaixados nos processos cíclicos da natureza (e, em última análise, somos dependentes desses processos)".

76

CUIDADO DE ENFERMAGEM: UMA DIMENSÃO ESTÉTICA A SER RESGATADA

Depois destas reflexões sobre as conseqüências do progresso avassalador da tecnociência nos diferentes setores da sociedade e a urgência de se criar novos paradigmas para reverter esta crise mundial, como por exemplo criando sociedades sustentáveis, vamos focar nossa atenção a um determinado *modo de ser cuidado* compartícipe do desenvolvimento sustentável, que é a dimensão estética do cuidado de enfermagem.

De acordo com Kim (1983, p. 80), o ambiente é parte essencial da existência humana, e Boff (1999 a, p. 92) completa dizendo que o cuidado é o eterno companheiro do homem. Logo, enfatiza-se que *o cuidado é a essência da vida*. Todos os seres, que existem e vivem na Terra, necessitam "ser" cuidados para continuarem a existir, crescer e viver.

Para Boff (1999a, contracapa), "o cuidado é mais fundamental do que a razão e a vontade". Ele também destaca que é *no cuidado* que vamos encontrar o *ethos* (modelação da casa humana) necessário para a socialidade humana e, principalmente, para identificar a essência frontal de ser humano, homem e mulher (Boff, 1996, p.38).

Segundo Martin Heidegger (apud. Boff, 1999a, p. 34), "do ponto de vista existencial, o cuidado se encaixa, *a priori*, antes de todas as coisas e situações do ser humano, o que sempre significa dizer que ele se acha em toda atitude e situação de fato. Cuidado significa um fenômeno ontológico existencial básico".

De acordo com Boff (199 a, p. 33), "cuidar é mais que um ato; é uma atitude. Portanto, abrange mais que um momento de atenção, de zelo, de desvelo. Representa uma atitude de ocupação, preocupação, de responsabilidade e desenvolvimento afetivo com outro".

Então, aproveitar-se-á este "cuidado", assumido no amplo sentido de *atitude* de "atenção, zelo, desvelo, ocupação, preocupação, responsabilidade, desenvolvimento afetivo com outro", para usá-lo na perspectiva no amplo espectro da dimensão do cuidado de enfermagem.

Sabe-se que começa a surgir uma consciência generalizada de que a crise ecológica mundial, contemporânea, deve dar lugar a uma nova visão da concepção que o homem tem do universo e de seu relacionamento com o mesmo. Um dos caminhos para a solução deste empasse pode ser a chamada "visão holística" do mundo que nos cerca.

De acordo com Watson (1988), teorista do cuidado humano, "a atitude de cuidado, que historicamente pertenceu à Enfermagem, está sendo ameaçada pelas tarefas de alta tecnologia impostas pelos fatores curativos da medicina contemporânea. A cura da doença é domínio da medicina e o cuidado constitui o atributo valioso que a Enfermagem tem a oferecer à humanidade".

Na sociedade sob constantes e rápidas mudanças, o mutável se torna, para o ser humano, a alavanca do sucesso ou do insucesso, do construir-desconstruindo, do aprender-apreendendo, do fazer-partilhando, do descuidar-cuidando, do viver- sobrevivendo.

De acordo com Santos (1999, p. 245), "neste mundo de constantes e rápidas mudanças, o mutável se torna alavanca do sucesso e do sobreviver. A verdade é que a Enfermagem não pode ficar à margem do progresso nem isolar-se das mudanças constantes impostas pela sociedade". Para a mesma autora (1999, p. 245), "em cada época, em cada momento histórico, a Enfermagem, num processo de plena metamorfose, junta ao seu fazer-cuidar fragmentos do seu cotidiano, rico de experiência, vivência, crises e emoções, de fatores intrínsecos e extrínsecos, em que a sociedade em mudança faz a Enfermagem reagir, enfrentar e desvelar sonhos e ameaças, e encarar com seriedade, com técnica, conhecimento científico, e com amor, o valor verdadeiro e contínuo de suas ações cuidativas".

A arte de cuidar em enfermagem tem sua raiz no conhecimento estético incluso fortemente nesta profissão de saúde.

Segundo Chinn & Kramer (1995, p. 9), o conhecimento estético em enfermagem é a compreensão do significado numa expressão subjetiva, única e particular que pode ser chamada de arte/ato. Para essas pesquisadoras, o conhecimento estético na Enfermagem torna-se visível através de ações, comportamentos, atitudes, condutas e interações da enfermeira em resposta a outros. Então, em outras palavras, o conhecimento estético, que permeia as ações do "cuidado" na prática de enfermagem, permite dizer que a Enfermagem é um "estado da arte".

De acordo com Boff (1999a, p. 11) "o cuidado é, na verdade, o suporte real da criatividade, da liberdade e inteligência". Esse pensamento vem reforçar o conhecimento estético em enfermagem, pois como bem salientam Chinn & Kramer (1995, p. 9), "O conhecimento estético na Enfermagem torna-se visível através de ações, comportamentos, atitudes, condutas e interações do enfermeiro em resposta a outros". A arte do cuidado é uma atitude única e particular desta importante profissão da saúde.

Nunes (1999, p. 99) complementa salientando que "o cuidado é um momento de criação na arte da enfermagem. É a manifestação do "ser pessoa" enquando cuida".

Se para Boff (1999a, p. 13), "a essência humana está no cuidado", logo acredita-se que na área da saúde a Enfermagem, com a sua arte do cuidar, representa, sem dúvida, a essência deste cuidado humano, em outra palavras, na saúde, "a essência do cuidado humano é a Enfermagem."

Infelizmente, o cuidado, atitude fortemente valorizada e adotada por Nightingale na Enfermagem do século XIX, paulatinamente foi sendo esquecido ou, no mínimo, negligenciado na prática assistencial de enfermagem em decorrência da evolução tecnocientífica introduzida na área da saúde, ocorrida principalmente nas últimas décadas. Assim, como ressaltam Chinn & Kramer (1995, p. 1), "antes de 1950, a Enfermagem era vista como uma arte técnica que enfatizava princípios e procedimentos unidos num espírito de devoção desinteressada. Por volta de 1950, a frase 'ciência de enfermagem' começou a aparecer na literatura. Hoje, teoria e pesquisa são vistas como meios importantes para alcançar conhecimento científico para a prática de enfermagem". Deve-se salientar que, embora a teoria e a pesquisa sejam fundamentais para o desenvolvimento destes profissionais de saúde e enfermagem, atualmente outros conhecimentos ou atitudes também são necessários e importantes, tais como: valorizar o padrão estético contido na arte de cuidar de enfermagem e o cuidar e preservar o ambiente (num todo) como parte essencial da existência humana.

Para Boff (1999a, p.13), *o cuidado* serve de crítica à nossa civilização agonizante e também de princípio inspirador de um novo paradigma de convivialidade.

Felizmente, em virtude das drásticas mudanças de conceitos e idéias que emergiram principalmente durante os primeiros trinta anos do século XX, nos tempos atuais existe uma grande preocupação de resgatar e de valorizar *o cuidado* como atitude da arte de enfermagem.

Tanto no Brasil como nos Estados Unidos da América e em outros países crescente é o número de publicações acerca desse assunto (Arruda & Gonçalves (1999), Nunes (1999), Kim (1983), Chinn & Kramer (1995) e outros).

É necessário que a Enfermagem materialize, na "arte de cuidar" da prática assistencial, a visão holística de mundo, pois somos um todo que é mais do que a soma de suas partes.

Logo, o envolvimento mais afetivo associado a uma postura mais sensível e humana deverá permear cada vez mais o "cuidar-fazer" do enfermeiro.

Assim, os profissionais de enfermagem têm que estar conscientes da necessidade urgente de retomar e reincorporar com orgulho e responsabilidade o *cuidado*, na prática assistencial, como forma estética na arte do cuidar.

Os cursos superiores das universidades brasileiras, seja em graduação ou pós-graduação, deveriam, cada vez mais, enfatizar, estimular e promover a importância da "sensibilidade holística" no contexto da Enfermagem e na arte do cuidar.

Assim, se a Enfermagem retomar como "essência" da sua prática assistencial o cuidado estará em ressonância com os demais anseios e atitudes que proliferam na sociedade mundial, a qual considera o cuidado fator imprescindível e base harmoniosa para o desenvolvimento sustentável da existência humana e o meio que o cerca.

No decorrer de toda a história da ciência ocidental o desenvolvimento da biologia caminhou de mãos dadas com o da medicina. Por conseguinte, é natural que, uma vez estabelecida firmemente em biologia a concepção mecanicista da vida, ela dominasse também as atitudes dos médicos em relação à saúde e à doença. A influência do paradigma cartesiano sobre o pensamento médico resultou no chamado modelo biomédico, cuja característica reducionista redundou em uma série de exclusões sociais e de muitos outros problemas (Capra, 1982, p. 116).

Segundo Capra (1982, p. 155), infelizmente este modelo biomédico, instituído há três séculos, ainda é seguido pela medicina, e, conseqüentemente, pelos demais profissionais de saúde. Para este autor, a adoção de um conceito holístico e ecológico de saúde, na teoria e na prática, exigirá não só uma mudança radical conceitual na ciência médica, mas uma reeducação maciça do público.

Este alerta serve para endossar a necessidade da Enfermagem desconstruir as antigas concepções ou velhos paradigmas e adotar outras novas posturas que contemplem a visão holística, na teoria e na sua práxis.

Com muita propriedade, Capra (1982, p. 155) ressalta "que só será possível transcender o modelo biomédico se estivermos dispostos a mudar também outras coisas; isso estará ligado, em última instância, a uma completa transformação social e cultural".

De acordo com Chinn & Kramer (1995, p. 1), "embora a ciência de enfermagem seja uma base valiosa para a Enfermagem, o conhecimento que não se aplica à tradicional definição de ciência também é necessária e valiosa".

O que tem ocorrido, no cuidado da Enfermagem e na prática médica, é que a estes profissionais de saúde foram ensinados os fenômenos puramente físicos da doença. É a natureza holística da saúde, que terá de ser apreendida se os profissionais de saúde quiserem entender o fenômeno da cura (Capra, 1982, p. 117).

Pensar a Enfermagem, na nova visão holística do futuro, é incorporar no hoje e no agora, em uma visão ampla e desejável, a dimensão estética do cuidado de enfermagem, a qual deve ser urgentemente resgatada.

CONSIDERAÇÕES REFLEXIVAS

Na época atual, a maioria das inovações tecnológicas deveriam estar voltadas à melhoria de qualidade de vida de todo o mundo, sem exclusão social, especialmente fomentando a diminuição da crise dos macrossistemas mundiais, levando também em consideração a construção de sociedades sustentáveis. Infelizmente, hoje, ainda estamos muito distantes deste ideal de vida.

Dubos (1972, p. 28), ao visualizar uma luz no fundo do túnel, diz que: "a civilização só poderá ser salva se estivermos dispostos a mudar a nossa maneira de viver. Temos de inventar utopias, não necessariamente para transformá-las em realidades, mas para ajudar-nos a formular objetivos humanos válidos".

O grande e atual desafio do nosso tempo é, sem dúvida, criar e organizar comunidades sustentáveis, cujos ambientes sociais e culturais venham proporcionar uma melhor qualidade de vida sem prejudicar ou diminuir as chances das gerações futuras.

Sonhar faz parte do cotidiano de cada cidadão. Lutar para realizar este sonho é a alavanca do sucesso almejado. Só vê o sonho realizado aquele que luta, que traz no seu coração a esperança de dias melhores. O amor e o cuidado são os amálgamas da vida.

Assim, urge que todos os habitantes da Terra tomem consciência do que os ameaça, do que os aguarda. Que esta conscientização chegue fortemente nos grandes centros de estudos avançados da tecnociência mas, principalmente, desperte em toda a sociedade o espírito de luta pela justiça social e pelos direitos que todo cidadão tem de viver com dignidade.

As soluções para os principais problemas relacionados ao desequilíbrio do ecossistema, pela manipulação desordenada e gananciosa do ser humano requerem a construção de novos paradigmas

A visão holística ecológica do mundo é o novo paradigma proposto para ser aplicado à sociedade contemporânea.

Conhecer a inter-relação que existe entre a tríade cuidado/ecologia/desenvolvimento sustentável envolve também abrir o coração da humanidade num esforço solidário para que através de ações de partilha e flexibilidade construam "comunidades sustentáveis".

Afirma-se que o cuidado é a essência da vida. O cuidar passa e perpassa pelo *querer-fazer* para melhor construir, para melhor ajudar, para melhor compreender a respeito de si mesmo, de todos e de tudo que nos rodeia. O equilíbrio harmônico do ecossistema é fundamental para a vida humana.

Desenvolver hoje com competência a responsabilidade ética, social, econômica, cultural e espiritual deve ser o norte de toda a sociedade, pois o desenvolver "comunidades sustentáveis" significa desejar uma melhor qualidade de vida para todos, sem nenhum tipo de exclusão ou de excluídos.

A Enfermagem faz parte da tríade cuidado/ecologia/desenvolvimento sustentável, uma vez que essa profissão já traz no âmago de sua prática assistencial a marca registrada *do cuidado*.

O cuidado de enfermagem é mais que um ato de fazer, é uma atitude de interdependência entre enfermeiro, paciente, família e coletividade. A dimensão estética do cuidado de enfermagem deve ser resgatada, urgentemente, estabelecendo principalmente o cuidado-amor com a teia da vida e seus componentes, especialmente os excluídos e o meio que os cerca.

A boa relação do homem com o homem e deste com os animais, plantas e outros seres inanimados é imprescindível para a continuação da sobrevivência do nosso planeta e também visando, sobretudo, à segurança e à qualidade de vida das futuras gerações. Este é um dos principais objetivos do desenvolvimento sustentável.

Será isto uma utopia?

Por quanto tempo os pobres serão mais pobres e os ricos mais ricos?

Será que a idéia de se criar, em todo o mundo, *comunidades sustentáveis* interessa mesmo aos países hegemonicamente ricos e donos do mundo?

Até onde irá chegar a pretensa vontade humana em querer conhecer e dominar os mistérios da vida dos seres vivos, do planeta Terra e de outras galáxias?

Será que uma nova ética, a partir de uma nova ótica (sem mudança no coração?), conseguirá dar um novo rumo moral para as diversas questões relacionadas à crise dos macrossistemas mundiais?

Qual deve ser a verdadeira postura e responsabilidade de cada um de nós frente ao problema cuidado/ecologia/desenvolvimento sustentável?

Como a Enfermagem poderá vivenciar na prática assistencial a plenitude da "arte do cuidado" se o modelo de saúde é sucateado, medicalizado, elitizado?

Será que a Enfermagem tem interesse de resgatar ou retomar para si a "arte do cuidar"?

Será utopia querer para todos uma melhor qualidade de vida?

Será utopia almejar que o desenvolvimento sustentável seja uma realidade universal?

Utopia ou não, a arte de cuidar de cada um e, particularmente, da Enfermagem deve ser a essência da atitude humana, para construir e desenvolver comunidades sustentáveis.

Finalmente, conclui-se que servir a outros, dar o que temos não é suficiente, a menos que nós mostremos o maior respeito por nós mesmos, pelo próximo e por tudo aquilo que nos rodeia.

REFERÊNCIAS BIBLIOGRÁFICAS

AGUESSE, P. *Chaves da ecologia*. Trad. José Laurênio de Mello. Rio de Janeiro: Civilização Brasileira S.A, 1971. 139 p.

ARRUDA, E. N, GONÇALVES, L.H.T. (Orgs.). *A enfermagem e a arte de cuidar*. Série Enfermagem – Repensul. Florianópolis: UFSC, 1999. p. 99-106.

AUMOND, J. J. Desenvolvimento sustentável: realidade ou utopia? *Revista de Estudos Ambientais*, Blumenau, v. 1, n. 2, 5-11 mai/ago 1999.

BOFF, L. *Ecologia, grito da Terra, grito dos pobres*. São Paulo, Ática, 1995.

_____. *Saber cuidar: ética do humano, compaixão pela Terra*. Petrópolis: Vozes, 1999 a. 199 p.

_____. *Ética da vida*. Brasília: Letraviva. 1999 b. 241 p.

BORDENAVE, J. E. D. *O que é participação*, 8. ed. São Paulo: Brasiliense, 1994. 81 p.

BROWN, L. R. *Building a sustainable society*. Nova York: Norton, 1981.

CALLENBACH, E., CAPRA, F. et al. *Gerenciamento ecológico:* guia do Instituto Elmwood de Auditoria Ecológica e Negócios Sustentáveis. Trad. de Carmem Youssej. São Paulo: Cultrix, 1993. 203 p.

CAPRA, F. *O ponto de mutação:* a ciência, a sociedade e a cultura emergente. Trad. de Álvaro Cabral. 3. ed. São Paulo: Cultrix, 1982. 447 p.

_____. *A teia da vida:* uma nova compreensão científica dos sistemas vivos. Trad. de Newton Roberval Eichemberg. São Paulo: Cultrix, 1996. 256 p.

_____. *O tao da física:* um paralelo entre a física moderna e o misticismo oriental. Trad. de José Fernandes Dias. São Paulo: Cultrix, 1999. 274 p.

CHINN, P. & KRAMER, M. J. Os padrões de conhecimento na enfermagem. In: *Theory and nursing:* a systematic approach. Trad. de Vera Regina Waldow. 4. ed. St. Louis: Mosbt, 1995. p.1-17.

CONFERÊNCIA INTERNACIONAL SOBRE POPULAÇÃO E DESENVOLVMENTO (CIPD'94). Fundo de População das Nações Unidas (FNUAP), 1994.

DENTAL BRASIL SUL LTDA. Carta do chefe Seattle. São Paulo: IBLA, 1992.

DUBOS, René J. *O despertar da razão:* por uma ciência mais humana. Trad. de Pinheiro Lemos. São Paulo: Universidade de São Paulo, 1972. 194 p.

HEIDEGGER, M. *Ser e tempo*, Parte I. Trad. de Márcia de Sá Cavalcante. Petróplis: Vozes, parágrafo 39-44, p.243-300. Apud. BOFF, L. *Saber cuidar:* ética do humano, compaixão pela Terra. Petrópolis, RJ: Vozes, 1999 b. 199 p.

KIM, H. S. *The nature of theorical thinking in nursing.* Applinton Century. Crafts/Novasckk, 1983. p.79-115.

MINISTÉRIO DO MEIO AMBIENTE. *Metais pesados:* contaminando a vida. Universidade Livre do Meio Ambiente. In: www.greenpeace.org.br, 1999.

MORIN, Edgar. *Ciência com consciência*. Trad. de Maria Gabriela de Bragança e Maria da Graça Pinhão. Portugal: Europa-América, 1982. 263 p.

NUNES, D. M. Cuidado, um espaço de criação. In: ARRUDA, E. N., GONÇALVES, L.H.T. (Orgs.). *A enfermagem e a arte de cuidar.* Série Enfermagem – Repensul. Florianópolis: UFSC, 1999. p. 99-106.

PECCEI, Aurélio. *Cem páginas para o futuro.* Trad. de Ana Maria Batisti e outros. Brasília: Universidade de Brasília, 1981. 119 p.

PRIGOGINE, I., STENGERS, I. *A nova aliança:* metamorfose da ciência. Trad. de Miguel Faria e Maria Joaquim Machado Tricheira. Brasília: Universidade de Brasília, 1991. 247 p.

SANTOS, N. Q. Enfermagem: uma caminho a trilhar, uma realidade a ser conquistada. In: ARRUDA, E. N., GONÇALVES, L.H.T. (Orgs.). *A enfermagem e a arte de cuidar.* Série Enfermagem – Repensul. Florianópolis: UFSC, 1999. p. 99-106.

SINGER, P. *Ética prática.* Trad. de Jefferson Camargo. S. Paulo: Martins Fontes, 1998. p. 399.

WATSON. J. Nursing: human science and human care, a theory of nursing. 2 ed. New York: National League of Nursing, 1988. In: Nunes, A.M. P. *Concepção sobre o processo saúde-doença na enfermagem, ciência e arte.* Texto & Contexto – Enfermagem/Universidade Federal de Santa Catarina. Programa de Pós-graduação em Enfermagem. v. 1, n. 1. Florianóplolis: UFSC, 1992, p. 34-45.

O Desenvolvimento Sustentável e o Cuidado ao Idoso: Desafios Convergentes

Silvana Sidney Costa Santos[1]

Resumo

O desenvolvimento sustentável é a capacidade de satisfação das necessidades das gerações atuais, sem colocar em risco a capacidade das futuras gerações satisfazerem suas necessidades, e o cuidado ao ser humano idoso necessita ter um direcionamento, para que o primeiro alcance a sustentabilidade, considerando que o ser humano idoso tem sua especificidade e multidimensionalidade. Nesse estudo teórico e reflexivo objetivou-se perceber a convergência entre desenvolvimento sustentável e cuidado ao idoso. Utilizou-se material bibliográfico produzido em diferentes áreas do conhecimento, procurando o estabelecimento de uma convergência entre os conceitos – desenvolvimento sustentável e cuidado ao idoso e o campo específico da enfermagem gerontogeriátrica. Ao final da reflexão verificou-se que uma convergência possível entre os conceitos estudados pode ser vislumbrada através da aplicação dos temas relacionados à complexidade, considerando que nada está isolado

---

[1] Enfermeira. Professora e líder do Grupo de Estudos e Pesquisa sobre o Idoso – GEPI (CNPq) da Faculdade de Enfermagem N. S. das Graças – FENSG, da Universidade de Pernambuco – UPE. Especialista em Gerontologia Social – SBGG. Mestre em Enfermagem – UFPB. Aluna de Doutorado em Enfermagem da Universidade Federal de Santa Catarina – UFSC – Turma 1999.

e tudo está em relação, e a interdisciplinaridade enquanto elemento poderá dar conta da complexidade da realidade.

Palavras-chaves

Desenvolvimento sustentável – cuidado – idoso – convergência

PARA INÍCIO DE CONVERSA...

O desenvolvimento sustentável já foi definido e descrito de várias formas; não se trata de uma noção fixa, mas um processo de mudança das relações entre sistemas e os processos sociais, econômicos e naturais. Para Campos (1999), tem-se como conceito de desenvolvimento sustentável aquele desenvolvimento que atende às necessidades do presente sem comprometer a possibilidade das gerações futuras atenderem às suas próprias. Este conceito parece fácil de aceitar, sendo puro bom-senso, mas é extremamente complexo e controvertido quando se tenta aplicá-lo ao nosso cotidiano.

A terminologia *desenvolvimento* é descrita segundo a Organização das Nações Unidas – ONU, citada por Boff (1999), como sendo um processo econômico, social, cultural e político abrangente, que visa ao constante melhoramento do bem-estar de toda a população e de cada ser humano, na base de sua participação ativa, livre e significativa e na justa distribuição dos benefícios resultantes dele. Portanto, o desenvolvimento tem por objetivo tornar melhor a qualidade de vida do ser humano enquanto ser humano, implicando isso em vida saudável, acesso à educação, participação política, democracia social e participativa, garantia dos direitos humanos e outros.

Para Boff (1999), *sustentável* é a sociedade ou o planeta que produz o suficiente para si e para os seres do ecossistema onde ela se situa; aquela que pega da natureza só o que essa natureza pode repor; que mostra um sentido de solidariedade, ao preservar para as sociedades futuras os recursos naturais de que elas necessitarão. Na prática, a sociedade deve mostrar-se capaz de assumir novos hábitos e de projetar um tipo de desenvolvimento que cultive o cuidado com os equilíbrios ecológicos e funcione dentro dos limites impostos pela natureza.

Ao meu ver, é o atendimento, o cuidado ao ser humano, independente da faixa etária, considerando as questões técnicas, éticas, estéticas, específicas e multidimensionais do processo de viver e morrer humano e de cada etapa vivenciada, além dos princípios e valores importantes em uma determinada profissão, devendo fazer parte do ensino desta profissão, do seu cotidiano acadêmico e principalmente da sua práxis. Porém, enquanto enfermeira gerontogeriátrica considero que no cuidado ao ser humano idoso há necessidade de considerar-se a especificidade e a multidimensionalidade que envolve o envelhecimento e o idoso.

Nesta reflexão procuro correlacionar o desenvolvimento sustentável e o cuidado ao idoso, levando em consideração que: no cuidado ao idoso torna-se imprescindível, a todo o momento, refletir/praticar o desenvolvimento sustentável; a população idosa brasileira é a que mais cresce proporcionalmente no país e os cuidados direcionados ao atendimento de suas necessidades precisam ser específicos e multidimensionais; e por fim, o desenvolvimento sustentável e o cuidado ao idoso são desafios, cuja convergência necessita ser vislumbrada. Então, foi *objetivo* desde estudo *perceber a convergência entre desenvolvimento sustentável e cuidado ao idoso.*

O DESENVOLVIMENTO SUSTENTÁVEL

Para que se alcance o desenvolvimento sustentável serão necessárias mudanças fundamentais na forma de pensar-se e no modo em que se vive, produz-se e consome-se. O desenvolvimento sustentável, além das questões ambientais, tecnológicas e econômicas, tem uma dimensão cultural e política que vai exigir a participação democrática de todos na tomada de decisões para as mudanças que serão necessárias.

Atualmente, as definições mais freqüentes concentram-se na relação entre desenvolvimento social e oportunidade econômica e as exigências do meio ambiente, investindo no melhoramento das condições de vida para todos, especialmente para os pobres e os carentes, dentro dos limites da capacidade dos ecossistemas. O vigor do desenvolvimento sustentável está em reconhecer que há interdependência entre as necessidades humanas e as exigências ambientais.

Viver com sustentação tornou-se, nos últimos anos, um conceito de vida que já se tornou realidade em várias comunidades européias. No Brasil, é um conceito que está sendo introduzido, por enquanto, nas atividades de algumas empresas, porém precisa ser ampliado para toda a sociedade, buscando alcançar um futuro justo, eqüitativo, solidário e ambientalmente sustentável.

Na Conferência Internacional sobre Meio Ambiente e Sociedade organizada pela UNESCO e pelo governo da Grécia, em 1997, o objetivo principal foi destacar a função da educação e da sensibilização de todos em prol da sustentabilidade. Para concretizar este objetivo, considerou a experiência em educação ambiental e a interação de diversos fatores como saúde, economia, desenvolvimento social e humano, paz e segurança. O apelo deste objetivo é dirigido a toda a sociedade que se interessa no desempenho educativo. O capítulo 36 da Agenda 21[2], "Promoção do ensino, da conscientização e do treinamento", citada por Farias (2000), prevê desde a universalização do acesso ao ensino público, passando pela consciência sobre ambiente e desenvolvimento em todos os setores da sociedade, além da integração dos conceitos de ambiente e desenvolvimento em todos os programas de ensino.

Segundo Diegues (1999), há necessidade de pensar em vários tipos de sociedades sustentáveis, ancoradas em modos particulares, históricos e culturais de relação com vários ecossistemas existentes na biosfera e dos seres humanos entre si.

Ao identificar cinco dimensões de sustentabilidade que o planejamento de desenvolvimento deve considerar, Sachs, a partir de Farias (2000), enumera-as como:

1. *Sustentabilidade social* – criação de um processo de desenvolvimento que seja sustentado por um outro crescimento e subsidiado por uma outra visão do que seja uma sociedade boa. A meta é construir uma civilização com maior eqüidade na distribuição de renda e de bens, de modo a reduzir o abismo entre os padrões de vida dos ricos e dos pobres.

---

[2] Agenda 21: documento assinado por 170 países que participaram da Eco-92, no Rio de Janeiro, sendo o maior esforço conjunto já realizado pelos governos de todo o mundo para identificar ações que combinem desenvolvimento com proteção ambiental. O compromisso maior desta agenda é o de promover o desenvolvimento sustentável no século XXI, buscando-se uma melhor qualidade de vida no presente, sem comprometer o futuro (Centro de Informações Multieducação, 1999).

2. *Sustentabilidade econômica* – alocação e gerenciamento mais eficientes dos recursos e de um fluxo constante de investimentos públicos e privados. A eficiência econômica deve ser avaliada em termos macrossociais, e não apenas através do critério da rentabilidade empresarial de caráter microeconômico.

3. *Sustentabilidade ecológica* – possível se utilizadas as seguintes ferramentas:

— Ampliação da capacidade de carga da espaçonave Terra, intensificando o uso do potencial de recursos dos diversos ecossistemas com um mínimo de danos aos sistemas de sustentação da vida;

— Limitação do consumo de combustíveis fósseis e de outros recursos e produtos que são facilmente esgotáveis ou danosos ao meio ambiente, substituindo-os por outros recursos ou produtos renováveis e/ou abundantes, usados de forma não-agressiva ao meio ambiente;

— Redução do volume de resíduos e de poluição, através da conservação de energia e de recursos da reciclagem;

— Promoção da autolimitação no consumo de materiais por parte dos países ricos e dos seres humanos em todo o planeta;

— Intensificação da pesquisa para a obtenção de tecnologias de baixo teor de resíduos e eficientes no uso de recursos para o desenvolvimento urbano, rural e industrial;

— Definição de formas para uma adequada proteção ambiental, desenhando a máquina institucional e selecionando o composto de instrumentos econômicos, legais e administrativos necessários para seu cumprimento.

4. *Sustentabilidade espacial* – melhor distribuição territorial dos assentamentos humanos e das atividades econômicas, com ênfase no que segue:

— Redução da concentração excessiva nas áreas metropolitanas;

— Freio à destruição de ecossistemas frágeis, mas de importância vital, através de processos de colonização sem controle;

— Promoção da agricultura e a exploração agrícola das florestas através de técnicas modernas, regenerativas, por pequenos agricultores, utilizando-se de pacotes tecnológicos adequados, do crédito e do acesso a mercados;

— Exploração do potencial da industrialização descentralizada acoplada à nova geração de tecnologias, com referência especial às indústrias de biomassa, ao seu papel na criação de oportunidades de emprego não-agrícolas nas áreas rurais, levando a uma importante colocação, de que uma nova forma de civilização baseada no uso sustentável de recursos renováveis não é apenas possível, mas essencial;

— Criação de uma rede de reservas naturais e de biosfera para proteger a biodiversidade.

5. *Sustentabilidade cultural* – processos que buscam mudanças dentro da continuidade cultural e que traduzem o conceito normativo de ecodesenvolvimento em conjunto de soluções específicas para o local, o ecossistema, a cultura e a área.

São princípios que se inter-relacionam para a construção de uma sociedade sustentável:

— Respeitar e cuidar da comunidade dos seres vivos, refletindo o dever de preocupação com os seres humanos e outras formas de vida, agora e no futuro. Trata-se de um princípio ético. Significa que o desenvolvimento não pode ocorrer em detrimento de outros grupos ou de gerações futuras;

— Melhorar a qualidade da vida humana, sendo um processo que torna possível aos seres humanos perceber o seu potencial, obter autoconfiança e uma vida plena de dignidade e satisfação;

— Conservar a vitalidade e a diversidade do planeta Terra; o desenvolvimento baseado na conservação deve incluir providências no sentido de proteger a estrutura, as funções e a diversidade dos sistemas naturais do planeta, dos quais temos absoluta dependência;

— Minimizar o esgotamento de recursos não-renováveis: minérios, petróleo, gás e carvão. Ao contrário das plantas, peixes ou solo, eles não podem ser usados de forma sustentável. Todavia, sua vida pode ser prolongada como, por exemplo, através de reciclagem, pela utilização de menor quantidade de um recurso para produzir um determinado produto ou pela substituição por outros recursos renováveis, quando possível;

— Permanecer nos limites da capacidade de suporte do planeta Terra, considerando que os limites variam de região para região e os impactos dependem do número de seres humanos presentes em cada região e da quantidade de alimento, água, energia e matérias-primas que cada um desses utiliza ou desperdiça. Poucos seres humanos consumindo muito podem causar tanto prejuízo quanto muitos consumindo pouco;

— Permitir que as comunidades cuidem de seu próprio meio ambiente, a maioria das atividades criativas e produtivas dos seres humanos ou grupos ocorre dentro das comunidades. Comunidades organizadas e bem informadas podem contribuir para decisões que as afetem diretamente e desempenhar um papel indispensável na criação de uma sociedade segura e sustentável;

— Gerar uma estrutura nacional para a integração de desenvolvimento e conservação, para progredir de forma racional, considerando que todas as sociedades necessitam de uma base de informação e de conhecimento, de uma estrutura de leis e de instituições, além de políticas econômicas e sociais coerentes. Um programa nacional para se chegar à sustentabilidade deve reunir todos os interesses, e tentar identificar e prevenir os problemas antes que se manifestem;

— Construir uma aliança global, pois, no mundo de hoje, nenhuma nação é auto-suficiente. Se for objetivo geral que o ser humano alcance a sustentabilidade do planeta, uma sólida aliança deve ser formada por todos os países.

Estes princípios não são novos, refletem valores e deveres que diferentes culturas e religiões têm e que são reconhecidos há séculos. Embasam um movimento conduzido pela ONU, cujo trabalho inicial foi em 1987 e o grande marco foi a elaboração e o lançamento da Agenda 21, em 1992.

Viver de forma sustentável depende da aceitação da necessidade de uma busca de harmonia com as outras partes e com a natureza. Nesta dimensão é necessário exercitar o diálogo com a natureza e com os seres humanos, buscando a sustentabilidade e a eqüidade social, criando consensos possíveis diante da crise generalizada. A deterioração do meio ambiente, a perda do equilíbrio natural, não é resultado dos processos de desenvolvimento em geral, mas principalmente do estilo de crescimento indiscriminado que é intrinsecamente insustentável em termos ecológicos e extremamente injusto em termos sociais (Groenwald, 2000). A adoção do modo de vida sustentável exigirá uma substancial mudança nas atitudes e práticas dos seres humanos, uma mudança qualitativa e quantitativa no estilo de vida.

Não se pode esquecer que a base do conceito de desenvolvimento sustentável reside na necessidade dos habitantes "terráqueos" desejarem possuir uma vida satisfatória para eles e seus descendentes. Aliada a esse desejo há a dependência dos seres humanos quanto aos recursos naturais para o suprimento das suas necessidades básicas. Daí a importância do cuidado ecológico como sendo o cuidado dispensado ao planeta Terra, considerando que ele é a casa que se tem para viver e morar e, principalmente, considerando que sem este cuidado fundamental, os outros cuidados ficam comprometidos e até ameaçados. Para Boff (1999) ainda é pequena a consciência coletiva que pesa sobre a Terra. Na verdade, de todos os cuidados, o cuidado com o planeta Terra, o cuidado ecológico é um dos que mais discussões vêm criando e mais abandono vem sofrendo, a cada dia.

O CUIDADO AO SER HUMANO IDOSO

Inicialmente, senti necessidade de diferenciar os termos *cuidar, cuidado e assistir,* para melhor visualização destes conceitos. O termo *cuidar* denota uma *ação dinâmica, pensada, refletida;* já o termo *cuidado* dá a conotação de *responsabilidade* e de *zelo;* portanto, o processo de cuidar é a forma como se dá o cuidado e é um processo interativo, que desenvolve ações, atitudes e comportamentos com base no conhecimento científico, na experiência, na intuição, e tendo como ferramenta principal o pensamento crítico, sendo essas ações e/ou outros atributos realizados para e com o ser cuidado, no sentido de promover, manter e/ou recuperar sua dignidade e totalidade humanas. O termo *assistir* parece ser uma *ação mais passiva de observar, acompanhar, favorecer, auxiliar, proteger,* na verdade o assistir e/ou a assistência não necessariamente incluem o cuidar/cuidado.

Nesta conceituação apresento os pontos de vista de Waldow (1998, p. 127), que aponta "o cuidar como comportamentos e ações, que envolvem conhecimento, valores, habilidades e atitudes, empreendidos no sentido de favorecer as potencialidades das pessoas para manter ou melhorar a condição humana no processo de viver e morrer. O cuidado seria então o fenômeno resultante do processo de cuidar". Esta mesma autora refere ainda o cuidado humano enquanto uma forma de vivência, de poder ser e de expressão, sendo uma postura ética e estética frente ao mundo e ainda um compromisso com o estar no mundo, contribuindo com: o bem-estar geral, o desenvolvimento sustentável, a dignidade humana, a espiritualidade; a construção da história, a construção do conhecimento e a construção da vida.

A partir de Roach, Waldow (1998) aponta o cuidado como responsivo, sendo então o cuidado uma resposta, que envolve doação e autotranscendência, que não deve ser confundido com auto-anulação ou subserviência, mas contenha os seguintes atributos: compaixão, competência, confiança, consciência e comprometimento. Acrescente-se, também, a importância das relações interpessoais no cuidar/cuidado.

Boff (1999) privilegia sete conceitos essenciais que surgem como ressonância do cuidado, que são: o amor como fenômeno biológico, a justa medida, a ternura, a carícia, a cordialidade, a convivialidade e a compaixão, acrescentando ainda: a sinergia, a hospitalidade, a cortesia e a gentileza.

Waldow (1998) descreve as qualidades essenciais para o cuidar/cuidado, as quais são: o cuidado requer conhecimento do outro ser; o cuidador deve modificar seu comportamento frente às necessidades do outro (qualidade também chamada de alterar ritmos); a honestidade, a humildade, a esperança, a coragem devem permear o cuidado, porém nunca criar dependência no ser cuidado, pois o cuidador tem como meta possibilitar ao outro o conhecimento, para que ele possa utilizar suas próprias capacidades.

Kelly, citada por Waldow (1998, p. 167-168), refere o cuidado como prática ética, sendo então a essência da Enfermagem, tecendo algumas considerações teóricas, tais como: "a prática da Enfermagem é essencialmente moral em sua natureza; o respeito e o cuidado pelas pessoas constituem a ética essencial da Enfermagem, o respeito, como uma ética de enfermagem, é evidenciado pelo cuidado aos seres humanos, familiares, *self*, colegas e à profissão; o respeito e o cuidado são elementos necessários, porém não são elementos suficientes da Enfermagem, inclui-se o conhecimento como imprescindível; o respeito pelas pessoas precede o cuidado na relação enfermeiro e ser cuidado; a Enfermagem não é possível quando inexiste o cuidado".

No cuidado do ser humano idoso, especificamente, descrevo o trabalho de Santos (1997), que desenvolveu um estudo de caso único com uma pessoa idosa (68 anos), sexo masculino, aposentado, portador de doenças crônico-degenerativas e que morava com seus familiares: filho, nora e duas netas. Neste estudo foi utilizado o cuidado domiciliar de enfermagem e a relação de ajuda.

A Teoria das Relações Interpessoais em Enfermagem, de Peplau, por ter como foco central o processo interpessoal enfermeiro e ser cuidado e como meta a transformação da ansiedade deste ser em uma força produtiva, demonstrou-se pertinente ao estudo. Tal teoria proporcionou a Santos (1997) a oportunidade de desenvolver na Enfermagem um processo interpessoal, utilizando as etapas da relação de ajuda, permitindo, dessa forma, que tanto ela quanto o idoso do estudo pudessem identificar, planejar e combinar os cuidados a serem prestados. Proporcionou-lhe, ainda, a realização da prática do cuidado domiciliar, que direcionou a uma valorização satisfatória ao desenvolvimento do trabalho e, principalmente, norteou a questão da auto-estima positiva do ser humano idoso cuidado. Proporcionou-lhe, principalmente, através do processo educativo contínuo e da *capacidade de saber ouvir*, poder ajudar um idoso a conhecer-se melhor e assim interagir de uma forma mais positiva com os outros seres humanos (familiares, vizinhos, profissionais de saúde, etc).

Em outro trabalho, Bittes Júnior (1996) apresentou uma concepção de cuidado e descuidado, tendo como local de realização destas ações o hospital, onde os atendimentos das necessidades físicos, emocionais e sociais foram o cerne dessa ação. O cuidar desenvolvido a partir da competência profissional e de desempenho de técnicas adequadas tornou o ato de cuidar eficiente ou deficiente e que *denotou ou não amor ao outro e à atividade realizada*. Nessas dimensões, os fatores gênero, temporalidade, proximidade física e continuidade foram importantes para determiná-las; porém, ficou bem claro, também nesse segundo estudo, *o estabelecimento do relacionamento interpessoal enfermeiro e ser cuidado como um dos pontos mais importante para o cuidado humano, principalmente quando do o ser cuidado foi um idoso.*

Para que os enfermeiros desenvolvam, de forma adequada, cuidados ao ser humano idoso, alguns caminhos necessitam ser considerados, tais como: manutenção do bem-estar e vida autônoma, sempre que possível, no ambiente domiciliar e onde tais cuidados centrem-se no idoso, nas suas necessidades, de sua família e de sua comunidade, e não em sua doença; desenvolvimento de um trabalho multidisciplinar e interdisciplinar, procurando partilhar responsabilidades, defendendo os direitos dos idosos/família/comunidade; ampliação dos conhecimentos profissionais para além da área gerontogeriátrica, considerando que tudo está relacionado; compreensão de que o conceito de desenvolvimento sustentável aponta para uma mudança paradigmática, na medida em que deixa de assumir o ser humano como *centro de tudo*, substituindo-o pela relação deste com a natureza, direcionando o profissional de saúde e principalmente o de gerontogeriatria a oferecer uma melhoria na condição de vida do idoso, da sua família e da sua comunidade. Esses caminhos são necessários para a sustentabilidade do ser idoso em relação a si mesmo, à sua família/comunidade/sociedade e à Terra.

Importante ainda considerar que é necessário modificar atitudes e práticas pessoais, pois, para adotar a ética de se viver sustentavelmente, os seres humanos necessitam reexaminar os seus valores e alterar o seu comportamento. Além disso, os integrantes de uma profissão devem promover atitudes que apóiem a nova ética e desfavoreçam aqueles que não se coadunam com o modo de vida sustentável.

A CONVERGÊNCIA ENTRE DESENVOLVIMENTO SUSTENTÁVEL E CUIDADO AO IDOSO: A COMPLEXIDADE E A INTERDISCIPLINARIDADE

O desenvolvimento sustentável vem sendo objeto de estudos, análises e críticas entre estudiosos, pesquisadores e cientistas preocupados e comprometidos com a vida no planeta. Quando se pensa em desenvolvimento sustentável, deve-se ter claro que para alcançar a meta da sustentabilidade é fundamental modificar as atitudes e o comportamento dos seres humanos, dos profissionais entre si e dos profissionais com os seres cuidados.

A sociedade é um complexo formado pelo conjunto de pessoas que individualmente partilham a mesma linguagem, costumes e cultura, e que, ao mesmo tempo, pertencem ao todo. Cada componente tem sua própria individualidade, mas ainda assim, são interligados ao todo. Para Morin (1999, p. 25), "infelizmente, a partir de um certo nível de especialização, que passa a ser da hiperespecialização, o fechamento e a compartimentalização impedem contextualizar e globalizar". Este conflito exige uma revolução no pensamento, em que não se concebe mais um enfoque exclusivo e restrito a um único objeto, quando se necessita de um conhecimento mais amplo de suas relações com o todo.

O que se procura é a construção de ciências sistêmicas em lugar de disciplinas fechadas, e para alcançar este objetivo o conceito de complexidade ou pensamento complexo de Edgar Morin parece pertinente. Para Morin (1999) "o pensamento complexo é o pensamento que se esforça para unir, não na confusão, mas operando diferenciações". O problema-chave para a reforma do pensamento é reunir os princípios da separação e da inseparabilidade. Segundo esse autor, o pensamento complexo, não é a pesquisa de confusão total impulsionada pela voluptuosidade de se perder na confusão, a complexidade é a união da *simplicidade com a complexidade.* A grande questão, portanto, é *combinar o simples e o complexo.*

Como o ser humano idoso é um objeto complexo, o cuidado direcionado aos idosos é uma ação complexa e interdisciplinária, tornando necessário que a questão da complexidade dos problemas de saúde dos seres humanos idosos deva ser mais bem trabalhada quando se recorre ao auxílio da interdisciplinaridade para o desenvolvimento desta ação. Lamentavelmente, os cursos da área da saúde possuem uma estrutura muito rígida, não permitindo boa interação entre as disciplinas, havendo concepções dominantes que impedem ou dificultam a comunicação entre diferentes grupos de idéias. Isto faz com que os profissionais formados tenham uma visão fragmentada, comprometendo sua atuação na equipe de trabalho e, principalmente, na ação cuidativa direcionada ao idoso, objeto maior de preocupação deste estudo.

A reforma do pensamento defendida por Morin (1999, p. 34) "só pode ser realizada por meio de uma reforma da educação", obtida através do estímulo ao pensamento totalizante e contextualizado, capaz de compreender as inter-relações e interconexões das partes para a formação do todo complexo. Para tanto, é necessário que o processo se inicie a partir dos próprios educadores. O trabalho interdisciplinar é apresentado como uma necessidade pelo fato de que as partes isoladas do contexto original devem ser resgatadas na totalidade. Frigotto (1995, p. 33) afirma que "é justamente no exercício de responder a esta necessidade que o trabalho interdisciplinar se apresenta como um problema crucial, tanto na produção do conhecimento quanto nos processos educativos e de ensino."

Entretanto, é importante não somente os alunos aprenderem a resolver os problemas de saúde ligados aos seres humanos idosos, mas compreenderem as questões de saúde como um todo, interpretando e construindo a realidade através de uma reflexão histórico-crítica e contextualizada dentro do desenvolvimento sustentável. Adaptando o que Jantsch (1996) discute em relação ao processo de criação e concepção do mundo, posso complementar afirmando que ensinar a cuidar do ser humano, independentemente da faixa etária em que esteja inserido no processo de viver e morrer e considerando as especificidades e multidimensionalidade de cada etapa vivida, é ensinar a pensar, a interpretar, produzir a realidade e assim contribuir para a sustentabilidade do ser humano.

REFERÊNCIAS BIBLIOGRÁFICAS

BITTES JÚNIOR, A. *Cuidando e descuidando:* o movimento pendular do significado do cuidado para o paciente. São Paulo, 1996. 106 p. (Dissertação) Mestrado em Enfermagem – Universidade de São Paulo.

BOFF, Leonardo. *Saber cuidar:* ética do humano – compaixão pela terra. Petrópolis: Vozes, 1999.

CAMPOS, M. A. *O conceito de desenvolvimento sustentável:* histórico. Disponível na Internet. http://www.eca.usp.br/emalta/lista/meiam/dshist.htm Em 05/01/2000.

CENTRO DE INFORMAÇÃO MULTIEDUCAÇÃO. *Grandes temas.* Disponível na Internet. http://www.rio.rj.gov.br/multirio/cime/CE09 Em 05/01/2000.

DIEGUES, A. C. S. Desenvolvimento Sustentável ou Sociedades Sustentáveis – da crítica dos modelos aos novos paradigmas. *São Paulo em Perspectiva*, 6 (1 - 2) 22 - 29, janeiro/junho/99.

FARIAS, Maria Eloisa. Educação para o desenvolvimento sustentável. III Seminário de pesquisa em educação da Região Sul – ANPED. *Anais...* CD-ROM, 2000.

FRIGOTTO, G. A interdisciplinaridade como necessidade e como problema nas ciências sociais. In: JANTSCH, A. P., BIANCHETTI, L. (Orgs.) *Interdisciplinaridade:* para além da filosofia do sujeito. Petrópolis : Vozes, 1995. p. 25-50.

GROENWALD, Cláudia Lisete Oliveira. Educação para o desenvolvimento sustentável. III Seminário de pesquisa em educação da Região Sul – ANPED. *Anais...* CD-ROM, 2000.

JANTSCH, Ari Paulo. Concepção dialética de escrita-leitura: um ensaio. In: BIANCHETTI, L. (Org.) *Trama & texto.* São Paulo : Plexus, 1996. v. 1. p. 37-55.

MORIN, E. Por uma reforma do pensamento. In: PENA-VEJA, A., NASCIMENTO, E. P. (Orgs.) *O pensar complexo:* Edgar Morin e a crise da modernidade. Rio de Janeiro : Garamond, 1999.

SANTOS, Silvana Sidney Costa. *O cuidar da pessoa idosa no âmbito domiciliar:* uma relação de ajuda na Enfermagem. João Pessoa, 1997. 115 p. (dissertação) Mestrado em Enfermagem – Universidade Federal da Paraíba

WALDOW, Vera Regina. *Cuidado humano:* o resgate necessário. Porto Alegre: Sagra Luzzatto, 1998.

GLOBALIZAÇÃO E BEM-ESTAR HUMANO

1

GLOBALIZAÇÃO, CULTURA E CIDADANIA[1]

Marilene Rodrigues Portela[2]
Marisa Monticelli[2]
Nazaré Otília Nazário[3]

INTRODUÇÃO

A globalização tem sido a palavra de ordem dos últimos anos. Alguns estudiosos, quando se referem a ela utilizam-na como sinônimo de modernização, mundialização ou multinacionalização. Para outros, o sentido dado é o de ocidentalização ou mesmo de desterritorialização, podendo também ser associado ao conceito de internacionalização, transnacionalização, e como sinal de desenvolvimento e progresso da humanidade. Contudo, é sentida por muitos como desigualdade de renda, deterioração das condições de trabalho, desemprego, fome e pobreza; melhor seria dizer miséria mesmo.

A globalização é um fenômeno, e por sinal, muito antigo. Voltemos à Grécia Magna (séc. IV a.C.) e vejamos... O que era o cosmopolitismo? Nada mais do que as transformações impostas por Alexandre Magno por meio de suas conquistas, ampliando seus domínios territoriais, ou seja, a expansão das fronteiras do seu império. O Mediterrâneo, na Antigüidade grega, era globalizado. O cosmopolita (cidadão do mundo) de outrora é o homem global de hoje. Se entendemos por globalização a tendência dos homens em ultrapassar seus domínios territoriais estabelecendo novas formas de inter-

---

[1] Texto elaborado no contexto da Disciplina "Saúde, Cultura e Meio Ambiente" do Curso de Doutorado em Enfermagem da UFSC, sob a coordenação da Dra. Tamara I. Cianciarullo.

[2] Enfermeiras. Doutorandas em Enfermagem.

[3] Enfermeira. Participante da Disciplina na condição de Aluna Especial.

locuções humanas, expansão do comércio de mercadorias e extensão da "cultura", podemos crer então que a globalização existe e há muito tempo. Mesmo o Império Romano nos faz lembrar de uma gigantesca globalização. Mas se a globalização é uma fato, a questão é: ela boa ou má? Melhor seria levantar a seguinte discussão: é boa para quem? E para quem ela pode ser má ?

Este é o sentido da discussão que pretendemos imprimir ao presente texto. Para tanto, refletiremos sobre a globalização e seus efeitos econômicos e sociais, discutiremos a questão da cultura e suas relações com os princípios do fenômeno global e proporemos alguns caminhos para pensar na possível integração entre globalização e cidadania a partir da perspectiva do setor de saúde e dos profissionais de saúde.

A GLOBALIZAÇÃO E SEUS EFEITOS ECONÔMICO-SOCIAIS

A globalização, pode-se dizer, é o processo através do qual se expande o mercado e onde as fronteiras nacionais parecem desaparecer, nesse mesmo movimento de expansão. Desde os grandes descobrimentos e com a ampliação do mercantilismo, o mundo começa a encurtar suas distâncias – exigência primordial para o estabelecimento de circulação de riquezas e mercadorias. Inicia-se, já nesta época, o processo de internacionalização do capital, que teve continuação com a expansão dos empréstimos e financiamentos e, em seguida, generalizou o deslocamento do capital industrial através do desenvolvimento das multinacionais. Este incremento foi favorecido pelos meios de comunicação e de transporte, que permitem a distribuição espacial da produção, de uma maneira nunca pensada antes. Pode-se fabricar um pedaço de um determinando produto em um país e o resto em outro, como é o caso do *Boeing 777*, uma das mais brilhantes expressões dos empreendimentos americanos no terreno da tecnologia avançada, que tem suas peças fabricadas em 12 países diferentes (Greider, 1997). Come-se um *Big Mac* tanto aqui no Brasil quanto na China (geração hamburguerização). Essa "fabulosa" tecnologia alimentícia americana parece querer uniformizar o paladar de crianças e adolescentes pelo mundo afora. E a *Coca-Cola*, por acaso não tem o mesmo poder de consumo, seja aqui ou no Japão? É a "ocidentalização do mundo". Ocidentalização que não passa de uma falácia, porque ela ocorre somente para uma minoria incluída no projeto de consumo. Enquanto isso, ainda existe muita criança e adolescente morrendo de fome nos mesmos países onde a *McDonald's* e a *Pizza Hut* acumulam riquezas. E o que dizer da Internet, que nos permite acesso rápido e irrestrito a qualquer tipo de material de informação, ou a manter contato com qualquer pessoa a qualquer hora, em tempo real? Seja pela TV e TV a cabo, onde programas de outras culturas e países são mostrados também em tempo real, fazendo com que as pessoas que os assistem compartilhem de emoções fortes, como se estivessem vivendo a realidade mostrada nas "guerras ao vivo", seja no Golfo, na Tchetchênia ou mesmo no Brasil.

Ianni (1998), referindo-se ao mundo moderno em que vivemos, onde formou-se uma comunidade mundial, traz a estampa da "aldeia global", que se concretiza e se afirma cada vez mais pela possibilidade de fácil comunicação e de transporte rápido e acessível. Para este autor, "na aldeia global, além das mercadorias convencionais, sob formas antigas e atuais, empacotam-se e vendem-se as informações. Estas são fabricadas como mercadorias e comercializadas em escala mundial. As informações, os entretenimentos e as idéias são produzidas, comercializadas e consumidas como mercadorias" (Ianni, 1998, p. 132).

Para o professor e geógrafo Milton Santos (1999, p. 6) "a idéia da comunicação generalizada da aldeia global é uma bobagem que jamais existiu". Ele entende que a informação é feita de pedaços de notícias, e a notícia não é o fato, mas o resultado do interesse daqueles que organizam e distribuem a informação. Trata-se portanto de uma fluidez virtual que se opõe à fluidez dada pelas máquinas, pelos objetos e pelas técnicas. A única fluidez efetiva é a do dinheiro em estado puro e a da informação. O dinheiro se instala em toda a parte, a despeito das condições locais, e com sua violência e poder ameaça desmanchar a nação e a realidade das fronteiras.

O termo "não-fronteiras" pode ser uma das palavras-chaves para definir o processo de globalização, mas é o poder do dinheiro, a corrida permanente por maior lucro, que é o determinante da globalização fortalecida, e que faz da época em que vivemos uma época de crise. Globalização fortalecida, também, pela transnacionalização (instalação de empresas estrangeiras em países diferentes dos seus). A exemplo disso temos a *McDonald's*, a *Pizza Hut*, a *Coca-Cola*, a *Budweiser*, a *Nokia*, etc., todas empresas "de fora" que se instalam em diversos países, como no Brasil, por exemplo. Estas empresas vêm com o objetivo de aumentar seu mercado consumidor, tentando tornar os consumidores uniformes, com uma coisa que os interliga, em comum, que são seus produtos. E nesta aldeia global, quem diria que a *McDonald's*, ou a *Nokia*, ou a *Coca-Cola* não são nossas? Não pelo fato de serem originalmente daqui ou não, mas sim pelo fato de fazerem parte de nossas vidas, diariamente. É a isso que muitos estudiosos se referem quando falam em globalização.

Mas esse processo cobra caro, tem seu preço, mesmo para o país que, segundo Tavares (1997), "inventou" as empresas "transnacionais" e impôs ao mundo sua hegemonia, através de regras multilaterias que ele mesmo não cumpre quando se trata de proteger atividades econômicas em seu território, falando é claro dos Estados Unidos que, favorecendo interesses financeiros à custa dos trabalhadores, criaram uma classe internacional de "rentistas".

Referindo-se às conseqüências dessa revolução, Greider (1997) coloca que as mesmas podem ser duras e impiedosas até mesmo para os jogadores mais poderosos das finanças ou multinacionais, pois a estrutura de poder do sistema global mostra uma revolução que administra a si mesma, sem um alguém encarregado. O que, por si só, mostra a falta de respeito que ela tem pelas suas próprias vítimas, basta ver a incapacidade aparente que algumas empresas têm de controlar as coisas.

Para Braga (1998), a globalização é filha legítima da lógica e da história político-econômica do capital que traz consigo um paradoxo: nem colapso, nem desenvolvimento, mas sim uma estagnação econômica relativa nos países avançados. Já Greider (1997) compara a globalização a uma máquina fabulosa, que ao mesmo tempo que é fascinante é também assustadora. Na medida em que avança, acumula todo tipo de riqueza, mas também deixa atrás de si uma trilha de devastação. Uma máquina que segue seu caminho alimentada por seus próprios apetites, seguindo em frente, ignorando fronteiras, totalmente desgovernada, pois ninguém está no volante.

Vão longe aqueles tempos em que as políticas econômicas, em quase todos os países, cuidavam do desenvolvimento econômico, do pleno emprego e do bem-estar das pessoas. Hoje em dia elas têm de cuidar de sua credibilidade diante dos mercados financeiros, um tribunal de cujas decisões não cabe recurso. Em compensação, todos participam da grande aventura da globalização. O progresso exige certas renúncias (Belluzzo, 1995).

Mas o que podemos dizer do caráter de exclusão que a globalização impõe, e o preço que os países subdesenvolvidos ou em desenvolvimento pagam para fazerem parte desta aldeia global? Poderíamos dizer que parte da população paga um alto preço.

Para Pochmann (1998), o Brasil é hoje uma grande locomotiva parada no tempo, sem paralelo histórico nos últimos 66 anos. Desde 1980, o país amarga: (i) baixos índices de crescimento econômico (2,5% como média dos últimos 18 anos, sendo de 2,9% na década de 1980 e de 1,9% na década de 1990); (ii) anêmico comportamento da taxa de investimento (17,1% do PIB como média anual, sendo de 18,4% na década de 1980 e de 15,6% na década de 1990) e (iii) desestruturação do mercado de trabalho, com queda no emprego assalariado formal (−1,8% como média anual, sendo de −1,7% na década de 1980 e de −2,6% na década de 1990).

Segundo a economista Conceição Tavares (1998, p. 11), "no Brasil, as grandes massas nunca tiveram um destino minimamente claro via acesso à propriedade da terra, à educação e a uma relação salarial estável e progressiva, que foram os instrumentos mais importantes de incorporação em qualquer sociedade moderna". O que se faz aqui é atender aos interesses das elites, quer sejam regionais, nacionais ou internacionais. Ignoram-se os interesses e as necessidades da maioria da população. É um governo para uma minoria abastada e para as "forças" internacionais. Ao "povo" resta a esperança de que nas próximas eleições algo mude. É por isso que o Brasil parece uma locomotiva parada no tempo, como diz a economista. Um país cheio de possibilidades e potencialidades, que depende das especulações e mazelas da globalização para se desenvolver. Quando não o faz, estagna-se, pára no tempo.

A responsabilidade pela perda de dinamismo do capitalismo brasileiro, segundo Pochmann (1998), pode ser encontrada na condução da política macroeconômica e nas alterações do contexto econômico mundial. O cenário internacional desfavorável, durante a década de 1980, contribuiu para desviar a rota de crescimento via mercado interno, tornando as autoridades governamentais prisioneiras dos processos de hiperinflação e de transferências de recursos para o exterior, com o pagamento dos serviços do endividamento externo. Já nos anos 90, as autoridades governamentais aproveitaram o cenário internacional mais favorável ao retorno dos ingressos financeiros para abrir a economia e procurar conter o processo hiperinflacionário, sem interromper, entretanto, a instabilidade macroeconômica. Por conta disso, permaneceu medíocre a situação econômica e aumentaram os endividamentos interno e externo, tornando mais frágil e menos integrada a estrutura produtiva nacional. Somado a isso, nos acordos firmados com o FMI, o Brasil demonstra como é possível aumentar o grau de subordinação de suas políticas macroeconômicas nacionais, pois, a partir do "consenso de Washington"[4], o país passa a definir a condução da economia, bem como se compromete a realizar reformas internas. Entre elas encontram-se, inclusive, a reforma previdenciária e de desregulamentação do mercado de trabalho, conforme comunicado conjunto de entendimento do Brasil com o FMI (7.11.98). Pochmann (1998) salienta ainda que, dos últimos 13 acordos firmados com o Fundo, jamais compromissos como estes tinham sido estabelecidos, e que com a aplicação do programa do FMI de ajustes, o Brasil consolida a sua segunda década perdida consecutivamente.

Chossudovsky (1999) chama de "genocídio econômico" as "metas de desempenho" ou o ajuste estrutural que acompanha os acordos com o FMI. É um cardápio universal, austeridade orçamentária, desvalorização, liberalização do comércio e privatização, que é aplicado simultaneamente em mais de cem países devedores. O autor mostra ainda a formação de um "governo paralelo", que surge nos países devedores. O devedor perde a soberania econômica e o controle sobre a política monetária e fiscal (freqüentemente com a cumplicidade das burocracias locais), suas instituições são anuladas e aquele que não aceita as regras vai parar na lista negra do FMI.

São radicais e perversas as transformações que a reestruturação da ordem econômica mundial traz para nós brasileiros. A exemplo disso temos o desmonte do sistema previdenciário brasileiro que veio acompanhado de um discurso que o justifica tecnicamente e mesmo socialmente. Vale lembrar que o desmonte de outros sistemas sociais

---

[4] Pacote de medidas criadas pelo Banco Mundial e FMI, rotulado de "reformas estruturais", consagrado no início dos anos 80, a partir da experiência chilena. Consiste basicamente em: abertura ao capital internacional, corte linear de gastos públicos, principalmente o gasto social, e privatizações. São políticas de redução e de desmonte do aparelho do Estado (Soares, 1997; Chossudovsky, 1999).

foi feito sempre com um discurso justificativo. O argumento que "justificou" a intensificação da privatização dos sistemas de educação e saúde tinha forte apelo social: havia poucos recursos para a educação e a saúde; se fosse dirigido à população mais bem abastada, para os sistemas privados, os recursos públicos seriam gastos principalmente junto aos segmentos mais limitados economicamente, permitindo um melhor atendimento e reduzindo as injustiças sociais. O que de fato aconteceu foi a piora dos sistemas públicos de educação e saúde, empurrando cada vez maiores contingentes da população para os sistemas privados e deteriorando cada vez mais o atendimento público. Com a saída dos segmentos mais ricos dos sistemas públicos reduziram-se as pressões por sua manutenção, facilitando ainda mais o seu desmonte e eliminando-se também um referencial importante de qualidade para o setor privado.

No setor saúde estabeleceu-se uma nova divisão de responsabilidade entre o ESTADO e o SETOR PRIVADO. Ao Estado resta apenas a responsabilidade por aqueles bens e serviços públicos "senso estrito", não sujeitos a algum tipo de rivalidade ou competitividade, e que possam atender as ações consideradas tipicamente de Saúde Pública, bem como assumir também medidas regulatórias e de informação. Ao setor privado cabe a fatia lucrativa, com destaque para a estratégia de diversificação e ampliação da oferta privada de seguros e serviços, com ênfase nas novas formas de seguro privado (Soares, 1997).

O governo insiste em dizer que não há dinheiro para investir em hospitais públicos, mas o que se percebe é que há dinheiro para financiar seguros privados de saúde. Para Soares (1997), estabelece-se um processo de privatização seletiva, com um aumento de recursos para o setor privado que mantém a demanda estável e suficiente apenas para preservar a sua rentabilidade.

O resultado disso é o que se vê diariamente: um setor público cada vez mais empobrecido para atender cada vez mais uma grande maioria da população de alto risco e baixa ou nenhuma capacidade de pagamento. A população fica dividida entre os que podem e os que não podem pagar. Aos pobres, àqueles que alcançam as migalhas, perpetuando-se em inúmeras filas, a sobrevivência. Àqueles que não sobrevivem a longa espera das filas ou que não alcançam a caridade alheia efetiva-se o que poderíamos chamar de "eutanásia econômica". Condição essa que Martin (1998, p. 174) prefere nominar de "mistanásia: a morte miserável fora e antes do seu tempo". Acreditamos ser uma "eutanásia econômica", não pela questão da origem etimológica (eutanásia – "boa morte") mas sim, pelo fato da questão ser meramente econômica – tem, paga! não tem, morre!

Os reflexos da globalização sobre o mundo do trabalho são também estarrecedores. São novos padrões tecnológicos, novos parceiros no mercado, terceirização da mão-de-obra, integração de mercados, aumento das formas de trabalho precarizado, sobretudo o feminino, e o crescimento do mercado informal. A relação salarial se individualiza. Desestabilizam-se os trabalhadores do Estado e das indústrias. Aumenta o trabalho temporário e subcontratado. Reinventa-se o trabalho em domicílio, sem contratos ou garantias (Yazbek, 1998). Mattoso (1995) denomina essa coexistência de padrões modernos de produção com formas arcaicas de relações de trabalho de "desordem do trabalho".

No mundo inteiro, cada vez mais, multidões são retiradas do mercado formal de trabalho, sem que uma política social concomitante seja traçada em relação ao banimento do emprego e às novas formas de convivência humana, sem que os governos passem a se preocupar com o bem-estar interno (Greider, 1997; Minayo, 1998).

A face perversa dessas mudanças que afetam o Brasil, mas também quase o mundo inteiro, traduz-se numa violência estrutural que provoca um deslocamento lógico, em que o ser humano deixa de ser o centro da preocupação para dar lugar ao dinheiro. E quando o lucro torna-se o paradigma dominante, aprofunda-se a exclusão econômica, social, política e cultural. É a competitividade produzindo a desordem em todos os níveis; do desemprego, da crise do bem-estar, da pobreza persistente, da exploração da mendicância e da prostituição infantil (Greider, 1997).

Essa situação, de extrema gravidade para a humanidade, faz renascer de forma acirrada conflitos religiosos (entre católicos e protestantes, na Irlanda, entre palestinos e israelenses, no Oriente Médio, entre tchetchenos e russos), pode predispor à falta de esperança da juventude, ao aumento do consumo de drogas (Minayo, 1998) e toda espécie de violência tanto na cidade como no campo. Pois quando a pobreza chega no campo fazendo com que pais vendam seus filhos para o setor comercial (Greider, 1997) temos uma das formas mais cruéis de violência contra os seres humanos.

Porém, como diz Greider (1997, p. 373): "a máquina revolucionária é terrivelmente poderosa e vai em frente a toda velocidade, inteiramente sem controle. Mas a corrida com a história ainda não está perdida". Embora possa levar algum tempo, existem condições objetivas de contornar essa situação. É preciso determinação, disposição e discernimento para discutir sobre essas questões, que nem sempre se apresentam bem claras. As pessoas podem até não tomar conhecimento desse fato, mas a verdade é que não há mais lugar para se esconder... pelo menos para quem vive no mundo real.

A CULTURA E O FENÔMENO DA MUNDIALIZAÇÃO

A imensa maioria dos estudiosos do fenômeno global refere-se à sua inevitabilidade. Os estudos assinalam-no como algo intrínseco à economia mundial e apregoam a necessidade de buscar formas diversas de conviver com ele, reconhecendo suas vantagens e aprendendo a administrá-lo. Há, no entanto, os que nele vêem a salvação para os problemas da humanidade – pois a riqueza cresce de um modo avassalador, aumentando a igualdade de oportunidades e de mobilidade social (Cattaui, 1997), além de ser considerado "pura bênção" (Figueiredo, 1999), com potencial para estimular a produtividade e os padrões de vida em todo o mundo – e os que vêem nele o verdadeiro "horror econômico" (Forrester, 1997), problematizando a mundialização e as conseqüências para a vida humana atual e futura. Portanto, são posições que, centralizadas no mesmo fenômeno, analisam-no de modo explicitamente diferenciado e muitas vezes, com colocações francamente divergentes.

Os autores que têm abordado as conseqüências da mundialização, principalmente nesta última década, desenvolvem alguns pontos de convergência que se encontram em sua base. Dentre eles, poderíamos citar: a) o espírito neoliberal que está no centro do mundo global; b) a vigência de uma ética baseada na economia de mercado, que despreza a responsabilidade e os compromissos sociais; c) a lógica do capital que perpassa todas as esferas da vida global; d) a visão ideológica que preside a economia da pretensa "aldeia planetária"; e) os monopólios financeiros e comunicacionais, instalados em vários países; f) a imensa heterogeneidade reinante entre riqueza e pobreza, levando a grandes conglomerados pobres do primeiro mundo e a

111

inclusão de setores de "primeiro mundo" em países pobres e; g) a falácia neoliberal de que o processo de globalização levaria a modelos políticos democráticos (Greider, 1997; Breilh, 1997).

A grande aceleração no processo de globalização é mais obviamente considerada em relação à economia. Ela foi acompanhada pela internacionalização da produção e do consumo, do crescimento indiscutível no transporte, na tecnologia das telecomunicações, no desenvolvimento maciço da migração internacional do trabalho. "Por sua vez, tudo isso trouxe a deterioração das culturas, a existência de culturas em regiões afastadas do seu lugar de origem" (King, 1998, p. 423).

O que os críticos têm demonstrado é que as análises sobre o tema têm sido predominantemente ancoradas na visão economicista. Visão esta que se refletiria automaticamente nas demais esferas sociais. Ortiz (1998) diz que são poucos os estudos realmente reflexivos, que se afastam de um interesse imediatamente pragmático ou de vulgarização do conhecimento. Neste sentido, a vida do cidadão deixa de girar em torno da cidadania para concentrar-se na ordem econômica. "A globalização é, na verdade, a opção pela economia ou pelo econômico" (Santin, 1997, p. 59).

Jacobina (1999) alerta para o fato de que este não é um processo somente econômico, mas também político, social e cultural, e que é necessário empreender esforços para lançar outras questões teóricas na discussão. Embora alguns sociólogos, filósofos e cientistas políticos já estejam dando alguns saltos analíticos sobre o impacto da globalização nas outras esferas da vida, é ainda na perspectiva cultural que repousam grandes lacunas epistemológicas. Se a globalização veio para ficar e se mostra ao mesmo tempo perversa e alvissareira, não há como deixar de considerar, ao menos em esboço, algumas reflexões que poderão auxiliar na discussão.

Nossa preocupação repousa na concreta necessidade que os seres humanos têm de espaço, de temporalidade própria, de território, de modos e costumes particulares e de normas e valores que guiam os "grupos sociais" em um determinado local, região ou nação. Será que poderíamos, na discussão sobre a globalização, continuar falando em país, em nação, em Estado; em suma, em culturas? O questionamento inevitável que se coloca é: "a globalização é compatível com a diversidade cultural?" Certamente que nossa intenção não é chegar a uma resposta derradeira, mas descrever um modo de pensar que não se acaba com o texto. Quem sabe apenas divagar e buscar a alteridade indispensável entre o *local* e o *mundial*.

Ao assumirmos a cultura (ou as culturas) como objeto de reflexão, nossa primeira preocupação está em utilizar preferencialmente o termo "mundialização" (como referem os franceses), ao invés de "globalização". Não se trata apenas de questão semântica, mas de adequação conceitual. Justamente para não confundir com a visão estritamente economicista de que está revestido o segundo termo. Concordamos com Ortiz (1998) que a categoria "mundo" vincula-se primeiro ao movimento de globalização das sociedades, mas significa também uma "visão de mundo", um universo simbólico específico ao contexto atual. Esta visão de mundo convive com outras visões de mundo, "estabelecendo entre elas hierarquias, conflitos e acomodações" (Ortiz, 1998, p. 29). O mundialismo, neste sentido, não se identifica especificamente com a uniformidade ou com a homogeneidade, mas transcende a estrutura e o contexto, ao mesmo tempo que nele mergulha – tal qual o estudo antropológico dos "universos" culturais.

É muito freqüente encontrarmos a idéia de que o local une e o global separa. Mas será correto pensarmos assim? Não seria necessário ver além das clássicas oposições? Vieira (1997, p. 70) fornece um exemplo esclarecedor: "se uma indústria química na minha vizinhança polui o ar que respiro e a água que bebo, ela separa, ao mesmo tempo em que posso me sentir unido a um grupo, pessoa, evento ou situação situada a muitos quilômetros de distância e aproximada pelos meios modernos de comunicação eletrônica".

O mundial e o local se interpenetram e se tornam inseparáveis. Os fenômenos planetários influenciam os fatos locais e vice-versa. "Não se tratam mais de duas instâncias autônomas que se relacionam de uma determinada maneira, influenciando-se reciprocamente mas mantendo cada uma sua identidade" (Vieira, 1997, p. 71).

Assim, para pensar a cultura em termos de mundialização, parece importante desvincular a idéia de que a mesma está ligada à civilização (própria da escola evolucionista), na qual o termo estaria associado a formas superiores e com *territórios* bem delimitados. É necessário pensar cultura como rede de símbolos e significados que é pública, compartilhada, aprendida, e com um dinamismo que ultrapassa de longe a estagnação "evolutiva" e os marcos geográficos julgados como sendo pré-estabelecidos.

O enquadramento territorial, neste sentido, deve ceder lugar ao desterritório, à desterritorialização ou ao descentramento. Esta idéia, no entanto, não tem ligação com o caos desorganizado e à perda total de fronteiras ou mesmo de identidade (ambas são imprescindíveis ao bem estar humano), mas apenas abrir espaço a novas modalidades de contextualização, que segue a lógica colocada anteriormente, quando falávamos da necessária alteridade entre o local e o mundial. Deste modo, "o enfraquecimento da idéia de centro, não significa ausência de poder, mas sim novas formas de dominação baseadas na desterritorialização" (Vieira, 1997, p. 98).

Alguns autores nos falam, inclusive, de um "movimento de desterritorialização" que se consubstancia, por exemplo, na realização de produtos compostos, como é o caso do carro Mazda® que é desenhado na Califórnia, financiado por Tóquio, o protótipo é criado na Inglaterra e a montagem executada nos Estados Unidos e México, sendo que nesta última etapa usam-se componentes eletrônicos inventados em New Jersey e fabricados no Japão. O "movimento" também aparece na base de referências culturais, que são divulgadas pelo mercado consumidor e principalmente pelos meios de comunicação (também mundializados). Neste sentido, várias são as publicidades que levam à capitalização de determinada rede de símbolos e significados reconhecidos mundialmente (Ortiz, 1998). Enfim, na perspectiva da mundialização "de coisas, gentes e idéias, modificam-se os quadros sociais e mentais de referência. Tudo o que é evidentemente local, nacional e regional revela-se também global" (Ianni, 1995, p.163).

Todavia, é importante lembrar que este processo de mudanças culturais – aliás, como em qualquer movimento de classificações não categóricas, ou seja, em situações de *margem* – não é completamente seguro. Bauman (1998) nos fala de uma certa sensação de ambivalência que perpassa o movimento de mundialização das culturas. Sempre que há alguma forma de invasão de fronteiras também existe a flutuante persistência de uma certa "área cinzenta" que circunda o mundo familiar e a vida diária. Esta área cinzenta é habitada por pessoas estranhas: as que ainda não estão classificadas, ou, antes, classificadas por critérios semelhantes aos nossos, porém ainda desconhecidos por nós mesmos.

Isto nos leva a refletir sobre as teorias antropológicas de Mary Douglas, Victor Turner e Van Gennep – apenas para citar alguns –

para quem, "os interstícios" (aquilo que ainda *não é*, ou aquilo que se encontra *entre* classificações) geram sensações de insegurança e de certa marginalização. Portanto, a categoria *estranho* ou *estrangeiro* se revela também como fonte de discussão. Estaríamos nós, com o fenômeno da globalização das culturas, vivendo realmente a "aldeia global" como profetizava McLuhan (apud Bauman, 1998)? Ou caminhamos ainda sobre algo movediço, mais próximo do estranhamento provocado pela "área cinzenta" da cultura da mundialização? Nosso argumento vai no segundo sentido, ou seja, o de que vivenciamos um período de margem em que múltiplas realidades existem lado a lado simultaneamente. A pretensa *homogeneização,* por mais que se insista sobre ela, não se concretiza enquanto forma de convívio sociocultural.

Nesta perspectiva, certamente temos que considerar dois aspectos fundamentais. O primeiro deles diz respeito a algumas características culturais que têm sido "assumidas" de forma global. Não há como evitar que o olhar se dirija para os valores que vem sendo propagados pela chamada "Terceira Onda" (Toffler apud Archer, 1998), ou seja, pela "sociedade de informação", incorporada pela mídia e pelos processos virtuais de comunicação. Este processo de massificação comunicacional tem levado, por exemplo, à criação de novos significados no campo da alimentação ou da culinária. Hoje, o sistema de *fast-food*s transita quase que livremente em todos os cantos do globo. Também os hábitos relacionados ao vestuário têm mostrado alterações, assim como os valores transnacionais que emergem com relação à linguagem, à música, ou mesmo à prática de determinados esportes.

Do mesmo modo, podemos falar em crise ecológica mundializada, que encontra sua máxima no famoso "efeito estufa", produzido por determinados aerossóis que causam rarefação da camada de ozônio. Estes produtos têm sido utilizados em profusão pela influência de determinados valores culturais, principalmente no mundo industrializado ocidental. Tais valores enfatizam a importância de viver num mundo livre de odores "ruins", como os odores naturais do corpo e outros cheiros do ambiente provenientes do ambiente privado. Como diz Helman (1994, p.279), tais valores "promovem determinados penteados e tingimentos de cabelos (particularmente aqueles que sugerem uma aparência mais jovem) e valorizam superfícies brilhantes nos móveis domésticos, como um indicador de ordem e riqueza".

Como a realidade empírica nos mostra, o mundo virtual acabou por promover algumas "igualdades" e certas regularidades que se encontram presentes e influenciando o caminho para um mundo cultural *uno*. Mas voltemos ao texto e nos concentremos no segundo aspecto fundamental a ser considerado no nosso argumento – o de que a mundialização não necessária e mecanicamente leve à pasteurização cultural.

Primeiramente, porque a cultura não é, de modo estrito, fruto de uma racionalidade instrumental, mas profundamente fundada numa visão de mundo, de valores, de conceitos construídos em grande parte, nas interações face-a-face, na troca de experiências e significados, nos "sentidos" dinamicamente atrelados a escolhas e a compartilhamentos. O que se compartilha na cultura globalizada? Apenas se recebem informações e valores, de modo passivo, subordinado. Nada se troca, tudo se copia. Os seres humanos podem ter incorporado, em grande escala, os *fast-foods*, mas não deixaram de reinventar rituais de alimentação e nem de estabelecer tabus alimentares característicos de cada grupo humano. Helman (1994) nos fala de alguns movimentos localizados no Reino Unido e no Estados Unidos, em que a dicotomia sagrado/profano se dá entre o natural e o artificial, estando os alimentos integrais de um lado e os alimentos *junk* (*fast-food*) de outro. A comida *junk*, diz ele, está associada à idéia de impureza e perigo, especialmente por conter aditivos, corantes, conservantes e outros poluentes.

Outro exemplo que surge nesta abordagem é a perspectiva que alguns estudiosos colocam a respeito da língua como manifestação da mundialização da cultura. Não é incomum encontrarem-se alguns discursos que apontam para a possibilidade do desaparecimento das diferentes linguagens, locais e nacionais, diante da progressão de um idioma mundial (particularmente para o imperialismo da língua inglesa) (Kantsky apud Ortiz, 1998). Não seria esta uma abordagem absolutamente etnocêntrica? Ou melhor, "economocêntrica"? Ao projetar uma linguagem única, que represente melhor e de modo unívoco as necessidades de transações comerciais globalizantes, realiza-se um reducionismo ímpar da linguagem como se esta fosse apenas algo de característica instrumental e/ou imanente. Pelo contrário, a linguagem (ou as linguagens) são sistemas simbólicos; mais do que um somatório de valores, artefatos, crenças, comportamentos padronizados, cada linguagem é uma "gramática" que delineia e gera os elementos que a constituem. As linguagens não se definem apenas por seus vocabulários, mas principalmente pelas regras (específicas e próprias) que regulam a sintaxe das relações entre os seus elementos (Rodrigues, 1989). Uma língua, portanto, não existe apenas como estrutura, objetivamente transcendente ao sujeito falante, é necessário contextualizar o seu uso (Ortiz, 1998).

Da mesma forma, devemos pensar a mundialização em termos não apenas da sua insistente cosmopolitização, mas das micro-relações que o indivíduo estabelece com a sociedade. Na situação contemporânea, os países anglo-saxões ainda tem como marca o individualismo, a incessante busca da preservação da autonomia do indivíduo frente à sociedade. Existe um reconhecimento e, inclusive, um incentivo à postura de que o indivíduo é o foco da discussão, o centro das atenções. Nos países latinos, por outro lado, as famílias são mais amplas e os vínculos familiares mais intensos. Existe nestas culturas um grande compartilhamento de convívio e informações entre seus membros (Goldim, 2000).

Para refletir sobre a mundialização e as culturas, como dizíamos, é necessário buscar a relativização entre o mundial e o local. Embora esta ainda seja uma "área cinzenta", própria das situações e contextos liminares, é na sua alteridade que se vislumbra um caminho para afirmar que o fenômeno mundial – ultrapassando a perspectiva mercantilista – pode ser compatível com a diversidade cultural; com as diversas redes de símbolos e significados presentes em nível global, preservando a complexidade das diferenças.

CIDADANIA E GLOBALIZAÇÃO

Como vimos, falar em globalização sem referir-se ao Estado, à sociedade e ao mercado, é quase impossível. O estado é a conseqüência da inter-relação de forças políticas, econômicas, sociais e culturais e também é o conjunto de organizações e leis que regulamentam e permitem a vida. Tem a finalidade de promover o bem comum[5], respeitando direitos e deveres do cidadão e assegurando o

---

[5] É o conjunto de condições materiais, institucionais, culturais e morais necessárias para garantir possibilidades concretas de atingir um nível de vida compatível com a dignidade do ser humano (Barchifontaine, 1997).

alcance das necessidades básicas da população. A sociedade civil é a organização de pessoas preparadas para defender seus interesses e seus direitos, e tem a finalidade de vigiar o Estado no cumprimento de seu dever (atendimento das necessidades básicas do indivíduo). O mercado, nesta perspectiva, tem a finalidade de atender as metas sociais (Barchifontaine, 1997).

Portanto, o Estado, a sociedade e o mercado são instâncias que existem (ou deveriam existir) para promover o bem-estar do cidadão e para garantir o pleno exercício da cidadania.

Atualmente, a utilização do termo cidadania é uma constante. Isto acontece em todo o mundo contemporâneo, e o Brasil não é uma exceção. Todos falam em cidadania, independente do seu envolvimento ideológico e, muitas vezes, o termo cidadania vem acompanhado de adjetivações como, por exemplo: cidadania crítica, cidadania consciente, cidadania participativa. Na prática política, bem como na vigência plena da era global, mais do que nunca, exige-se o exercício da cidadania. Às mudanças e aos direitos, principalmente os econômicos e os sociais, fazem-se críticas em nome da cidadania. Também é imprescindível definir cidadania. Cidadania, aqui, é entendida como uma categoria mediacional que dá conta da articulação entre os indivíduos, membros de uma sociedade democraticamente organizada, e o aparato estatal, como uma soberana expressão e realização política (Fleury apud Dâmaso, 1995).

No Brasil, o tema cidadania adquiriu um vigor diferente após a construção da nova Constituição. Para falarmos da Constituição Brasileira, necessariamente, precisamos citar a VIII Conferência Nacional de Saúde, realizada em 1986, e afirmar que esta diferiu das anteriores por seu caráter democrático, relacionado à significativa presença de delegados representativos de forças sociais interessados na questão saúde. A Conferência teve, como desdobramento imediato, um conjunto de trabalhos técnicos desenvolvidos pela Comissão Nacional de Reforma Sanitária, constituindo-se no instrumento político ideológico que influiu de forma significativa no processo de elaboração na nova Constituição Brasileira, que teve início em 1987 (Mendes, 1995). Convém ressaltar que, concomitante a este processo também desenvolvia-se a implantação do Sistema Único de Descentralização da Saúde (SUDS).

Deste modo, para Rodriguez Neto (1991), a Constituição incorporou um conjunto de princípios e de diretrizes da prática hegemônica, propondo uma nova lógica organizacional aludida pela Reforma Sanitária.

A Constituição Brasileira de 1988 apresenta, entre seus princípios fundamentais, no artigo 1º Inciso II, a Cidadania, e assegura em seu artigo 5º que todos são iguais perante a lei, sem distinção de qualquer natureza, o que demonstra a incorporação de avanços da ordem social. Também a questão da saúde na Constituição ressalta alguns aspectos que podem ser considerados fundamentais: o conceito de saúde entendido numa perspectiva de articulação de políticas sociais e econômicas, além do direito social universal derivado do exercício de uma cidadania plena; a caracterização das ações e serviços de saúde como de relevância pública; a criação do Sistema Único de Saúde, com diretrizes de descentralização, integralidade e participação da comunidade e a integração da saúde no espaço mais amplo da seguridade social (Mendes, 1995). Estes aspectos, apesar de serem considerados ambíguos, representaram um avanço considerável, refletindo as forças presentes na sociedade e a possibilidade de continuidade de luta política para a sua consolidação.

Como acabamos de observar, a sociedade cresceu e mostrou o quanto pode mobilizar-se politicamente, mas tornou-se globalizada e não estava preparada para lidar com o "moderno", com o "novo". Os problemas novos quando enfrentados o são com tentativas de soluções antigas. Esta transformação radical, da estrutura política do país, é alimentada pela engenhosidade humana direcionada para o acúmulo de riquezas nas mãos de poucos enquanto são renovadas as barbáries.

Com a globalização surge o progresso científico, a era da informática... tudo como um sistema organizado na tentativa de reformular o mundo e, com o mundo reformado à custa da globalização, surgem o desemprego, a fome, a falta de moradia, as doenças, a miséria, entre tantas outras mazelas. As diferenças sociais têm levado um número crescente de indivíduos à miséria absoluta, o que afasta do homem o direito à vida, à propriedade, à liberdade e à igualdade. Para fazer frente a estes desencontros mostram-se as promessas e as frustrações. Surge a confusão de valores e o fim das certezas. O mal-estar é geral. A euforia e a depressão desestabilizam o país. As pessoas parecem descontextualizadas e desvalorizadas, sentem-se pequenas e indefesas. Cria-se a revolta em nível nacional.

Assim, de acordo com a classificação de cidadania, oportunamente os estados estariam repletos de cidadãos, mas pode-se afirmar que os direitos individuais têm sido violados constantemente. Os regimes autoritários quebram qualquer garantia de direito do cidadão (Costa, 1992).

A cultura da não-cidadania é a cara do Brasil. Esta segue regras próprias e passa a expor as pessoas a constantes ataques à sua integridade física e moral. A não-cidadania gera expectativas e fornece padrões de respostas das mais variadas. Situações limites passam a ser imaginadas e a não-cidadania torna-se um item obrigatório na nossa visão de mundo. Acabamos por nos tornar convictos de que o crime e a brutalidade são inevitáveis. Assim, tornamo-nos familiarizados com a não-cidadania, ao mesmo tempo em que a sua disseminação exagerada mostra o descompasso do estado, do poder normativo. O Estado age com "consciência" do dever cumprido. Para Yazbek (1998), no que se refere ao campo do atendimento das necessidades sociais dos menos favorecidos, no Brasil, são décadas de populismo e clientelismo. É o que se poderia chamar de "administração de favores". Isso é a cultura da não-cidadania. E, mais que isso, é uma agressão à dignidade humana. De fato, a "administração de favores" é brutal, uma vez que se favorece a quem quer e quando convém. A lógica da brutalidade nivela por baixo os sentimentos. Responsabilidade, consideração e compaixão parece não existirem mais. A cidadania é relativizada.

Podemos afirmar que moral relativa não acontece. Ou se é cidadão ou não se é cidadão. Esta questão pode ser resolvida com a reafirmação da autoridade e requer discussões amplas e acordos consentidos dos cidadãos para que a cidadania deixe de ter ar fantasmagórico e insolúvel, caso contrário o caos está debelado. Pensamos que o crucial não é saber quem deu origem ao jogo da não-cidadania, mas saber como interromper o jogo que uma minoria parece querer continuar jogando e ganhando sempre em detrimento a uma maioria que cada vez é menos cidadão.

Um passo decisivo, para a positividade da globalização, pode estar no empenho em definir limites adequados em essência e caráter moral, de aspirações internas e externas. Para isso é necessário um esforço consciente para o equilíbrio entre a pobreza global e a riqueza nacional, alteração do meio ambiente e do ser humano e interesse pela conservação da natureza e autenticidade do homem.

A conquista da cidadania torna-se um desafio histórico quando nos defrontamos com uma era que parece não mais existir, além de ser considerada, por muitos, como utópica. A resposta a este desafio é o reconhecimento de que só uma sociedade orientada por critérios comuns poderá ajudar na construção de um mundo detentor de seu próprio destino.

É interessante refletirmos sobre o que vem a ser o exercício da cidadania num mundo globalizado. Como cada um de nós pode participar deste exercício e contribuir para a reconstrução de uma sociedade onde possamos nos dizer cidadãos.

A nossa contribuição pode ocorrer de várias formas, contudo, o "estar com o outro" é fundamental. Ninguém participa sozinho. Vivemos em sociedade e o ato de participar é uma condição humana. Esta participação exige tomada de decisão, em nível público e privado, e esta atuação definirá nossa postura na sociedade, enquanto cidadãos.

Conforme Gallo (1997), cidadão é aquele que não espera do outro condições necessárias à participação; estas devem nascer em si mesmo. Também é aquele que sabe que é preciso buscar, que é preciso conquistar. Enfim, o cidadão é um participante ativo.

Desta forma, é necessário, mais do que nunca, o envolvimento dos seres humanos nas discussões sobre o mundo globalizado. A articulação entre o Estado e a sociedade certamente contribuirá com a conquista da cidadania; o alcance desta refletirá positivamente na reconstrução de uma nação mais justa.

CONSIDERAÇÕES FINAIS

As reflexões feitas sobre a globalização (mundialização) e suas reentrâncias e interferências na cultura humana e nos aspectos da cidadania nos levam a constatar que este é um fenômeno cuja compreensão ainda se encontra incompleta, fragmentada, revelando um momento histórico de passagem, de trânsito e de provisoriedade. E é aí mesmo, onde não existe domínio completo, que se mostram as "alternativas" para a incessante busca da vida saudável.

Para pensar em saúde e em enfermagem sob a ótica da mundialização é necessária reflexão, criatividade, trabalho cooperativo e uma certa dose de "otimismo" diante do que parece "estar posto".

Embora haja forças, às vezes ocultas, querendo mostrar o mercado como sendo o melhor "protetor" da saúde, a exemplo das privatizações do setor, não devemos esquecer que a doença é também um produto do mercado (drogas, violências de todas as ordens, entre outras). Faz parte do papel do(a) enfermeiro(a), portanto, discutir a questão da globalização. Ainda não temos um projeto coletivo que nos permite enfrentar, de modo sistemático, todas as agruras impostas pela economização do mundo global, mas alguns passos têm sido dados nesta direção, haja vista as discussões que vêm sendo colocadas em eventos científicos na área da saúde e, especialmente, nos encaminhamentos teóricos relacionados à produção das Ciências Sociais, em várias partes do globo. Trata-se, então, de repensar a globalização sabendo claramente qual a situação e quais as oportunidades de cada um.

Como salienta Santin (1997, p. 68), é necessário pensar que a globalização é uma criação humana, e "em lugar de nos globalizarmos à luz do econômico, podemos globalizarmo-nos à luz da vida". Este desafio está aí colocado. Se a humanidade teve capacidade de globalizar a economia e a informação, certamente terá condições e criatividade para mundializar a solidariedade. O fato é que os homens têm que encontrar um caminho comum, como coloca Dallari (1998), entre as preferências individuais, as escalas de valores e os conceitos para construir a solidariedade, valorizando a cidadania. Neste sentido, a "negociação cultural" torna-se palavra de ordem, uma vez que pressupõe comunicação; e a comunicação genuína, como referem Gessner e Schade (1998), age como o instrumento para exercer influência em conflitos, e como um meio que possibilita aos envolvidos ou a terceiros prevenirem, enfrentarem ou efetivamente solucionarem os mesmos conflitos, de modo que tanto o processo de negociação, quanto o seu resultado, sejam mutuamente vantajosos.

Garantir a cidadania, na era da globalização, é se propor a participar, a consolidar os espaços reais de poder popular (Breilh, 1997). É globalizar a informação, visto que um dos principais problemas relacionados com a vida e a saúde das pessoas é a desinformação, e as dificuldades encontradas no acesso aos serviços de saúde. Sem participação não há luta pelos direitos do cidadão; só há a globalização da exclusão e da escravidão.

Nesta disputa de poderes e saberes, onde se promove o crescimento econômico descomprometido com o desenvolvimento e a justiça social, nada mais coerente e digno, enquanto cidadãos e profissionais, do que discutir as reais causas da "eutanásia econômica", da condição de miserabilidade dos pobres, e das tensões sociais. Isto sim seria "globalizarmo-nos à luz da vida".

REFERÊNCIAS BIBLIOGRÁFICAS

ARCHER, Margaret. Teoria, cultura e sociedade pós-industrial. In: FEATHERSTONE, Mike (org.). *Cultura global.* 2. ed. Petrópolis: Vozes, 1998. p. 109-132.

BARCHIFONTAINE, C. P. Bioética, cidadania e qualidade de vida. In: Congresso Brasileiro de Enfermagem, 48, 1996, São Paulo-SP, *Anais...* São Paulo: FAPESP, 1997. p. 131-135.

BAUMAN, Zygmunt. Modernidade e ambivalência. In: FEATHERSTONE, Mike (org.). *Cultura global.* 2. ed. Petrópolis: Vozes, 1998. p. 155-182.

BELLUZZO, Luiz Gonzaga de M. A política da globalização: os efeitos têm sido a decadência de regiões, mais desemprego e o aumento da desigualdade. *Folha de S. Paulo*, São Paulo, 10 set. 1995.

BRAGA, José Carlos de S. Economia e fetiche da globalização capitalista. *Folha de S. Paulo,* São Paulo, 09 ago. 1998.

BREILH, J. Globalización y las condiciones de vida y salud en America Latina. In: Congresso Brasileiro de Enfermagem, 48, 1996, São Paulo, *Anais...* São Paulo: FAPESP, 1997. p. 53-69.

CATTAUI, Maria Livanos. Oportunidades na economia global. In: HESSELBEIN, F., GOLDSMITH, M., BECKHARD, R. *A organização do futuro.* São Paulo: Futura, 1997. p. 169-177.

CHOSSUDOVSKY, Michel. *A globalização da pobreza*: impactos das reformas do FMI e do Banco Mundial. São Paulo: Moderna, 1999.

COSTA, M. A. S. D. Ética e cidadania. *Saúde, ciência e sociedade,* n.1, jan/jul 1992. p. 32-34.

DALLARI, Sueli Gandolfi. A bioética e a saúde pública. *Iniciação à Bioética*, Brasília: Conselho Federal de Medicina, p. 205-216, 1998.

FIGUEIREDO, José Carlos. *O ativo humano na era da globalização*. São Paulo: Negócio, 1999.

FORRESTER, Viviane. *O horror econômico*. São Paulo: Universidade Estadual Paulista, 1997.

GALLO, S. (Coord.) *Ética e cidadania:* caminhos da filosofia. 3. ed. São Paulo: Papirus, 1997.

GESSNER, Volkmar, SCHADE, Angelika. Conflitos de cultura em relações legais além-fronteiras: conceito de um tema de pesquisa na sociologia do direito. In: FEATHERSTONE, Mike (org.). *Cultura global.* 2. ed. Petrópolis: Vozes, 1998. p. 267-293.

GOLDIM, José R. *Bioética, cultura e globalização*. Disponível na Internet. http://www.ufrgs.br/HCPA/gppg/bioetica.htm. 08 de janeiro de 2000. 4p.

GREIDER, W. *O mundo na corda bamba*: como entender o *crash* global. São Paulo: Companhia das Letras, 1997.

HELMAN, Cecil G. *Cultura, saúde e doença*. 2.ed. Porto Alegre: Artes Médicas, 1994.

IANNI, Otávio. *Teorias da globalização*. Rio de Janeiro: Civilização Brasileira, 1995.

_____. *Teorias da globalização*. 5.ed. Rio de Janeiro: Civilização Brasileira, 1998.

JACOBINA, Ronaldo R. Globalização e impacto na saúde. In: CONGRESSO BRASILEIRO DE ENFERMAGEM, 50, 1998, Salvador, *Anais...* Salvador: ABEN-BA, 1999. p. 349-366.

JIMÉNEZ, José. Sem pátria: os vínculos de pertinência no mundo de hoje – família, país, nação. In: SCHNITMAN, Dora F. (org.). *Novos paradigmas, cultura e subjetividade*. Porto Alegre: Artes Médicas, 1996. p. 138-144.

KING, Anthony. A arquitetura, o capital e a globalização da cultura. In: FEATHERSTONE, Mike (org.). *Cultura global.* 2. ed. Petrópolis: Vozes, 1998. p. 421-437.

MARTIN, Leonard M. Eutanásia e distanásia. *Iniciação à Bioética*, Brasília: Conselho Federal de Medicina, p. 171-192, 1998.

MATTOSO, Jorge. *A desordem do trabalho*. São Paulo: Scritta, 1995.

MENDES, E. V. *Distrito Sanitário*: o processo social de mudança das práticas sanitárias do SUS. 3 ed. São Paulo: Hucitec/Abrasco, 1995.

MINAYO, Maria C. de Souza. Os efeitos da globalização no mundo do trabalho e políticas públicas. In: SEMINÁRIO NACIONAL DE DIRETRIZES PARA A EDUCAÇÃO EM ENFERMAGEM NO BRASIL, 2, 1997. Florianópolis, *Anais...* Florianópolis: ABEn-SC, p. 35-44, 1998.

ORTIZ, Renato. *Mundialização e cultura*. São Paulo: Brasiliense, 1998.

POCHMANN, Márcio. Um beco sem saída? *Folha de S. Paulo,* São Paulo, 02 dez. 1998.

RODRIGUES, José Carlos. *Antropologia e comunicação*: princípios radicais. Rio de Janeiro: Espaço e Tempo, 1989.

RODRIGUEZ NETO, E. *A reforma sanitária e o SUS*: suas origens, suas propostas, sua implantação, suas dificuldades e suas perspectivas, 1991. (mimeo).

SANTIN, Silvino. Globalização, processo de viver humano e ser saudável. *Ciências da Saúde*. v.16, n.1/2, 1997. p. 48-71.

SANTOS, Milton. No mundo globalizado, as fronteiras são sociais. *Apufsc-Ssind*, ago. 1999.

SOARES, Laura Tavares Ribeiro. Globalização e exclusão: o papel social do enfermeiro. *Revista de Enfermagem*, ano 1, n. 1, set. 1997. p. 13-21.

TAVARES, Maria da Conceição. Globalização e o Estado Nacional. *Folha de S. Paulo*, São Paulo, 12 out. 1997.

_____. A crise mundial e o Brasil. *Folha de S. Paulo*, São Paulo, 12 jun. 1998.

VIEIRA, Liszt. *Cidadania e globalização*. Rio de Janeiro: Record, 1997.

YASBEK, Maria Carmelita. Globalização, precarização das relações de trabalho e seguridade social. *Serviço Social & Sociedade*. São Paulo: Cortez, n. 56. Ano XIX, mar. 1998. p. 50-59.

2

BEM-ESTAR HUMANO E SUA INFLUÊNCIA NA SAÚDE

Eliane Maria Ribeiro de Vasconcelos[1]

INTRODUÇÃO

O bem-estar é um desejo essencial do ser humano, propósito perseguido ao longo da história de nossa espécie, o homem buscando sempre melhorar sua forma de vida. Neste capítulo tentaremos abordar que o bem-estar não é um estado fixo e absoluto, mas variável e relativo, cujos elementos são considerados ponto de partida para alcançar outras aspirações que melhorarão as condições de vida individual e coletiva. Faremos também a correlação desses fatores de bem-estar com a saúde de maneira geral e com a enfermagem.

Entre os direitos do homem está centralizado o bem-estar, pois, segundo Zea (1989, p. 21), "não basta viver para ser homem: os vegetais e animais vivem de uma maneira ou outra; porém é o homem, que, por sua vez, tem de viver, não como vegetal ou animal, senão como homem; isto é, com dignidade que lhe dá sua peculiar relação com a natureza de que é parte, sendo parte dela, porém distinguindo-se da mesma pela sua singularidade".

O mesmo autor refere que bem-estar, estar bem, isto é, viver como homem em relação ao semelhante, é como deve viver o resto

---

[1] Professora de Enfermagem de Saúde Pública do Departamento de Enfermagem da Universidade Federal de Pernambuco. Mestra em Saúde Pública pela Universidade Federal da Paraíba. Terapeuta Floral e Doutoranda em Enfermagem pela Universidade Federal de Santa Catarina, Concentração Enfermagem, Saúde e Sociedade.

dos homens, como parte que se é da humanidade, acima de todos os desejos do homem, sem levar em consideração este ou aquele homem, e sim todos os homens, não o bem-estar de uns em detrimento do de outros, ou seja, não o de um grupo em detrimento do de outro grupo, não de uma nação em detrimento de outra nação. Neste sentido, mostrar a capacidade para ver nos outros expressões da própria e concreta humanidade.

Bem-estar, segundo o entendimento dos membros que constituem as Nações Unidas, depois da brutal experiência das duas grandes guerras mundiais, é para o homem em suas múltiplas e inexoráveis necessidades, como educação, cultura, moradia, alimentação, emprego e capacidade para o trabalho. Neste sentido, foram estabelecidas metas nos serviços para que cada homem, cada um de nós, sinta-se compreendido, e sinta que está lutando por seu bem-estar, como também pelo bem-estar dos outros (Zea, 1989).

O que acontece no mundo é que os direitos do homem seguem limitados a um tipo concreto de humanidade, a um tipo concreto de sociedade ou nação que os homens formam. Todavia, os ricos, os poderosos, o progresso é que decidem sobre o bem-estar dos homens e dos povos que não são ainda reconhecidos como tais e ainda se negam a aceitar o outro como seu semelhante e como igual.

OBJETIVO

Abordar o bem-estar e sua influência na saúde, contextualizando opiniões de autores contemporâneos.

BEM-ESTAR: ABORDAGENS TEÓRICAS

Visão de Raúl Béjar Navarro

Navarro (1989) refere que a Declaração dos Direitos do Homem e do Cidadão, peça mestra e síntese de tais postulados, está presente de uma forma ou de outra em praticamente todas as constituições do mundo; isso precisamente do ponto de vista das garantias dos cidadãos e dos direitos do indivíduo, desde a Revolução Francesa, cujo liberalismo centrou-se nos direitos dos cidadãos, isto é, do indivíduo.

Em 1946, quando surgiu a Organização das Nações Unidas (ONU), o Brasil foi um dos países que lutaram ativamente para introduzir nos seus princípios fundamentais não só os direitos do indivíduo como também os direitos sociais dos povos. Desta forma, os direitos dos homens e dos cidadãos se transformam em direitos humanos. E desde então, o conjunto deste direito é o fundamento último do bem-estar (BE). Desta maneira, o BE não é um *último termo*, senão a possibilidade real que permite que o homem em sociedade exerça a plenitude de tais direitos.

As implicações éticas e de condutas sociais e individuais saltam à vista. As expressões sociais do BE humano em um país dependem do nível de realidade que tenham seus postulados. Falaremos primeiramente sobre algumas informações que proporcionam alguns indicadores básicos de BE, porém de antemão sabemos que a dimensão qualitativa dos processos, isto é, os valores motivacionais e atitudes que são postos em jogo na vida social, requer um instrumento analítico muito mais refinado.

O mesmo autor apresenta seis dimensões do BE que nos parecem centrais: economia; trabalho; variáveis demográficas; alimentação; educação e moradia. Falaremos resumidamente de cada uma.

Economia e bem-estar: algumas palavras do discurso econômico se têm incorporado por necessidade à nossa linguagem cotidiana, como crise, inflação, recessão, ajuste, entre outras; são terminologias que utilizamos para nos comunicarmos em termos econômicos.

Os salários reais nos últimos anos têm diminuído e ao mesmo tempo se têm reduzido os gastos sociais do governo, isto é, o destinado à educação, à saúde, à moradia e à seguridade social. Durante muito tempo prevaleceu a idéia de que o crescimento econômico era o fim máximo da economia. Se fosse verdade, os problemas quase por si só se resolveriam. Hoje sabemos que isso era uma falácia. O crescimento em si não resolve os atrasos sociais.

O peso estrutural de uma dívida impagável e as tendências do modelo de desenvolvimento que segue o País contradizem nossos desejos de que melhorem as condições de vida de milhões de brasileiros. Devemos buscar meios adequados para que a economia volte a crescer, pelo menos para os problemas mais urgentes, como a dívida externa e o controle da inflação. Isto tudo deve ser resolvido em curto prazo, porém não podemos deixar de refletir sobre o objetivo maior da economia, que é o melhoramento dos níveis de bem-estar da população, o que deve ser o fim; os demais são os meios. Devemos resgatar as velhas discussões acerca das diferenças entre o crescimento e o desenvolvimento econômico. Só este é capaz de garantir, com eqüidade, o bem-estar material dos indivíduos.

Trabalho e o bem-estar: a lógica econômica angustia com maior intensidade os trabalhadores, porque induz trocas na organização produtiva em detrimento da saúde. O trabalho, que deveria permitir participação significativa no meio social e comunitário, converte-se em atividade que favorece múltiplos transtornos psicológicos e fisiológicos. A livre escolha do trabalho e sua realização em condições eqüitativas e satisfatórias se vêem limitadas pela estrutura do mercado de trabalho. O desemprego e o subemprego têm obrigado os trabalhadores e suas famílias a buscar caminhos alternativos que lhes permitam obter o bem-estar fictício que lhes oferece a sociedade de consumo. Tem-se configurado atualmente o universo de atividades da economia informal, onde se segue regra não escrita, dando origem a formas de superexploração, faltando os direitos sociais mais elementares.

Variáveis demográficas do bem-estar: os níveis de fecundidade e mortalidade são dois dos indicadores demográficos que se utilizam geralmente para observar os níveis de bem-estar da população. A alta fecundidade incide na falta de bem-estar ao traduzir-se em uma pressão, muitas vezes insustentável, sobre as satisfações básicas. A mortalidade, por sua vez, pode assinalar a ausência de fatores elementares de bem-estar. É alarmante que em nosso país e nos países da América Latina as enfermidades gastrintestinais, parasitárias, respiratórias e as crônicas degenerativas sejam fatores causais de morte.

A migração, que é amparada pelo direito de circular livremente para escolher o local para fixar residência no território do Estado e da nação, informa-nos o volume de cidadãos que tem seguido este caminho para melhorar seu "bem-estar". O custo social de tal movimento migratório é muito alto porque tem conseqüências no lugar de origem e no lugar de chegada; por uma parte se perde recurso humano para o desenvolvimento local e regional, enquanto por outro se acrescentam às pressões a procura de serviços nas zonas urbanas superpopulosas.

Alimentação e bem-estar: a quantidade e a qualidade dos alimentos ingeridos pelos habitantes de um país mostram de maneira contundente seu nível de bem-estar. No que se refere à produção de alimento básico, o país perdeu sua auto-suficiência ao induzir troca na produção agrícola. A isto se incorpora a existência do intermediário, com monopólios que incidem na comercialização e no abastecimento, além de se ter a troca de hábitos no consumo de alimentos, os quais seguem a ilusão de um bem-estar propagandístico, na qual as necessidades básicas de alimentação se alteram, como por exemplo: "a sede se tira com refrigerantes em lugar de água; o recém-nascido e lactente ingerem alimentos industrializados em lugar de leite materno; os alimentos consumidos se enlatam, congelam ou conservam com produtos químicos em lugar de armazenar, secar, salgar e conservar com métodos tradicionais; e por fim se utilizam bolos industrializados, ricos em ácidos graxos, carboidratos e conservantes em lugar de doces naturais" (Navarro, p. 28).

Educação e bem-estar: a educação tem um lugar preponderante como parte dos direitos humanos. Doutrinariamente, a Constituição brasileira postula essa filosofia como essencial, embora na prática percebamos as falhas quando aparecem os resultados que são obtidos pelo sistema educacional nacional. Apesar de existir garantia das inscrições das crianças em idade escolar que o solicitem, a eficiência da conclusão da educação primária é baixa. Também existe a população maior de quinze anos com nível de escolaridade abaixo do esperado, pois em sua maioria não tem o primeiro grau completo.

Moradia e bem-estar: a moradia incide diretamente na satisfação das necessidades materiais e afetivas da população. A desigualdade que existe entre as regiões e entidades federativas, assim como entre os diferentes tipos de moradias, pode ser ilustrada levando em consideração as condições de saneamento, disponibilidade de água encanada, eletricidade e materiais de construção. A possibilidade real de se conseguir o direito constitucional de dispor de uma moradia decente e digna para todos os cidadãos ainda está distante. O déficit habitacional se acumula ano após ano e até mesmo o conceito de moradia muda. A moradia tradicional, adaptada a cada região, perde o seu prestígio e é substituída por moradias estereotipadas que resultam dos processos de edificação industrial.

Percepção de Partha Dasgupta

Dasgupta (1993) refere que os componentes do bem-estar pessoal são quantitativamente difíceis de compreender, porém existem dois modos de determinar o bem-estar social e suas mudanças os quais podem ser avaliados através de seus componentes ou de seus determinantes. Assim, para medir o bem-estar de uma pessoa são utilizados três índices: renda real esperada no momento; o estado de saúde atual e futuro e as realizações educacionais. Tais índices, na verdade, revelam uma grande variedade de outros componentes do bem-estar.

Com relação à renda real, o mesmo autor afirma que é uma medida do comando que ela tem sobre os bens e serviços vendidos no mercado. Esse índice, porém, é uma medida grosseira e falível, pois a renda real sozinha não nos diz quais mercadorias são ofertadas no mercado nem o quanto uma pessoa pode e deve comprar. Se os preços se mantêm constantes, um aumento real reflete ampliação em seu comando sobre as mercadorias e serviços ofertados no mercado; aumento da renda real indica melhoria no seu nível de utilidade. Se a utilidade e o bem-estar apontam para a mesma direção isso significa um aumento na renda real e conseqüentemente um aumento no bem-estar.

Esse movimento da renda real tem sido bastante utilizado no trabalho empírico como medida das alterações tanto do bem-estar quanto da extensão da escolha sobre os grupos de mercadorias. Podemos concluir que renda baixa é sinônima de pobreza e, se aumenta a renda e os preços se mantêm constantes, então podemos dizer que o aumento da renda provoca aumento da capacidade de comando e aumento do bem-estar. Diante do que foi exposto, é importante utilizar conjuntamente outros indicadores, tais como: vestuário, móveis e utensílios, sem esquecer que é a renda nacional real e sua distribuição que servem para avaliar o bem-estar agregado de uma sociedade.

Dasgupta (1993) entende que a saúde pode ser avaliada através dos métodos clínicos, laboratoriais, antropométricos, além da entrevista e das observações; destaca-se, porém, que dentre esses dados, os antropométricos são os que mais informam sobre os dados nutricionais, morbidade, risco de mortalidade e de infecções.

O índice de mortalidade geral e infantil e a baixa expectativa de vida revelam a extensão dos problemas que são enfrentados pelas pessoas em diferentes etapas da vida. Especificamente, a taxa de mortalidade infantil traz à tona a questão da nutrição e da higiene nos estágios iniciais da vida, assim como a saúde e os conhecimentos educacionais da mãe e a duração da lactação. O índice de mortalidade infantil é relevante, uma vez que as crianças maiores e os recém-nascidos estão expostos a riscos diferentes de adoecer e morrer. O autor ressalta que a limitação desses indicadores reside no fato de não revelarem a natureza diferenciada das ameaças à vida de uma pessoa nos primeiros anos de vida.

Em relação à morbidez, o mesmo autor considera que as taxas de sobrevivência por idade indicam o aspecto dramático da saúde, ao mesmo tempo em que constituem um indicador do estado de saúde de uma população. Por exemplo: "uma pessoa pode estar viva, porém faminta e doente" (Dasgupta, 1987 p. 13). Os índices antropométricos distinguem diversos estados de saúde. Um indicador mais fiel da saúde da comunidade é a extensão da morbidez prevalecente na mesma. Sendo assim, podemos detectar o seu estado de bem-estar. Mesmo que a saúde real melhore, as taxas de morbidez baseadas em tais dados podem aumentar, pelo fato de que com o crescimento da riqueza e com maior educação as pessoas elevam seus padrões de exigência, projetando suas aspirações para cima. A morbidez tem um efeito direto sobre o bem-estar.

Grande preocupação e cuidado com a saúde de uma pessoa traduzem-se em aumento da morbidez registrada. Esta simples preocupação e cuidado em proteger a pessoa de morte precoce, esse prolongamento da vida, muitas vezes é causa de morbidez crescente.

Diante do exposto, pode-se dizer que a utilização da morbidez é problemática, pois os contornos culturais, imbuídos de significados diferenciados, podem mascarar a avaliação. Nem sempre a saúde real melhora as taxas de morbidade, pois esta pode ser avaliada a partir da percepção individual. Para reforçar, o autor afirma que o aumento da renda pode trazer aumento da preocupação com a saúde, sem que necessariamente isso expresse uma doença real, mas apenas a preocupação com ela.

Quanto ao sistema educacional, para Dasgupta (1993) tem peso muito alto sobre a produção, principalmente a educação básica; e também "as liberdades políticas e civis, a educação como reserva (econômica) é útil na geração de crescimento econômico no sentido que a economia como uma reserva maior de pessoas educadas tende a desfrutar de um crescimento mais acelerado".

Recentemente vem sendo investigado um efeito adicional da educação, e descobriu-se que ele é um efeito poderoso. Os efeitos benéficos da educação dos pais, particularmente das mães, repercutem no bem-estar de suas crianças. Portanto, a educação é entendida como a aquisição de uma atitude em relação aos outros e ao mundo, promovendo autoconfiança com reflexão consciente e instruída para melhorar a maneira de fazer e entender as coisas. Neste ponto fica evidenciada a importância da educação para as questões do bem-estar dos cidadãos.

Olhar de Benjamin N. Colby

Colby (1987) refere que os principais componentes do bem-estar são: saúde física, satisfação e felicidade, sem desvincular dos padrões culturais de valores e experiências as condições ótimas universais de bem-estar.

A condição ótima de bem-estar vem sendo discutida por antropólogos, desde 1951 por Sapir e de 1970 por Benedict.

De lá para cá existem vários estudos examinando o bem-estar, como por exemplo migração urbana e comportamento pró-social. Por outro lado, foram estudados os efeitos que levam à redução do bem-estar, como a cultura da pobreza, o efeito da fome e de outros fatores estressantes, embora algumas pesquisas tenham sido dirigidas ao estudo de cruzamento cultural de patologias específicas, tais como abuso e negligência infantil, rejeição na infância, agressão adulta e genocídio. Esses estudos têm importância em linhas gerais, e alguns deles emergiram das ciências sociais, que ligam estresse à saúde física e mental. Não podemos esquecer os valores culturais.

Por esta razão, hoje já existem trabalhos em antropologia médica, antropologia de cruzamento cultural e antropologia psicológica, levando a uma compreensão sobre o bem-estar comunitário em suas múltiplas dimensões.

Malinowski, citado por Colby (1987), afirma que existem três mundos de interesse humano que irão definir a teoria de bem-estar antropológico: 1) o ecológico; 2) o social; e 3) o interpretativo. A partir de uma perspectiva evolucionária, o bem-estar nesses três mun-

134

dos deveria predizer o sucesso biocultural. O componente biológico do sucesso biocultural pode ser medido pelo número de descendentes de uma espécie. Os componentes culturais são indicados pelo número de padrões culturais passados de um indivíduo para outro dentro do grupo ou de um indivíduo para seus contatos ou descendentes durante um período definido de tempo.

A potencialidade de adaptabilidade e suas condições de eficácia e diversidade constituem a condição de sobrevivência ecológica. Na evolução biológica, a condição natural trabalha para tornar uma espécie ou população reprodutora mais eficiente em suas atividades, isto é, mais bem adaptada a um nicho ecológico. Portanto, eficácia e diversidade são condições básicas de sobrevivência.

No mundo social, de interesse teórico cada vez maior para os antropólogos, a condição para o êxito biocultural é o altruísmo.

O altruísmo requer tanto afeto social positivo quanto autonomia. A definição primária de autonomia deve estar baseada em alguma medida de autonomia de cada um; no grupo ela é componente necessário para o altruísmo.

Segundo Benedict, citado por Colby (1987), há duas formas de autonomia para o altruísmo, que são a autonomia pró-social e a autonomia anti-social. A primeira envolve a tolerância, e a segunda seria uma condição que aumenta a autonomia para si mesmo à custa da autonomia dos outros. Então os dois valores, afeto social positivo e autonomia pró-social, ligam-se a uma ética do cuidado e a uma ética de justiça, respectivamente.

No terceiro mundo de interesse, o interpretativo, pensamento e ação envolvem freqüentemente uma situação imediata, uma mudança para a criatividade. Os padrões culturais disponíveis para um grupo são aumentados substancialmente pela alta criatividade dentro desse grupo; a condição de êxito biocultural do mundo interpretativo são as criações, com suas condições componentes *imaginação* e *metaconhecimento*.

Para Colby (1987), a invenção baseia-se no conhecimento e requer imaginação. Sem a capacidade para a abstração, a variação analógica, a predição e a mudança contextual, as quais implicam afastamento da realidade literal e da realidade do momento imediatamente percebida, os seres humanos poderiam não utilizar a linguagem.

O *metaconhecimento* está preocupado com o imaginário e com o conhecimento, além de também estar preocupado com as estimativas de realidade e da validade, embora o seu objetivo imediato seja a consciência, pois reúne o componente *imaginação* de forma a aproveitar o entusiasmo de nível mais elevado para o desafio criativo, para a satisfação da invenção e prognóstico bem sucedido.

Colby (1987) diz que a vida e a cultura se desenvolvem através do modo como as pessoas se engajam no mundo ecológico por meio da produção e de outras atividades econômicas. Elas moldam e são moldadas pelas variações de sistemas políticos e pelas diversidades de relação de risco, de relações étnicas e de classe na sociedade.

O mesmo autor afirma que estilo de vida e valores variáveis são, provavelmente, mais reveladores da dinâmica biocultural entre os mais velhos do que entre outros grupos etários, porque variações na situação, na auto-imagem e nos valores acabam tendo mais tempo para terminar em conseqüências observáveis para a saúde física.

Como foi visto, o potencial de adaptação inclui adaptabilidade, altruísmo e criatividade como valores primários, formas comportamentais e características situacionais. Tem sido demonstrado que tais valores podem prevenir doenças e melhorar a saúde no modelo dinâmico de modificação da cultura, que é parte do programa teórico de bem-estar antropológico.

Concepção de Amartya Sen

Sen (1999) afirma que a economia em última análise relaciona-se ao estudo da ética e da política, e esse ponto de vista é elaborado na política de Aristóteles. Ele considera que a finalidade da economia seja o bem-estar para o homem, e não meramente a busca de riqueza. O autor ainda refere que há duas questões básicas para a economia, que são: *motivação humana*, que ele chamou de concepção da motivação relacionada à ética; e a segunda, a *avaliação da realização social,* que Aristóteles relacionou à finalidade de alcançar o bem-estar para o homem a quem Sen chamou de a *moderna economia de bem-estar*.

Sen (1999) refere que a economia do bem-estar, na teoria econômica moderna, tem sido muito precária. Já na economia política clássica não existiam fronteiras definidas entre a análise econômica do bem-estar e outros tipos de investigação econômica. À medida que aumentou a desconfiança acerca do uso da ética em economia, a economia do bem-estar foi tornando-se cada vez mais duvidosa, separando-se cada vez mais do restante da economia. Com isso conclui-se que a economia preditiva influenciou a análise da economia do bem-estar, mas não permite que as idéias da economia do bem-estar influenciem a economia preditiva[2], pois considera que a ação humana real tem por base unicamente o auto-interesse, sem impacto algum de considerações éticas ou de juízos provenientes da economia do estado de bem-estar.

As proposições da moderna economia de bem-estar dependem de combinar conjuntamente o auto-interessado, de um lado, e julgar a realidade social segundo alguns critérios fundamentados na utilidade de outro. Esse critério da economia tradicional, da economia de bem-estar, era o critério utilitarista simples, julgando o êxito segundo a magnitude da soma total de utilidade criada – nada mais sendo considerado possuidor de valor intrínseco.

Com o desenvolvimento da tendência antiética[3], quando as comparações interpessoais de utilidade passaram a ser evitadas na economia do bem-estar, o critério sobrevivente foi a *otimalidade de Pareto*. Diz-se que determinado estado social atingiu um ótimo de Pareto *se e somente se* for impossível aumentar a utilidade de uma pessoa sem reduzir a utilidade de alguma outra pessoa. A otimalidade de Pareto também é denominada "eficiência econômica" e capta os aspectos da eficiência apenas do cálculo baseado na utilidade. É preciso introduzir outras considerações na avaliação do êxito das pessoas e, portanto, da sociedade.

Não podemos deixar de falar no teorema fundamental da economia do bem-estar, que relaciona os resultados do equilíbrio de mercado em concorrência perfeita com otimalidade de Pareto. Esse teorema mostra que, em determinada condição, cada equilíbrio perfeitamente competitivo é um ótimo de Pareto e, com algumas outras condições, cada estado social *Pareto ótimo* é tam-

---

[2] Economia preditiva segundo o Dicionário Contemporâneo da Língua Portuguesa Caldas Aulete: "Predizer – dizer antes ou antecipadamente, pronunciar, anunciar de antemão com a maravilhosa intuição do talento, habituado a observar e a predizer a seqüência dos fenômenos, prognosticar, vaticinar".

[3] Tendência antiética é o que não é ético para o bem-estar da sociedade, ou seja, o crescimento econômico sem levar em consideração o bem-estar da sociedade.

bém um equilíbrio perfeitamente competitivo em relação a algum conjunto de preço.

O critério da otimalidade de Pareto é um modo extremamente limitado de avaliar a realização social, e assim a parte do resultado que afirma que um equilíbrio perfeitamente competitivo, nas condições especificadas, deve ser ótimo de Pareto é correspondentemente limitada.

A importância da otimalidade de Pareto na economia do bem-estar tem estreita relação com a posição do utilitarismo na economia do bem-estar tradicional.

O critério de Pareto capta um aspecto específico do welfarismo: um *ranking* unânime das utilidades individuais tem de ser adequado para o *ranking* social global dos respectivos estados. Na realidade, nas políticas econômicas o uso do critério de Pareto extrapola o welfarismo e abrange também o conseqüencialismo, pois requer que todas as escolhas de ações, instituições, etc. satisfaçam a otimalidade de Pareto e, portanto, o conseqüencialismo é exigido de um modo implícito, porém inequivocadamente.

É importante fazer distinção de duas críticas ao welfarismo e especialmente a prática de considerar a utilidade a única fonte de valor. Primeiro é a argumentação de que a utilidade, na melhor das hipóteses, é um reflexo do bem-estar de uma pessoa, mas o êxito da pessoa não pode ser julgado exclusivamente em termos de seu bem-estar. E segundo, pode-se contestar a idéia de que a utilidade e não alguma outra condição é o que melhor representa o bem-estar pessoal.

É importante reconhecer a distinção entre o "aspecto da condição de bem-estar" e o "aspecto do bem-estar" de uma pessoa. O êxito social e econômico de uma pessoa não lhe garante o mesmo êxito em termos de bem-estar. Não existe realmente nenhuma base sólida para requerer que o aspecto da condição de agente e o aspecto do bem-estar de uma pessoa sejam independentes um do outro, e supõe-se que é possível até mesmo que cada mudança em um dos dois venha a afetar o outro.

Portanto, podemos afirmar que a realização da condição de agente e a realização do bem-estar, ambas de importância distinta, podem ligar-se de modo causal uma à outra, porém esse fato não compromete a importância específica de cada uma (Sen, 1999).

Sen (1999) ainda afirma que a dificuldade do welfarismo origina-se da interpretação específica de bem-estar dada pela utilidade.

Julgar o bem-estar de uma pessoa exclusivamente pela medida da felicidade ou satisfação de desejos tem algumas limitações certas, pois o grau de felicidade reflete o que uma pessoa pode esperar e como o tratamento social pode mostrar-se em comparação com sua expectativa. Essa medida pode distorcer o grau de privação, de um modo específico e tendencioso.

O bem-estar muitas vezes é uma questão de valoração, e embora a felicidade e a satisfação de desejos possam ser valiosas para o bem-estar da pessoa, não podem sozinhas, ou até mesmo juntas, refletir adequadamente o valor do bem-estar em uma sociedade.

Sen (1999) afirma que uma aproximação entre a ética e a economia pode ser benéfica para ambas as ciências, uma vez que problemas éticos influenciam nas relações econômicas.

Percebemos que o fato de a economia ter-se distanciado da ética empobreceu a economia do bem-estar e também enfraqueceu a base de boa parte da economia descritiva e preditiva, como também a riqueza das considerações éticas nas avaliações em economia do bem-estar tem relevância direta para o comportamento pessoal.

Concluímos que a economia do bem-estar pode ser substancialmente enriquecida, atentando-se mais para ética; o estudo da ética também pode beneficiar-se de um contato mais estreito com a economia preditiva e descritiva, [4] devendo abrir espaço para considerações da economia de bem-estar na determinação do comportamento.

Visão de Fritjof Capra

Capra (1982) refere que os economistas não reconhecem que a economia é meramente um dos aspectos de todo o contexto ecológico e social, do sistema vivo composto de seres humanos em contínua interação com seus recursos naturais.

Os cientistas políticos negligenciam as forças econômicas básicas, e os economistas por sua vez não incorporam em seus modelos

---

[4] Economia descritiva, segundo Samuelson: descrição e análise econômica; a principal tarefa da moderna economia política é descrever, analisar, explicar e correlacionar o comportamento da produção do desemprego, dos preços e fenômenos semelhantes. Para que tenham significado, é preciso que as descrições sigam mais de uma série de narrativas preparadas, devem encaixar-se num padrão sistemático, isto é, constituir a verdadeira análise.

as realidades sociais e políticas. E isso se reflete no governo, na divisão entre política social e a economia.

Os economistas críticos que se dispuseram a estudar os fenômenos econômicos como realmente existem, inseridos na sociedade e no ecossistema e, portanto discordando dessa fragmentação, foram arduamente criticados e colocados à margem da "ciência" econômica.

A evolução de uma sociedade, inclusive a evolução do seu sistema econômico, está intimamente ligada a mudanças no sistema de valores que serve de base a todas as suas manifestações. Os valores que inspiram a vida de uma sociedade determinarão sua visão de mundo, assim como as instituições religiosas, os empreendimentos científicos e a tecnologia, além das ações políticas e econômicas.

O estudo dos valores é de vital importância para todas as ciências sociais; é impossível existir uma ciência social "insenta de valores".

A economia, por sua vez, é definida como a disciplina que se ocupa da produção, da distribuição e do consumo de riqueza. Tenta determinar o que é valioso em dado momento, estudando os valores relativos de troca de bens e serviços. Portanto, a economia é, entre as ciências sociais, a mais normativa e a mais dependente de valores. "Podemos observar essa dependência de valores em dois sistemas econômicos caracterizados por Schumacher que distinguem bem os valores e metas inteiramente diferentes. Um deles é o sistema *materialista*, no qual o 'padrão de vida' é medido pelo montante de consumo anual que tenta alcançar o máximo do padrão ótimo de produção. O outro é o sistema de economia *budista*, baseado nas noções de 'modo de vida concreto' e do 'caminho do meio', no qual a finalidade é realizar o máximo bem-estar humano com um padrão ótimo de consumo" (Capra, 1982, p. 183).

Infelizmente os únicos valores que figuram nos modelos econômicos atuais são os que podem quantificar os pesos monetários. Essa ênfase dada à quantificação confere à economia a aparência de ciência exata, restringindo as distinções qualitativas que são fundamentais para o entendimento das dimensões ecológicas, sociais e psicológicas da atividade econômica que é de suma importância para o bem-estar da humanidade.

A economia passa, atualmente, por uma profunda crise conceitual. As anomalias sociais e econômicas que ela não consegue resolver – inflação em escala global e desemprego, má distribuição da riqueza e escassez de energia, entre outras – são hoje dolorosamente visíveis para todos. O fracasso dos economistas em resolver esses problemas é reconhecido pelo público cada vez mais cético e até mesmo pelos próprios economistas.

A ciência econômica, com seu enfoque básico na riqueza material, com atitudes e atividades que são valorizadas nesse sistema, inclui cada vez mais a aquisição de bens materiais, a expansão, a competição e a obsessão pela tecnologia e pela ciência pesadas. Ao atribuir excessiva ênfase a esses valores, nossa sociedade encorajou a busca de metas perigosas e não-éticas e institucionalizou muito dos pecados capitais do cristianismo, que são a gula, o orgulho, o egoísmo e a ganância (Capra, 1982).

Uma abordagem bem-intencionada, porém irrealista, levou a uma longa série de formulações inexeqüíveis conhecidas mais tarde como economia de bem-estar. Os representantes dessa escola deixaram de lado a anterior concepção de bem-estar como produção material para se aterem aos critérios subjetivos de prazer e de dor individuais, construindo elaborados mapas e curvas baseados em "unidades de prazer" e "unidades de dor". Foi quando Pareto aperfeiçoou esses esquemas um tanto rudimentares com a sua teoria de otimização, baseada no pressuposto de que o bem-estar social seria maior se a satisfação de alguns indivíduos pudesse ser aumentada sem diminuir a de outros. Entretanto, a teoria de Pareto negligenciava os fatores poder, informação e renda desiguais. A economia de bem-estar persistiu até os dias atuais, embora tenha sido mostrado de forma concludente que a soma de preferências pessoais não equivale à escolha social. Muitos críticos contemporâneos vêem nisso uma desculpa para o comportamento egoísta que abala qualquer conjunto coeso de metas sociais, tornando a política ambiental caótica.

Mill, citado por Capra (1982), afirma que a distribuição da riqueza de uma sociedade depende das leis e dos costumes da mesma, muito diferentes em distintas culturas e épocas, teria forçado o retorno da questão de valores à pauta da economia política. Além de reconhecer a importância da ética no âmago da economia, estava profundamente consciente de suas implicações psicológicas e filosóficas.

Capra (1982) refere que há três dimensões do crescimento que estão intimamente interligadas na grande maioria das sociedades industriais. São elas: a dimensão econômica, a tecnológica e a institucional. O crescimento econômico contínuo é aceito como dogma pela maioria dos economistas, mas está provado que é irreal. Taxas elevadas de crescimento concorrem muito pouco para aliviar problemas sociais e humanos urgentes, como estamos vendo atualmente em vários países: taxa de desemprego crescente e deteriorização geral das condições sociais. Embora muitos economistas e políticos ainda insistam na importância do crescimento econômico, ele não melhora a qualidade de vida nem o bem-estar e sim o padrão de vida que é equiparado ao consumo material e não ao bem-estar da população.

A mais grave conseqüência do contínuo crescimento econômico é o esgotamento dos recursos naturais do planeta. O ritmo desse esgotamento foi previsto com precisão matemática desde o início da década de 50 pelo geólogo Hubbert, e tudo que ele previu está acontecendo nos mínimos detalhes. Ele ainda afirma que se mantivermos os modelos atuais de crescimento não-diferenciado não tardaremos a exaurir as reservas de metais, alimentos, oxigênio e ozônio, que são vitais para nossa sobrevivência. Para amenizar o rápido esgotamento de nossos recursos naturais temos de abandonar a idéia de crescimento contínuo e, ao mesmo tempo, controlar o aumento mundial da população.

Capra (1982) refere que o declínio das taxas de mortalidade e de natalidade em escala mundial se deve à interação das forças sociais e psicológicas, à qualidade de vida – a satisfação de necessidades materiais, um sentimento de bem-estar e a confiança no futuro.

O crescimento econômico em nossa cultura está intrinsecamente ligado ao crescimento tecnológico. E hoje indivíduos e instituições são influenciados pelas maravilhas da tecnologia moderna e passam a acreditar que para todo problema existe uma solução tecnológica. Seja o problema de natureza política, psicológica ou ecológica.

Essa tecnologia não é holística, mas fragmentada, ligada à manipulação e ao controle e não à cooperação, mais auto-afirmativa do que integrativa, e mais adequada à administração centralizada do que à aplicação regional por indivíduos e pequenos grupos. Em conseqüência disso, tornou-se profundamente antiecológica, antisocial, mórbida e desumana.

Capra (1982) afirma que se necessita de uma redefinição da natureza tecnológica, uma mudança de sua direção e uma reavaliação do seu sistema subjacente de valores, pois ela deve ser entendida na mais ampla acepção do termo como aplicação do conhecimento humano, voltando-se para tecnologia branda que promova a resolução de conflitos, os acordos sociais, a cooperação, a reciclagem e a redistribuição da riqueza, no dizer de Schumacher uma "tecnologia com rosto humano".

O terceiro aspecto do crescimento não-diferenciado, que é inseparável do crescimento econômico e tecnológico, é o crescimento de instituições, igrejas, cidades, governos e nações. Seja qual for a finalidade original da instituição, seu crescimento, a partir de um certo porte, desvirtua invariavelmente essa finalidade, ao fazer da autopreservação e da continuada expansão da instituição sua meta suprema. Por outro lado, as pessoas que pertencem às instituições e as que têm de lidar com elas sentem-se cada vez mais alienadas e despersonalizadas, enquanto famílias, bairros e outras organizações sociais em pequena escala são ameaçadas e freqüentemente destruídos pela dominação e pela exploração institucional.

A natureza das grandes instituições é profundamente desumana. Competição, coerção e exploração constituem aspectos essenciais de suas atividades, que são motivadas pelo desejo de expansão ilimitada. A idéia de crescimento contínuo está na base da estrutura das grandes empresas, agravando cada vez mais a exploração do ser humano em detrimento do seu bem-estar pessoal e social.

BEM-ESTAR, SAÚDE E ENFERMAGEM

Não podemos falar de bem-estar sem falar de saúde, e para isso faremos algumas colocações sobre o que seja saúde segundo alguns autores citados por Egbert (1987, p. 1). Para Funk e Wagnalls, saúde é a "integridade de qualquer organismo vivo". Para Taber "saúde ou integridade é uma condição na qual todas as funções do corpo e da mente estão normalmente ativas". Para Engel, o bom estado de "saúde é quando estivesse funcionando efetivamente, satisfazendo as necessidades, respondendo com êxito às demandas ou necessidades do ambiente tanto interno como externo, perseguindo seu destino biológico incluindo crescimento e reprodução". Capra (1982) refere que é difícil definir saúde, assim como também é difícil elaborar uma definição de vida, pois as duas não podem ser definidas com precisão, pois estão, de fato, intimamente relacionadas. O entendimento de saúde é, pois, a concepção que se possui do organismo vivo e de sua relação com o meio ambiente.

Com essa visão, o conceito muda de uma cultura para outra e de uma era para outra. Portanto, o conceito de saúde deverá ser amplo e considerar a nossa transformação cultural, incluindo dimensões individuais, sociais e ecológicas, com uma visão sistêmica dos organismos vivos e correspondentemente com uma visão sistêmica da saúde. Já a Organização Mundial de Saúde (OMS) define saúde como "...um estado de completo bem-estar físico, mental e social, e não meramente a ausência de doença ou enfermidade" (Capra, 1982, p. 117). Apesar de inúmeras definições de saúde, normalidade e bem-estar, não se têm uma concordância entre os profissionais sobre o significado de saúde e conseqüentemente do bem-estar.

Crose (1999) estabelece um modelo para a saúde e bem-estar que tem os seguintes princípios: a saúde é *multidimensional*. A saúde holística envolve muito mais aspectos da vida do que simplesmente o bem-estar físico. A saúde é *dinâmica*. A saúde holística jamais é estática, está constantemente se alterando, desenvolvendo e interagindo com o ambiente. A saúde é *auto-reguladora*. A saúde holística está constantemente se adaptando através de mecanismos de estimulação para manter um equilíbrio em cada dimensão da vida e entre todas as dimensões dela. O bem-estar é o contexto dentro do qual opera este sistema de saúde dinâmico, ajustado e equilibrado. A saúde holística é um processo que ocorre dentro do contexto de um estado de bem-estar integrado.

Nessa visão multidimensional para o bem-estar, a saúde física é um componente muito importante. Desempenha um papel significativo não somente na longevidade, mas na qualidade de vida. A maioria dos esforços de promoção de saúde, como pesquisa, treinamento e cuidado de saúde, concentra-se nos aspectos físicos do bem-estar. Como profissionais de saúde precisamos ter uma visão mais holística do ser para podermos tratá-lo com essa visão multidimensional.

A morbidade ou morbidez é resultado do estilo de vida, atitudes e comportamento. Se temos controle sobre nosso comportamento e atitude podemos mudar nosso estilo de vida promovendo um melhor bem-estar.

Os padrões de comportamento em relação à saúde têm forte impacto sobre a longevidade e o bem-estar. A saúde física é fortemente influenciada pela saúde mental e vice-versa. A visão multidimensional para o bem-estar, ou seja, as interações entre as dimensões física, emocional e intelectual da vida tornam-se de importância vital para se viver bem e com saúde.

Tem-se percebido que nossas emoções e processos de pensamento afetam positiva ou negativamente os processos de doença. Por isso, o fato de termos boa ou má saúde depende não só da programação genética, das influências hormonais, das condições clínicas e dos comportamentos de saúde, mas também de nossas crenças, atitudes e condições emocionais.

Crose (1999) refere que a saúde mental não se baseia apenas nas emoções, mas também na capacidade de pensar, aprender, lembrar, resolver problemas e fazer julgamentos. Ainda refere que a mente tem um impacto tão forte sobre todo o funcionamento do corpo que a saúde mental é fundamental para a vida longa. A vontade e a determinação de viver são vitais para o poder de recuperação e a sobrevivência.

Vimos anteriormente que a educação dos pais e principalmente das mães tem forte influência no bem-estar das famílias em relação à saúde das crianças. Crose reforça que a educação tem forte ligação com a longevidade e com a satisfação pela vida, pois o grau de educação contribui para que o indivíduo tenha uma visão multidimensional do viver humano, mantendo-se mentalmente saudável porque se envolve em novas experiências de aprendizagem. O bem-estar, nos seus aspectos emocional e intelectual, está fortemente ligado à saúde física e à longevidade.

O trabalho é outra fonte de bem-estar, seja ele um emprego remunerado ou voluntário, pois é importante para a sensação de valor, de bem-estar na vida. O trabalho é a maneira das pessoas se sentirem úteis e ativas na sociedade, o que lhes permite maior longevidade com qualidade de vida.

A dimensão espiritual é outra fonte de bem-estar, pois incorpora todas as coisas que dão significado e propósito à vida. A espiritualidade nos conecta aos nossos mais profundos sentimentos e crenças pessoais, à nossa criatividade e aos conceitos mais amplos da verdade universal. Também nos conecta com tudo o que ocorreu desde o nascimento e tudo o que deve seguir, até a nossa morte. E essa aprendizagem contribui para o nosso bem-estar.

Embora a dimensão espiritual do bem-estar refira-se a crenças e processos internos, a dimensão ambiental refere-se ao contexto em que vivemos. Esse ambiente externo proporciona o clima que estimula a saúde ou a doença nos aspectos físico, mental, social, comportamental e espiritual das nossas vidas. Por isso, a saúde ambiental é diretamente importante para a longevidade do ser humano.

Como o presente trabalho focaliza o bem-estar, temos de repensar a Enfermagem como profissão humanística, uma vez que esta disciplina se preocupa com a promoção da saúde, prevenção de doenças e cuidados específicos ao ser humano.

Como é difícil definir bem-estar por ele abranger várias dimensões e por ser dinâmico, podendo uma pessoa apresentar um estado de bem-estar embora esteja com alguma patologia, Egbert (1987) dá algumas características ou concepções para atingir o bem-estar, e que são: pessoa com personalidade integrada com auto-identidade sem preconceitos, pessoas que têm uma perspectiva orientada para a realidade; pessoas que têm um significado e um propósito claro na vida; pessoas que têm uma força unificadora em sua vida; pessoas com habilidade para competir em igualdade de condições nas situações adversas da vida; pessoas que são inspiradas com síndrome da esperança; pessoas que são capazes de ter relacionamentos abertos e criativos (Egbert, 1987).

Embora, seja difícil definir bem-estar, podemos caracteriza-lo, na saúde, como sendo um estado harmonioso do ser humano, em suas múltiplas dimensões e não simplesmente a ausência de doença, pois, muitas vezes a pessoa é portadora de alguma patologia, mas goza um estado de bem-estar, enquanto que em outras ocasiões goza de saúde e não possui o estado de bem-estar, sendo assim, BE em saúde é caracterizado como um estado de completo bem-estar biopsicossocial, econômico e político e não meramente a ausência de doença e ou presença de bens materiais, como muitas vezes é confundido desenvolvimento econômico como bem-estar. Para que possamos ter bem-estar, Egbert caracteriza que, o ser humano necessita possuir uma personalidade integrada, ter perspectiva de vida integrada e orientada, com significado claro de vida, com força unificadora, com igualdade de condições nas situações adversas de vida.

Diante destas características ou concepções podemos dizer que a Enfermagem precisa entender a cultura e a sociedade das quais o indivíduo vem de tal forma que se possa determinar futuramente se o comportamento é normal ou não. A prevenção deve ser a linha mestra do trabalho da Enfermagem. Cada pessoa deve ser avaliada em termos de suas habilidades, experiências, cultura e do seu objetivo individual, de modo que possa ser mantido o equilíbrio em todo o seu ser. Quando o indivíduo é capaz de manter uma relação equilibradora entre os vários componentes, diz-se que ele está experimentando bem-estar.

Quando o enfermeiro reconhece os comportamentos associados com o bem-estar, ele deve auxiliar e encorajar estes comportamentos.

Quando ele reconhece os comportamentos associados com doença, ele deve intervir para remover ou reduzir o estresse e auxiliar as defesas do corpo. As energias do corpo podem ser distribuídas desigualmente entre estes comportamentos; porém, se o enfermeiro auxiliar na manutenção de um equilíbrio, então ele estará promovendo o bem-estar de seus pacientes.

CONSIDERAÇÕES FINAIS

Muitos esforços têm sido envidados para alcançar o bem-estar humano e social, porém se não forem debeladas as diferenças sociais esse desejo ficará cada dia mais inalcançável, pois, como vimos, os economistas estão preocupados com o crescimento econômico ilimitado, em detrimento do bem-estar da população. Crescimento esse desenfreado, sem preocupação com os fatores éticos, sociais, ambientais e ecológicos.

A atual crise econômica só será superada se os economistas estiverem dispostos a participar da mudança de paradigma que está ocorrendo hoje em todos os campos. Tal como na psicologia e na medicina, a substituição do paradigma cartesiano por uma visão mais holística e ecológica não as tornará menos científicas, pelo contrário, deixa-las-á mais compatíveis com as novas conquistas nas ciências naturais.

REFERÊNCIAS BIBLIOGRÁFICAS

CALDAS, A. *Dicionário Contemporâneo da Língua Portuguesa.* Delta, Rio de Janeiro: 1958. v. 5.

CAPRA, F. *O ponto de mutação.* Cultrix, São Paulo: 1982.

COLBY, B. N. *Well-being*: a theoretical program. Amer. Anthropol. 4: 879-895, 1987.

CROSE, R. *Por que as mulheres vivem mais que os homens?* Rosa dos Tempos, Rio de Janeiro: 1999.

DASGUPTA, P. *An inquiry into well-being and destitution*. Clarendon Press, Oxford: 1993.

EGBERT, E. *Conceito de bem-estar*. Mimeógrafo. 1987. 5 p.

NAVARRO, B. R. Expresiones sociales del bienestar humano. In: Union de Universidades de América Latina. *Bienestar humano y sus fatores*. Raúl Marquez Romero, México: 1989.

SAMUELSON, P. A. *Introdução à análise econômica*. 8. ed. Avir, Rio de Janeiro: 1975.

SEN, A. *Sobre ética e economia*. Companhia das Letras, São Paulo: 1999.

ZEA, L. Filosofia del Bienestar humano. In: Union de Universidades de América Latina. *Bienestar humano y sus fatores*. Raúl Marquez Romero, México: 1989.

3

EMPREGABILIDADE: PERDA OU RECONQUISTA DA CIDADANIA?

Francine Lima Gelbcke[1]
Kenya Schmidt Reibnitz[2]

Conseqüências para o trabalhador

Resumo

Reflete-se, no presente trabalho, sobre a empregabilidade, ou seja, as transformações que têm ocorrido no mundo do trabalho em decorrência da globalização, da política neoliberal, do avanço tecnológico, os quais acarretam mudanças na organização do trabalho, levando ao desemprego, ao subemprego, à precarização da relações de trabalho. Discute-se sobre as conseqüências destas mudanças para o trabalhador e as estratégias que se apresentam para enfrentamento desta crise, focalizando o trabalhador da Enfermagem. Visualiza-se a necessidade de superação da dicotomia econômico x social, no sentido de buscar alternativas que permitam, ao trabalhador, o resgate da cidadania.

---

[1] Professora Assistente IV do Departamento de Enfermagem da Universidade Federal de Santa Catarina. Doutoranda do Programa de Pós-graduação em Enfermagem da UFSC. Integrante do Núcleo de Pesquisa Práxis – Núcleo de pesquisa e estudos sobre trabalho, saúde e cidadania.

[2] Professora Titular do Departamento de Enfermagem da Universidade Federal de Santa Catarina. Doutoranda do Programa de Pós-graduação em Enfermagem da UFSC. Coordenadora didático-pedagógica do Projeto Auxiliar de Enfermagem da UFSC. Integrante do Grupo GIATE – Grupo de Estudos sobre Inventos e Adaptações Tecnológicas em Enfermagem, do Departamento de Enfermagem. Diretora de Educação da ABEn-SC.

INTRODUÇÃO

Eu vejo o futuro repetir o passado
Eu vejo um museu de grandes novidades
O tempo não pára
Não pára, não, não pára.

Cazuza

O tempo não pára, lembra-nos Cazuza, e está em constante transformação, principalmente no final do século XX, em que parece que estamos todos num ritmo frenético, imposto pelas mudanças que ocorrem nas mais diversas áreas: econômica, social, educacional, técnica, cultural, muitas vezes articulada de forma imprevisível. Caracteriza-se pela aceleração histórica, em que as "certezas e esperanças que orientaram a ação humana desde o século das luzes, em poucos anos, perderam sua base de inspiração" (Cattani, 1996, p. 15).

Como em outras áreas, o mundo do trabalho é permeado de dúvidas e incertezas em relação ao presente e ao futuro. Haverá trabalho para todos? Do que trata a empregabilidade? Pode-se dar "adeus ao trabalho", como coloca Antunes (1995)? Que repercussões têm a reestruturação produtiva? E a globalização, que implicações traz ao mundo do trabalho? A economia de mercado e os princípios neoliberais continuarão a ditar os rumos dos cidadãos, trabalhadores ou não?

Buscaremos, neste trabalho, discutir as transformações que o trabalho vem apresentando, principalmente nos últimos tempos, frente aos aspectos colocados pela globalização, pelo neoliberalismo, pelo avanço da tecnologia, pelas modificações em torno do conceito de trabalho e pelo significado de emprego e empregabilidade, na perspectiva de entender melhor o contexto contemporâneo e de pensar estratégias para o futuro que nos possibilitem garantir uma vida digna para todos.

Além das estratégias de enfrentamento colocadas pelas novas relações de trabalho, pela empregabilidade, pelas mudanças ocorridas no mundo do trabalho, refletiremos acerca da implicação destas questões na área da saúde e, mais especificamente, na da Enfermagem.

O MUNDO DO TRABALHO EM TRANSFORMAÇÃO

O trabalho, com suas características de assalariamento, aparece com o advento do capitalismo e principalmente com a Revolução Industrial, quando ocorrem mudanças significativas nas relações de trabalho e no domínio do trabalhador sobre o processo de trabalho. Há o estabelecimento de relações de exploração, com a compra da mão-de-obra, apesar de continuarem existindo outras modalidades de trabalho, como o trabalho independente, o trabalho familiar e o trabalho comunitário.

A Revolução Industrial do século XVIII institui a utilização da máquina no processo produtivo, substituindo progressivamente as ferramentas utilizadas pelos trabalhadores, além de determinar o ritmo do seu trabalho. Estabelece ainda a divisão do trabalho, com o objetivo central de garantir a acumulação do capital. O parcelamento do trabalho não visa à eficiência técnica nem à solidariedade, e sim "garantir a expropriação do controle do processo, tornando o trabalhador dependente da venda da sua força de trabalho para sobreviver" (Pires, 1998, p. 31).

Mesmo tendo fixado uma relação de exploração, o sistema capitalista nos dois últimos séculos incorporou um número significativo de indivíduos à esfera produtiva, regidos pelos princípios da economia de mercado, transformando o trabalho "numa espécie de cimento social, no fator básico de socialização, na atividade principal e no elemento definidor, embora não exclusivo, de boa parte do sentido da vida dos indivíduos. Por isso, o não-trabalho assume, igualmente, um papel fundamental" (Cattani, 1996, p. 40).

No sentido de dar sustentação ao modelo econômico vigente, formas de organizar o trabalho são instituídas, destacando-se o que se denominou modelo taylorista-fordista. Ocorre também a interferência do Estado, principalmente na reprodução da força de trabalho, conciliando interesses da apropriação privada dos meios de produção, o planejamento, a gestão democrática e a elevação do padrão de vida, o que foi possível através da participação da classe empresarial e da organização dos trabalhadores. No dizer de Pires (1998, p. 37), "o Estado Nacional não exerce, apenas, o papel de regulador macroeconômico, mas, também, de administrador da demanda, procurando reduzir as desigualdades e o desemprego através da geração de uma rede de serviços – conhecida como Estado do Bem-Estar Social"[3].

A partir da segunda metade dos anos 60, este modelo econômico começa a entrar em crise, provocada por aspectos econômicos, políticos, culturais e tecnológicos, sendo que a ênfase, em um ou outro aspecto, varia de acordo com os diferentes estudos. Segundo Pires (1998), esta é uma crise de ordem estrutural, envolvendo diversos elementos e decisões, tais como:

— Diminuem os ganhos com a produtividade nos países industrializados, gerando descontentamento da classe trabalhadora, que também se apresenta resistente à forma de organização do trabalho, principalmente no que se refere ao modelo taylorista-fordista;

— Ocorrem transformações culturais, e o movimento social, aliando trabalhadores, intelectuais e estudantes, reage contra o autoritarismo, a falta de liberdade, o modelo de organização institucional e educacional e a burocracia sindical;

— Há um aumento das taxas de inflação, dos custos da produção do petróleo, das taxas de juros, gerando instabilidade financeira, redução das taxas de lucro e das taxas de produtividade;

— Há o crescimento da industrialização em países do terceiro mundo, enfraquecimento da hegemonia norte-americana e crescimento econômico na Europa e no Japão, que aumentam sua participação no comércio internacional.

Aliada à crise, ocorrem mudanças nas últimas décadas, incitadas pelo capitalismo contemporâneo, pela globalização da economia e, nos países do Terceiro Mundo, ainda pelas tendências neoliberais, as quais produziram alterações no mercado de trabalho, gerando precarização das suas relações, aumento significativo das taxas de desemprego e a eliminação de vários postos de trabalho, além do impacto decorrente do avanço tecnológico.

O desemprego, "entendido não apenas como ausência de atividade e de relações assalariadas, mas como uma situação, um *status* social, transformou-se em indispensável elemento explicativo dos problemas e das tendências da transformação econômica e social

---

[3] Para aprofundar esta questão veja: MATTOSO, Jorge Eduardo. *A desordem do trabalho.* São Paulo: Página Aberta/Escrita, 1995 e PIRES, Denise. *Reestruturação produtiva e trabalho em saúde no Brasil.* São Paulo: Annablume, 1998.

neste final de século" (Cattani, 1996, p. 40). Mesmo não sendo um fato novo, na década de 90 passa a ser um fenômeno mais visível, principalmente porque torna-se um problema mundial e não apenas do Terceiro Mundo.

Aliado ao desemprego, surgem as formas de trabalho não regulamentadas, ou seja, o trabalho informal, por conta própria, e o trabalho assalariado sem carteira assinada. Estas novas formas de trabalho é que caracterizam a precarização das relações de trabalho, em que há a substituição de relações formais de emprego.

Aumenta, também, o trabalho temporário, por tempo determinado e de meio emprego (tempo parcial), sendo que estes tipos de trabalho envolvem salários mais baixos, menor segurança que o trabalho tradicional, além da diminuição de alguns benefícios.

De acordo com dados do IBGE de 1996, citados por Menegasso (1998), os trabalhadores informais constituem parte significativa da População Economicamente Ativa (PEA), somando cerca de 39,6 milhões de pessoas (mais de 50% do total de empregados, que é de 69,6 milhões), sendo que as atividades informais concentram-se principalmente no setor de serviços.

Dados do Ministério do Trabalho apontam para o declínio do índice de trabalhadores com carteira assinada, sendo este fato explicado como resultante de diversos fatores, entre os quais destacam-se: 1) surgimento de novas formas de produção e de relações de trabalho com a ampliação do processo de terceirização, aumentando, desta forma, o número de trabalhadores autônomos, ou seja, neste caso, trabalhadores sem vínculo empregatício formal ; 2) aumento de empregos no setor de serviços, que, como colocamos anteriormente, é responsável pelo incremento da informalidade; 3) fatores institucionais relacionados ao sistema de seguridade social e à legislação trabalhista que podem incentivar as empresas e os trabalhadores à opção de relações informais de trabalho (Menegasso, 1998).

Estudos demonstram que o emprego informal e o desemprego apontam para a mesma direção, ou seja, cresce o emprego informal, da mesma forma que aumenta o desemprego.

De acordo com Pires (1997), o desemprego estrutural no setor industrial, o aumento da informalidade e a precarização do trabalho estão relacionados à reestruturação produtiva, decorrente das novas mudanças tecnológicas.

O avanço tecnológico na última década teve um crescimento rápido, com sérias conseqüências para o trabalho, levando não só ao desemprego, mas à competitividade e individualidade. Perdeu-se a solidariedade no trabalho, até porque a tecnologia vem substituindo o trabalhador, sendo amplamente utilizada para controlar o trabalho, imprimindo não só o ritmo, mas também a qualidade. Com isto, o trabalhador perde para a máquina também a sua identidade.

Este é um dos sérios paradoxos colocados pela ampla utilização da tecnologia que, ao mesmo tempo em que diminui o desgaste físico do trabalhador, abre a possibilidade de utilização de um maior tempo livre para seu lazer, gera no trabalhador um desgaste psicológico pela imposição do ritmo e do controle do trabalhador, além da "ameaça" de substituição pela máquina.

Marx já colocava esta questão no século XIX, quando previa o que chamou de "metamorfose do trabalho", na qual o sistema automático de maquinaria substituiria os seres humanos, apontando como uma das lutas dos trabalhadores a manutenção do trabalho em detrimento da máquina (Rifkin, 1995).

Nunes (1997, p. 72) aponta outro paradoxo, ao afirmar que "ao mesmo tempo que a tecnologia poupa trabalho, expulsando trabalhadores do processo de geração de riquezas, reaparecem e/ou são revalorizadas formas abjetas de emprego ou ocupação", como a exploração da mão-de-obra infantil, a prostituição infantil, a liberalização do comércio internacional, a terceirização e mercados sem proteção para o trabalho (com jornadas extensas e baixos salários), além da exploração, em muitos países, da mão-de-obra de imigrantes.

A questão da liberalização do comércio internacional, relaciona-se diretamente com a globalização da economia, que tem gerado desemprego e subempregos na medida que reestrutura as economias dos países.

Os reflexos da globalização no mundo do trabalho têm entendimentos controversos. Para autores como Cattaui, é impossível parar o processo de globalização, que tem efeitos benéficos em várias áreas, gerando empregos, principalmente no setor de serviços, possibilitando o acesso ao conhecimento global, bem como provocando a distribuição de renda, pois a "crescente igualdade de oportunidades e de mobilidade social em todo o mundo está dando a mais pessoas participação material no mundo" (Cattaui, 1997, p. 170). Segundo esta autora, há necessidade do aprimoramento dos trabalhadores, no sentido de competir no mercado de trabalho, tanto que "para os funcionários como para as empresas, as chaves para as vantagens da globalização são habilidades bem aprimoradas, a capacidade de competir, a produtividade e custos unitários de mão-de-obra competitivos" (Cattaui, 1997, p. 173).

Drucker também aponta que a globalização, ao mesmo tempo que elimina alguns postos de trabalho, cria outros, dentro da nova realidade econômica, afirmando "o desaparecimento da mão-de-obra como fator chave da produção" (Drucker apud Rifkin, 1995, p. 13).

Porém, outros autores criticam a globalização, que tem influenciado não só na geração do desemprego, mas sobremaneira na precarização do trabalho. Entre estes autores encontramos Forrester (1997), Castel (1998), Salm (1998) e Rifkin (1995).

Com a precarização do trabalho entra-se num processo de "perda da cidadania social, acirra-se o individualismo, não como nos querem fazer crer os que atribuem à educação o papel de dotar os indivíduos de autonomia e empregabilidade, mas porque 'conserva o traço fundamental de ser um individualismo por falta de referências' " (Salm, 1998, p. 174).

Diminui o assalariamento e, sobretudo, diminui a segurança do emprego, do seu estatuto e da sua proteção social. A precariedade do trabalho substitui a estabilidade das relações empregatícias, sendo que para Castel (1998) é, a precariedade, um dos fatores que alimentam o desemprego, levando ao que denomina "desemprego recorrente", que se caracteriza pela alternância entre períodos de atividade e períodos de inatividade.

Afirma ainda Castel (1998, p. 157) que "a 'grande transformação' ocorrida nesses últimos anos, e que autoriza talvez a falar de uma metamorfose do trabalho, é que em lugar de um conjunto de assalariados majoritariamente protegidos, há cada vez mais assalariados fragilizados, ameaçados pelo desemprego. Em suma, há cada vez menos assalariados com a garantia de permanecer e de poder construir, a partir de sua condição de assalariado, um futuro garantido".

Gerando desemprego e precariedade do trabalho, a globalização leva à exclusão social, principalmente de jovens, que têm dificuldade de acesso ao mercado de trabalho (Forrester, 1997; Castel, 1998; Hirst, 1998).

De acordo com Kurz apud Menegasso (1998, s.p.) "são falsas as promessas do neoliberalismo de resolver os problemas da exclusão social e do desemprego causado pela globalização. O que ocorre no Brasil é o mesmo que ocorre no mundo inteiro: o aprofundamento da divisão na sociedade. Observa-se que os ricos estão ficando mais ricos e os pobres mais pobres".

O neoliberalismo, portanto, também traz conseqüências ao mundo do trabalho. E quais são estas conseqüências?

O Estado liberal, que surgiu com a decadência do regime econômico mercantilista e com o surgimento da burguesia, previa a não interferência do Estado na questão econômica, tendo o liberalismo econômico, em seus principais postulados, a livre iniciativa e a livre concorrência.

Esta forma de organização teve como patriarca Adam Smith, que em seu livro *Riqueza das nações* destacava que "todo homem, contanto que não viole as leis da justiça, deve ter plena liberdade para buscar seu próprio lucro como lhe agrade, dirigindo sua atividade e investindo seus capitais em concorrência com qualquer outro indivíduo ou categoria social" (Smith apud Chagas, s.d., p. 3).

Porém, o liberalismo econômico passa a ser criticado com o crescimento do socialismo, a evolução interna do capitalismo e, principalmente, em conseqüência da Depressão Econômica dos anos 30.

Surge o neoliberalismo, tendo êxito a doutrina keynesiana, que apontava para o fortalecimento do papel do Estado na vida econômica.

"Devido ao desmoronamento do 'socialismo real' – que determinou o fim do sistema econômico centralmente planificado, e o impulso que lhe deram os governos de Margareth Tatcher, Ronald Reagan e os organismos internacionais como o FMI e o Banco Mundial – a maré neoliberal expandiu-se e ainda se expande como uma mancha de óleo pelo mundo todo, servindo de modelo a quase todos os governos" (Chagas, s.d., p. 5).

A escalada de neoliberalismo, nestes 20 anos de hegemonia, trouxe algumas idéias ao mundo do trabalho.

O elevado nível de desemprego que anteriormente era visto como desequilíbrio macroeconômico ou como insuficiência de dinamismo econômico passa a ser percebido como "problema de natureza individual, determinado por desajustes nas qualificações *(skil-mismatch)* e institucional, em razão de normas que encarecem a contratação de mão-de-obra" (Salm, Sabóia e Carvalho, 1999, p. 3).

O desemprego, em função inclusive do impacto das novas tecnologias, como apontado anteriormente, passa a ter um caráter estrutural, não cabendo, portanto, ao Estado neoliberal a formulação de políticas de crescimento ou industriais, mas sim apoiar iniciativas que possam promover a empregabilidade.

Com esta visão, o pensamento neoliberal possibilita a expansão das relações informais de trabalho, o aumento dos contratos temporários ou por tempo parcial, apontando como vantagem a flexibilização das relações de trabalho.

Como afirmam Salm, Sabóia e Carvalho (1999, p. 3), "a crítica ao pensamento neoliberal não é simples. Seus argumentos parecem razoáveis e possuem fator de apelo racional, principalmente num contexto de impotência do Estado para promover o crescimento econômico e de retração do movimento sindical".

Mas aceitar o ideário neoliberal, para estes autores, "significa uma acomodação e um claro retrocesso em face às conquistas obtidas a partir dos grandes acordos que caracterizaram o auge da social-democracia e das políticas keynesianas de busca de pleno emprego" (Salm, Sabóia e Carvalho, 1999, p. 3), sendo necessário questionar o pensamento neoliberal e buscar formas de resistência.

Encontrar formas de resistência atualmente não é fácil, pois diante do desemprego inclusive a prática do movimento sindical mudou. Como colocam Baumgratz e Brandão (1998, p. 1), em relação ao movimento sindical, "onde no passado se leu 'combativo', leia-se hoje 'parceiro'... Nesse novo momento, os sindicatos fazem coro com as empresas e levantam a bandeira da capacitação... para que essas pessoas se tornem 'empregáveis' ".

E por que isto? Porque a empregabilidade é o que se coloca atualmente no mundo do trabalho, sendo entendida como a capacidade do ser humano de se adequar às novas exigências do mercado de trabalho, através de sua capacitação, ou seja, do aprendizado de novas habilidades que lhe facilitem conseguir um emprego.

As mudanças ocorridas no entendimento de trabalho à empregabilidade e suas conseqüências para o trabalhador é o que discutiremos a seguir.

DO TRABALHO À EMPREGABILIDADE: CONSEQÜÊNCIAS PARA O TRABALHADOR

O trabalho é indispensável ao homem, para a sua sobrevivência e reprodução, mas também como processo de criação. Esta concepção de trabalho como integrante do processo de vida do homem, como possibilidade de prazer através da criação, ou de desprazer, pela alienação, vai se transformando ao longo da história.

Na Antigüidade, o mundo do trabalho foi desconsiderado pelos primeiros filósofos, tanto que para os gregos o homem se aprimorava pelo caminho da contemplação, da atividade intelectual, estando isento de qualquer atividade prática material, separando teoria da ação, da prática. O trabalho realizado pelos escravos, que não eram considerados cidadãos, não tinha valor. Este pensamento esteve presente desde os antigos gregos, sendo fortalecido por Platão e Aristóteles.

É no Renascimento que a consciência filosófica da práxis sofre uma mudança radical, destacando-se esta reflexão no pensamento de Leonardo, Giordano Bruno e Francis Bacon. Para estes pensadores, o homem deixa de ser apenas um animal teórico para ser um sujeito ativo, criativo e construtor do mundo. "Reivindica-se a dignidade humana não só pela contemplação, como também pela ação; o homem, ente de razão, é também ente de vontade. A razão permite-lhe compreender a natureza; sua vontade – iluminada pela razão – permite dominar e modificar a natureza" (Vázquez, 1977, p. 25). Apesar do modo de produção capitalista ainda ser incipiente neste período, já determinava a relação dos homens entre si e com o trabalho, havendo uma valorização da ação humana, até mesmo porque neste período são os homens livres, e não mais os escravos, os responsáveis pela produção.

Posteriormente, outros pensadores continuam refletindo acerca da relação teoria-prática, mas é com os economistas clássicos do século XVIII – Adam Smith, David Ricardo, entre outros – que o trabalho humano é destacado como fonte de toda riqueza social e de todo valor. Marx e Engels, apesar de criticarem os economistas clássicos, apontando as limitações da concepção valor-trabalho, ressaltam o seu mérito ao abordarem tal concepção.

A base da crítica de Marx (1983) a estes economistas está relacionada ao fato dos mesmos não terem abordado o relação homemtrabalho, colocando o trabalho como algo exterior ao homem. Assim, não relacionaram a transformação da natureza e a transformação do próprio homem ao modificar a realidade natural por intermédio do trabalho humano.

De acordo com a filosofia marxista, trabalho pode ser definido como a ação que os seres humanos exercem sobre a natureza, transformando-a e, conseqüentemente, transformando-se. Neste processo estabelecem relações, produzem e criam (Marx, 1983).

"O trabalho, como tudo quanto é humano, pode ser analisado dialeticamente. Já os antigos romanos utilizavam duas palavras bem diferentes para referir-se ao trabalho sob dois pontos de vista divergentes: *labor, laboris* eram as palavras com que se referiam à ocupação agradável ou atividade de homens livres; *tripalium, tripalii* era utilizado para referir-se ao trabalho que escraviza o homem" (Martins Perez, s.d.).

Este autor ressalta que a dupla conceituação de trabalho está presente nas línguas latinas, em função dos radicais *labor* ou *labore*, que indicam *lazer*, e de *tripalium/tripaliare*, que significam *sacrifício, martírio*. Estas duas acepções constituem a dialética do trabalho. No entanto, o significado *tripalium* é o mais comum nas línguas latinas. A partir destes radicais surgem as palavras *trabajo*, em espanhol, *trabalho*, em português e *travail*, em francês.

Percebe-se que esta dupla visão de trabalho ainda hoje está presente em nosso cotidiano, pois, para muitos, o trabalho é encarado como libertador, prazeroso, e mesmo quando é árduo, traz esperança e sonho ao trabalhador. É a concepção de trabalho ligada ao radical *labor*. Mas há também o trabalho que gera escravidão, desesperança, o trabalho monótono, sem criatividade, deprimente e que embrutece o homem ao invés de humanizá-lo. Este trabalho tem origem no radical *tripalium*.

O trabalho é uma atividade concreta, realizada individual ou coletivamente, constituindo-se numa experiência social, sendo que Cattani (1996, p. 39) reforça esta dupla concepção de trabalho ao afirmar que "opressão e emancipação, *tripallim* (tortura) e prazer, alienação e criação são suas dimensões ambivalentes, que não se limitam à jornada laboral, mas que repercutem sobre a totalidade da vida em sociedade".

Se na Antigüidade trabalho estava relacionado com escravidão, na Idade Moderna, com a ascensão da burguesia, trabalho passa a ser visto como fonte de riqueza, apesar de esta "fonte de riqueza" trazer a desigualdade, ou seja, a riqueza de uns e a pobreza de outros. Neste período condena-se o ócio, sacralizando-se o trabalho e a produtividade, aprofunda-se a divisão do trabalho, separando-se o trabalho manual do intelectual, a contemplação da ação. Valoriza-se o trabalho qualificado e produtivo (Menegasso, 1998).

Surge o assalariamento, ao qual já nos referimos, e com ele o homem perde sua liberdade, o trabalho passa a ser o centro de sua vida, o que Menegasso reforça ao afirmar que "para o homem dos tempos modernos, o tempo livre inexiste, ou é escasso. Passou a ser, por outros meios, um mero prolongamento do trabalho, veja-se a indústria de diversão. A lógica do trabalho perpassa a cultura, o esporte e, até mesmo, a intimidade. Em outras palavras, ela apoderou-se de todas as esferas da vida e da existência humana" (Menegasso, 1998, s.p.).

É também na modernidade que o trabalho, compreendido como ocupação econômica, ou seja, trabalho remunerado, transformou-se em emprego, passando, portanto, esta acepção a ser sinônimo de trabalho e/ou ocupação. Desta forma, emprego têm relação com economia de mercado, sendo um critério para "definir a significação social do indivíduo" (Ramos apud Menegasso, 1998, s.p.), refletindo a relação do indivíduo com a organização produtiva e com a sociedade.

De acordo com Menegasso (1998, s.p.), "os empregos tornaram-se não somente comuns, mas também importantes; passaram a ser nada menos do que o único caminho amplamente disponível para a segurança, o sucesso e a satisfação das necessidades de sobrevivência".

Entretanto, como colocamos anteriormente, nestas últimas décadas ocorreram sérias transformações com o mundo do trabalho, provocadas, entre outras, pela globalização, pelo neoliberalismo e pelo avanço tecnológico. O emprego está sendo ameaçado e em muitos casos eliminado em decorrência da automação, da microeletrônica, das "máquinas inteligentes", da informática. O desemprego é algo que assusta e preocupa, sendo necessário buscar-se novas formas organizacionais, novas relações de trabalho e de produção para que o homem se mantenha no mercado de trabalho de forma, inclusive, competitiva.

Neste contexto, o conceito de emprego entra em declínio e aparece o que se denominou *empregabilidade*. Também este conceito é ambíguo, sendo que "para alguns, representa a expressão do potencial e oportunidade de viver livremente as escolhas, com competência, garantindo a própria sobrevivência. Para outros, representa a insegurança, o medo e a busca permanente de trabalho para sobreviver" (Menegasso, 1998, s.p.)

Para Forrester (1997, p. 118) "...uma bela palavra parece prometida a um belo futuro: empregabilidade, que se revela como um parente muito próximo da flexibilidade, e até como uma das suas formas. Trata-se, para o assalariado, de estar disponível para todas as mudanças, todos os caprichos do destino, no caso, dos empregadores. Ele deverá estar pronto para trocar constantemente de trabalho... Mas contra a certeza de ser jogado 'de um emprego a outro', ele terá uma 'garantia razoável', quer dizer, nenhuma garantia de encontrar emprego diferente do anterior que foi perdido, mas que paga igual".

O conceito de empregabilidade, segundo Gentili (1999), pode ser discutido sob duas dimensões que, embora diferenciadas, confundem-se. A primeira dimensão refere-se à empregabilidade relacionada aos processos de reestruturação produtiva, vinculada às mudanças que ocorreram no mercado de trabalho, apontando a necessidade de qualificação dos profissionais para enfrentar as modificações colocadas no mundo do trabalho. A segunda está relacionada ao processo de reestruturação moral e cultural colocado pelo modelo neoliberal e "tende a instituir-se num poderoso mecanismo de modelização da consciência, ... se incorpora no senso comum como significado que contribui a estruturar, orientar e definir as opções (ou a falta de opções) dos indivíduos no campo educacional e no mercado de trabalho, tornando-se também 'a' referência norteadora, o 'deve ser' dos programas de formação profissional e, inclusive, das próprias políticas educacionais" (Gentili, 1999, p. 85).

Se por um lado o mundo do trabalho impõe ao trabalhador a necessidade de qualificar-se, requalificar-se, adequar-se às novas exigências do mercado, o que pode lhe trazer benefícios por meio do acesso a programas de educação continuada, sendo a empregabilidade o eixo principal de um conjunto de medidas políticas destinadas a diminuir o impacto social gerado pelo desemprego, por outro coloca sobre o trabalhador a responsabilidade de manter-se empregado, acirrando a competitividade individual na disputa pelo sucesso, num mercado de trabalho que se encolhe cada vez mais, sendo estruturalmente excludente.

O discurso da empregabilidade, no dizer de Gentili (1999, p. 89), "reconhece explícita ou implicitamente que, nessa competição acirrada pelos poucos empregos que o mercado de trabalho oferece, existe também a possibilidade do fracasso", sendo que alguns, apesar de todo o investimento, não terão acesso ao mercado de trabalho.

Alerta ainda Gentili (1999, p. 89) que esta concepção de empregabilidade determina "o fim da identidade do cidadão e sua substituição pela identidade do consumidor. O indivíduo é um consumidor de conhecimentos que o habilitam a uma competição produtiva e eficiente no mercado de trabalho. ...É nesse sentido que o conceito de empregabilidade se afasta do direito à educação: na sua condição de consumidor o indivíduo deve ter a liberdade de escolher as opções que melhor o capacitem a competir". No entanto, na realidade da lógica do mercado, prevalece o princípio da desigualdade de acesso, sendo inerente à própria lógica de acumulação de riqueza, a qual é excludente – tem acesso aquele que tem mais dinheiro.

Neste sentido, o indivíduo e seu direito de cidadania passam a ser questionados, já que prevalece, nesta concepção de empregabilidade, a desigualdade de acesso e a exclusão.

Além disto, a noção de empregabilidade substitui a concepção do emprego como um direito, passando a ser uma possibilidade, já que mesmo possuindo determinadas condições empregatícias, não há garantia de emprego, ferindo-se a própria Constituição Federal, que em seu artigo 170 estabelece que "a ordem econômica, fundada na valorização do trabalho humano, e na livre iniciativa, tem por fim assegurar a todos existência digna, conforme os ditames da justiça social, observados os seguintes princípios: I – soberania nacional; II – propriedade privada; [...]VIII – busca do pleno emprego [...]" (Brasil, 1988).

Esta noção de empregabilidade, que tende a legitimar as políticas de exclusão e desigualdades, pode ser substituída por um conceito que abarque a educação e formação profissional de forma democrática, como uma condição cidadã, desde que se reconheça "o campo do trabalho como uma esfera de exercício de direitos sociais. Não apenas o direito a um emprego ou a uma renda, mas também o direito ao conhecimento; não apenas o direito aos saberes necessários para o exercício da prática produtiva no trabalho, mas também dos conhecimentos necessários para o exercício da cidadania na prática do trabalho" (Gentili, 1999, p. 91).

As estratégias vislumbradas para se contrapor ao desemprego, buscando a empregabilidade, mas visando ao trabalhador em sua integralidade, como cidadão e ator social, é o que abordaremos a seguir.

EMPREGO/DESEMPREGO: BUSCANDO ESTRATÉGIAS PARA SUPERAR A CRISE

A crise de empregos, gerada pelo modelo econômico vigente, que segue os ditames neoliberais e a globalização, alterando as relações no mundo do trabalho, levando à flexibilização e à empregabilidade, fazem com que o trabalhador, as organizações sindicais, os cientistas sociais, a sociedade organizada busquem estratégias para superar esta crise.

Vale destacar o que diz Betinho (Souza, 1998, p. 57) sobre a necessidade de superação da dicotomia econômico e social relacionada às questões de emprego/desemprego.

"O mundo econômico, os governos, as instituições e a sociedade não podem mais aceitar ou permitir todas as tentativas que vêm sendo feitas de separação entre o econômico e o social. Separar um do outro é deixar o real com o econômico e o utópico com o social. Esta é uma separação que inclui no mundo da economia a produção de bens materiais, mas faz com que a dimensão social desta mesma produção fique restrita à conseqüência.

Nesta divisão, fica combinado que o desenvolvimento é econômico e a pobreza é social. A divisão é de um simplismo admirável, mas de uma força ideológica impressionante. Quando entram na fábrica, os trabalhadores são fatores econômicos. Quando saem, são problemas sociais. Quando definem orçamentos, os governos são atores econômicos, quando tratam de saúde e educação, os governos são incompetentes sociais sem recursos, verbas e responsabilidades.

A sociedade moderna dissociou a produção do emprego. Isso só faz aprofundar o abismo entre os integrados e os marginalizados. É imperativo encontrar o caminho do emprego. Sem emprego, não haverá humanidade para todos. A tecnologia não pode se transformar na racionalidade do novo *apartheid* mundial. O desenvolvimento é humano, é de todos ou não existe. É imperativo dar ao desenvolvimento esta dimensão universal" (Betinho).

Vários são os autores que refletem acerca do emprego/desemprego, tais como Pochmann (1997), Osório (1999) e Tiriba (1998), entre outros, que destacam algumas estratégias, visando ao resgate do sujeito enquanto indivíduo, trabalhador e cidadão, através de políticas que busquem o pleno emprego.

Pochmann (1997, p. 35-6) aponta como alternativas de políticas de trabalho para aumentar a taxa de emprego/postos de trabalho:

— Estabelecimento de um projeto nacional que coloque o "emprego como questão central na agenda nacional. Em outras palavras, a definição de metas econômicas comprometidas com a ampliação do emprego, a implementação de orçamentos públicos focalizados na ampliação dos postos de trabalho", entre outras;

— Reforma agrária, no sentido de manter no campo os trabalhadores, evitando o êxodo rural, que pressiona os mercados de trabalho urbanos;

— Desconcentração de renda, permitindo o surgimento de empregos nos setores secundários e terciários da economia, já que em todos os países, a distribuição de renda exerce forte influência na geração de empregos;

— A retomada dos investimentos em infra-estrutura material, com o objetivo de renová-la e completá-la em todo o país, o que consequentemente refletir-se-á na geração de muitos empregos; e

— Implementação de atividades a serem desenvolvidas no âmbito do serviço social, como frentes de trabalho urbano e rural, melhoria da qualidade e eficiência dos serviços públicos, implementação de programas de estágios, de garantia de renda, de educação, saúde e previdência. Estas atividades incidem diretamente na participação do setor terciário, que no Brasil "é ainda bem inferior à verificada nos países capitalistas avançados" (Pochmann, 1997, p. 38), havendo, portanto, um grande potencial de geração de empregos neste setor.

Este autor, bem como Osório (1999) e Tiriba (1998), entre outros, aponta ainda políticas que denomina compensatórias, ou seja, políticas que incidem sobre a oferta e manutenção das ocupações já existentes, como:

— Implementação de uma agência pública para o emprego, que reunisse: "(i) a intermediação de mão-de-obra, (ii) atendimento dos benefícios sociais e (iii) a formação e qualificação dos trabalhadores" (Pochmann, 1997, p. 39), evitando, desta forma, a sobreposição de órgãos, ministérios e instituições;

— Reformulação do sistema seguro-desemprego, diferenciando-se os benefícios conforme perfil do desempregado (chefe de família, idoso, sem qualificação, etc.), bem como "a criação de um novo programa de integração salarial para as vítimas diretas do processo de reestruturação produtiva, que é irreversível" (Pochmann, 1997, p. 39);

— Introdução de um sistema democrático de relação, que pudesse auxiliar na diminuição da precarização do trabalho, na rotatividade. Este sistema permitiria contratos coletivos de trabalho, liberdade sindical e presença de organizações dos trabalhadores no local de trabalho;

— Formação visando ao trabalhador em sua integralidade/multidimensionalidade, pois "poucos são os programas de capacitação técnica que se preocupam também com a 'capacitação' interior do ser humano" (Baumgratz e Brandão, 1998, p. 1);

— Estímulo às Organizações Econômicas Populares (OEP), como iniciativas que focalizem "os processos de trabalho como germe de uma nova cultura do trabalho, e a partir das quais se tornar viável a elaboração de um projeto nacional de desenvolvimento deste novo setor da economia, tendo em vista os interesses dos setores populares" (Tiriba, 1998, p.198). Estas organizações são estruturadas sob a forma de cooperativas, grupos de produção, associações e centros comunitários. Não são microempresas[4], porque tem como diferencial a *economia da solidariedade*; segundo Razeto, citado por Tiriba (1998, p.199), caracterizam-se a partir de três níveis de atividades: as de sobrevivência, que são emergenciais; as de subsistência, para satisfação das necessidades básicas e as de estratégias de vida, que envolvem a "valorização da liberdade/companherismo/autogestão, preferência para trabalhar por conta própria ou porque consideram fechadas as formas tradicionais de trabalho". As OEPs são organizações que não se limitam somente às atividades econômicas, mas que integram também atividades sociais, educativas e culturais;

---

[4] Tiriba (1998, p. 199) esclarece que algumas microempresas podem apresentar-se como uma OEP, quando se caracterizam como organizações solidárias em que o processo de gestão é compartilhado.

— Realização de parcerias para a concretização da educação profissional, sendo apontada por Osório (1999) como alternativa para a construção de um novo paradigma. Entende que o conceito de *parceria* envolve vários significados que devem ser explicitados para uma maior compreensão de uma proposta e/ou projeto. Assim ela pode ter a conotação de *cumplicidade de diferentes propósitos*, como *atitude de intermediação entre as diferentes relações do capital e trabalho*, como *incentivadora da mudança*, como um *contrato social* e ainda como *construção, compromisso entre os sujeitos envolvidos*. Com toda esta diversidade de compreensão sobre o significado de parceria, torna-se necessário destacar que na proposta de educação profissional governamental este é um termo forte, mas que tem múltiplos significados. A parceria que se deseja, numa proposta em que a formação do trabalhador como cidadão seja o foco, pode ser entendida como parceria interinstitucional, na qual acontece um compromisso coletivo para o alcance de objetivos comuns, promovendo o desenvolvimento teórico-metodológico, envolvendo currículos, metodologias pedagógicas, produção de materiais didáticos, para o desenvolvimento de um processo de qualificação/requalificação profissional; e

— Menegasso (1998) aponta também alguns elementos para a empregabilidade, tais como: educação formal; educação continuada; educação geral/cultura geral; ser ético; ter consciência crítica e de cidadania; ter competências técnicas, conceituais e políticas; ser empreendedor/intra-empreendedor; ter autodesenvolvimento e auto-treinamento; saber usar os instrumentos de trabalho, elementos estes importantes para a construção de um ator social e não apenas um mero trabalhador empregável.

Estas estratégias também têm relação com a área da saúde e da Enfermagem, bem como os aspectos relacionados com a reestruturação produtiva, a empregabilidade, e a flexibilidade.

IMPLICAÇÕES PARA A ÁREA DA SAÚDE/ENFERMAGEM

A área da saúde, tal como os outros setores produtivos, está sofrendo com a política do Estado mínimo, ou seja, o enxugamento dos gastos públicos. Com isso, o que estamos vivenciando é a redução drástica nos investimentos, principalmente os relacionados à área social (educação, saúde, habitação); a flexibilização das formas de trabalho (aqui entendida como desregulamentação do trabalho), que traz como *economia pública* a redução dos investimentos na saúde, precarizando as condições de trabalho; a redução da jornada de trabalho com redução proporcional dos salários; a redução das multas contratuais das empresas por demissões, os planos de demissões voluntárias, redução da abrangência do seguro desemprego, além da contratação de pessoal não qualificado para as ações de saúde, com baixos salários. O que está ocorrendo é a crescente desregulamentação dos mecanismos de proteção ao trabalhador e o aumento da exclusão social. Sendo assim, não podemos esquecer de que frente à realidade do "desemprego" a população está cada vez mais pobre e, portanto, infelizmente, mais doente, e as instituições públicas com menos recursos para atender a esta demanda (Albuquerque, 1998).

A área da saúde, e conseqüentemente a da Enfermagem, encontra-se no setor terciário da economia (setor de serviços), o qual mantém possibilidades de expansão, o que significa que as questões relacionadas ao desemprego ainda não estão tão presentes nesta área. Vale ressaltar, no entanto, que é este mesmo setor em que a precarização das condições de emprego se sobressaem, principalmente se levarmos em conta o grande contingente de trabalhadores não qualificados e explorados com baixos salários em relação às responsabilidades desenvolvidas em seu trabalho, o que pode ser considerado como um subemprego (Albuquerque, 1998).

Nogueira (1997) destaca três aspectos fundamentais e interdependentes do trabalho em saúde que o diferencia dos demais. São eles: inclusão no conjunto dos demais processos de trabalho (por ser uma ação coletiva); caracteriza-se por ser um *serviço* que é realizado por pessoas e para pessoas e não sobre objetos; e é um serviço que se fundamenta na inter-relação pessoal, requerendo a participação e o envolvimento de quem consome e de quem presta serviço.

Este setor, apesar dos avanços tecnológicos, ainda não substitui significativamente a mão-de-obra; há necessidade de qualificação-requalificação para o trabalho, principalmente do pessoal de nível médio, ressaltando a valorização da subjetividade, do relacionamento humano. Esta perspectiva, apontada para o século XXI, reflete-se nos valores éticos, e não na racionalidade econômica (Almeida, 1996).

Desta forma, as oportunidades se ampliam frente ao incentivo governamental para a profissionalização do pessoal de enfermagem, fazendo parte de um plano mais global de qualificação e requalificação do trabalhador. Contudo, não podemos fazer uma análise romântica da situação; assim, é importante destacar a ambigüidade que pode existir nos documentos oficiais como os do SEFOR (1999), nos quais a eduçação profissional tem como finalidade preparar para o mercado, na perspectiva da empregabilidade – entendida não somente como a capacidade do cidadão obter um emprego, mas também de se manter em um mercado de trabalho em constante mudança. Como uma destas possibilidades podemos apontar o PROFAE (Projeto de Profissionalização de Trabalhadores da Área de Enfermagem), uma iniciativa do Ministério da Saúde, que se propõe a "oferecer cursos profissionalizantes gratuitos aos trabalhadores de enfermagem que já estão empregados em estabelecimentos ou serviços de saúde, mas que precisam adquirir novos conhecimentos para garantir o emprego, melhorar e humanizar ainda mais o serviço prestado" (M. S., 1999, p. 2). Esta proposta se apresenta como uma alternativa viável para a capacitação destes profissionais, respondendo a uma preocupação antiga da Enfermagem enquanto profissão.

O processo de educação no trabalho, colocado na perspectiva da construção da cidadania como um processo de reflexão da prática e construção de uma nova realidade, traduz nosso pensamento quanto à formação de um profissional crítico. Contudo, o risco está na possibilidade de reduzir a educação às necessidades do mercado de trabalho e à lógica empresarial (Franco, 1998), que para o setor saúde passa a ser entendido no âmbito das políticas de privatização da saúde (dos convênios de saúde, das clínicas especializadas – públicas e privadas, dos hospitais, e porque não dizer das empresas agenciadoras de cuidados domiciliares).

Porém, várias possibilidades se descortinam, tendo em vista a preocupação que os partidos, sindicatos e as diferentes instituições formadoras têm com a formação, qualificação/requalificação do trabalhador frente a "uma nova cultura do trabalho". Neste caso, segundo Frigotto (1998, p. 3), a perspectiva que se apresenta "é o controle democrático, e portanto transparente, do fundo público e dos processos contínuos do projeto educativo da classe trabalhadora. A filosofia da relação trabalho e educação, formação profissional para jovens e adultos não pode reduzir-se a mero adestramento. Necessita desenvolver-se na ótica do desenvolvimento do conjunto de capacidades humanas necessárias à produção de valores de uso econômico, cultural, político, estético. Tem que fornecer elementos de formação técnica, científica e política".

Frente ao exposto nos perguntamos: as instituições formadoras estão preparadas para enfrentar esta realidade? Qual o papel destes agentes formadores para atingir o perfil do profissional competente técnica e politicamente? Como estão sendo preparados os docentes nesta visão de empregabilidade?

Contudo, "não podemos atribuir à educação, em geral, e à formação profissional em particular, o papel definidor das relações de poder no plano econômico e político. Ao contrário, os processos educativos são dominantemente condicionados pelas relações de poder político e econômico" (Frigotto, 1999, p. 13). Desta forma também entendemos como é falsa a tese defendida pelos poderes governamentais, de que os sistemas educacionais e de formação profissional ao desenvolverem competências para o mercado de trabalho desenvolvem o trabalhador em sua multidimensionalidade. Há necessidade de que os executores de formação profissional tenham clareza de que o trabalhador é um indivíduo, e como tal tem desejos, vontades, sonhos, não é um mero consumidor de formação em função do que aponta o mercado de trabalho.

Na Enfermagem, muitos profissionais já formamos em decorrência das necessidades de mercado; ora a formação centrava-se na área coletiva, ora na assistência individual. Pensamos que, neste momento, a formação deve centrar-se no profissional competente técnica e politicamente, mas também no profissional como indivíduo, ser que cuida e precisa também ser cuidado, que visa ao mercado de trabalho e à sua colocação frente às mudanças tecnológicas, incluindo em sua formação a ética, a solidariedade, o compromisso com a população, com a equipe de trabalho, o seu ser individual e não individualizado, que busca a formação enquanto complementação de si, mas também visando ao outro, não em função da competitividade, mas do companheirismo, da troca, do compartilhar.

A par destas reflexões, muitas são as inquietações que permanecem; algumas possuem respostas, outras nos exigem continuar buscando, refletindo... Estas inquietações podemos expressar nos seguintes questionamentos:

— Qual o significado da formação para o trabalho numa sociedade onde cresce o desemprego?

— Por que a qualificação/requalificação profissional está despertando o interesse governamental?

— Que estratégias, que envolvem a coletividade, estão sendo propostas (pelos órgãos de classe, sindicatos, associações não governamentais) para inibir a sociedade que cultua o individualismo?

— Qual é o poder que os processos educativos e de qualificação possuem para conferir aos milhões de desempregados a "empregabilidade"?

Estes questionamentos exigem o impulso de buscarmos respostas que fortaleçam os trabalhadores da saúde, e em especial os de enfermagem, para enfrentarem as dificuldades impostas pelas transformações no mundo do trabalho. Há que se enfrentar o conformismo, a mesmice, contrapor o velho e o novo, idealizar e realizar com criatividade propostas alternativas de saídas para a crise, buscando a cidadania do trabalhador.

Somos conformistas de algum conformismo, somos sempre homens-massa ou homens-coletivos (...) O problema é o seguinte: qual é o tipo histórico do conformismo e de homem-massa do qual fazemos parte?

Antonio Gramsci

REFERÊNCIAS BIBLIOGRÁFICAS

ALBUQUERQUE, Gelson Luiz de. Formas de regulamentação e desregulamentação do trabalho. In: HORR, Lidvina, SOUZA, Maria de Lourdes de, REIBNITZ, Kenya Schmidt (Orgs). *Fundamentando o exercício profissional do técnico em enfermagem.* Florianópolis: NFR/CCS/UFSC, 1998. p. 101-117.

ALMEIDA, José Luís Telles de. Desafios éticos na formação de profissionais auxiliares em saúde. In: Escola politécnica de Saúde Joaquim Venâncio (org). *Formação de pessoal de nível médio para a saúde: desafios e perspectivas.* Rio de janeiro: Fio Cruz, 1996. p. 47-59.

ANTUNES, Ricardo. *Adeus ao Trabalho?:* ensaio sobre as metamorfoses e a centralidade do mundo do trabalho. 3. ed. São Paulo: Cortez; Campinas: Universidade Estadual de Campinas, 1995.

BAUMGRATZ, Euler de Paula, BRANDÃO, Lúcia Sander. Empregabilidade x trabalhabilidade: da renovação externa à transformação interna. In: *Informativo dos hospitais – AHMG*, setembro, 1998. http://www.ahmg.com.br/empr-tra.htm

BRASIL. Constituição da República Federativa do Brasil. *Diário Oficial* [da República Federativa do Brasil], Brasília, 05 de out. 1988.

CASTEL, Robert. As metamorfoses do trabalho. In: FIORI, José Luís et alli. *Globalização:* o fato e o mito. Rio de Janeiro: UERJ, 1998.

CATTANI, Antônio David. *Trabalho & autonomia.* Petrópolis: Vozes, 1996.

CATTAUI, Maria Livanos. Oportunidades na economia global. In: HESSELBEIN, F., GOLDSMITH, M., BECKHARD, R. *A organização do futuro.* São Paulo: Futura, 1997. p.169-177.

CHAGAS, Henrique. *O liberalismo, o neoliberalismo econômico e a Constituição Federal.* http://www.teiajuridica.com/gl/liberalismo.htm

FORRESTER, Viviane. *O horror econômico.* São Paulo: Universidade Estadual Paulista, 1997.

FRANCO, Maria Ciavatta. Formação profissional para o trabalho incerto: um estudo comparativo Brasil, México e Itália. In: FRIGOTTO, Gaudêncio (org). *Educação e crise do trabalho:* perspectivas do final do século. Petrópolis: Vozes, 1998. p.100-136.

FRIGOTTO, Gaudêncio. Formação técnico-profissional: da política social para a assistência e alívio da pobreza. *Unitrabalho informa.* Ano II, n° 5, junho 1998.

_____. Prefácio. In: AUED, Bernardete Wrublevski (org.). *Educação para o (des)emprego.* Petrópolis:Vozes,1999. p.7-13

GENTILI, Pablo. O conceito de "empregabilidade". In: *Anais do Seminário Nacional sobre avaliação do Planfor:* uma política pública de educação profissional em debate. São Carlos, 4 e 5 de março de 1999. São Paulo: UNITRABALHO, 1999. Cadernos UNITRABALHO 2.

HIRST, Paul. Globalização: mito ou realidade? In: FIORI, José Luís et al. *Globalização: o fato e o mito.* Rio de Janeiro: UERJ, 1998.

MARTINS PEREZ, Jesus. *Dialética do trabalho e sociedade brasileira.* http://www.cra.rj.org.br/dramatiz-i.htm

MARX, Karl. *O capital:* crítica da economia política. São Paulo: Abril Cultural, 1983. (Os economistas, vol 1, livro 1.)

MENEGASSO, Maria Ester. *O declínio do emprego e a ascensão da empregabilidade:* um protótipo para promover a empregabilidade na empresa pública do setor bancário. Tese de doutorado. Curso de Pós-graduação em Engenharia de Produção. Florianópolis, 1999. http://www.eps.ufsc.br/teses99/ester/index.html

MINISTÉRIO DA SAÚDE. *PROFAE* (Projeto de profissionalização de trabalhadores da área de Enfermagem). *Sua chance de crescer.* Brasília. 1999. 8 p.

NOGUEIRA, Roberto Passos. As dimensões do trabalho em saúde. In: AMÂNCIO FILHO, Antenor, MOREIRA, Maria Cecília G. B. (org.). *Saúde, trabalho e formação profissional.* Rio de Janeiro: Fio Cruz, 1997. p. 71-79

NUNES, Edison. Notas sobre as possibilidades e, sobretudo, os limites das políticas de emprego. In: BÓGUS, Lúcia e PAULINO, Ana Yara (orgs.) *Políticas de emprego, políticas de população e direitos sociais.* São Paulo: EDUC, 1997.

OSÓRIO, Antonio. Educação profissional em parcerias: tensões, limites e possibilidades. In: *Anais do seminário nacional sobre avaliação do Planfor:* uma política pública de educação profissional em debate. São Carlos, 4 e 5 de março de 1999. São Paulo: UNITRABALHO, 1999. Cadernos UNITRABALHO 2. p. 126-139.

PIRES, Denise. *Reestruturação produtiva e trabalho em saúde no Brasil.* São Paulo: Annablume, 1998.

PIRES, Elson Luciano Silva. O discurso e as políticas de emprego. In: BÓGUS, Lúcia e PAULINO, Ana Yara (orgs.) *Políticas de emprego, políticas de população e direitos sociais.* São Paulo: EDUC, 1997.

POCHMANN, Márcio. Políticas de emprego e renda no Brasil: algumas considerações. In: BÓGUS, Lúcia e PAULINO, Ana Yara (orgs.) *Políticas de emprego, políticas de população e direitos sociais.* São Paulo: EDUC, 1997.

RIFKIN, Jeremy. *O fim dos empregos:* o declínio inevitável dos níveis dos empregos e a redução global do trabalho. São Paulo: Makron Books, 1995.

SALM, Cláudio. As metamorfoses do trabalho. In: FIORI, José Luís et al. *Globalização:* o fato e o mito. Rio de Janeiro: UERJ, 1998.

SALM, Cláudio; SABÓIA, João e CARVALHO, Paulo A. M. de. O desemprego e o pensamento neoliberal. In: *Unitrabalho informa.* Ano III, n° 8, abril/maio 1999.

SEFOR – Secretaria de Formação e Desenvolvimento Profissional. *Educação Profissional e empregabilidade: o repensar da educação. http://www.mtb.gov.br/serv/ eduprof/edpro02c.htm*

SOUZA, Herbert de. A humanidade não pode mais esperar. In: GUIMARÃES, Gonçalo. *Ossos do ofício:* cooperativas populares em cena aberta. Rio de Janeiro: Incubadora Tecnológica de Cooperativas Populares/UFRJ, 1998.

TIRIBA, Lia Vargas. Economia popular e produção de uma nova cultura do trabalho: contradições e desafios frente à crise do trabalho assalariado. In: FRIGOTTO, Gaudêncio (org). *Educação e crise do trabalho:* perspectivas do final do século. Petrópolis: Vozes, 1998. p. 189-216.

VÁZQUEZ, Adolfo Sánches. *Filosofia da práxis.* 4. ed. Rio de Janeiro: Paz e Terra, 1986.

EXCLUSÃO SOCIAL:
A DESIGUALDADE DO SÉCULO XX

Eda Schwartz[1]
Vera Maria Ribeiro Nogueira[2]

Resumo

As diferenças que favorecem distinções e classificações estruturam o objeto de reflexão do presente texto – o "ser igual" e o "não ser igual" – no mundo de hoje, ou seja, o fenômeno da exclusão social, ou questão social, como indicam alguns autores. O que se pretende é resgatar certos ângulos que devem ser considerados na questão da igualdade/desigualdade e as expressões contemporâneas que esta assume e, especialmente, como vem sendo retomada tanto no aspecto ético-político como sociocultural.

Abstract

The diferences that promote distinctions and classifications are the structures for the object of reflection of this text, which is the fact of "being equal" or "not equal" in the present days, i.e., the social exclusion phenomenon or the social question as classified by some

---

[1] Mestra em Enfermagem pela UFSC, Professora do Departamento de Enfermagem da Universidade Federal de Santa Maria. Campus Universitário, fone + 55 (0XX) 53 2733837 e +55 (0XX) 48 996 5808. eda@repensul.ufsc.br

[2] Mestra em Serviço Social pela PUC-SP, Professora do Departamento de Serviço Social da Universidade Federal de Santa Catarina, Campus Universitário, fone +55 (0XX) 48 - 3319540, fax +55 (0XX) 48-3319585, vera@mbox1.ufsc.br

authors. What one intends is the rescue of certain aspects that should be considered when one reflects about the equality/inequality question and the contemporary expressions it assumes, specially the way it has been retrieved both in the ethic-political and socio-cultural aspects. As another approach to the matter, we have considered the link of the theme to the social rights and to trends related to social protection.

Palavras-chaves

Direitos sociais, exclusão social, igualdade.

Key-words

Social rights, social exclusion, equality.

INTRODUÇÃO

Notícias[3] veiculadas em apenas dois dias em um jornal de circulação nacional têm, em comum, o fato de marcarem diferenças, favorecendo distinções e classificações, as quais estruturam o objeto de reflexão do presente texto, que é o fenômeno da exclusão social, ou questão social, como categorizam alguns autores. O que se pretende é resgatar certos ângulos que podem ser considerados quando se reflete sobre tal questão e as expressões contemporâneas que esta assume.

---

[3] *"Skinheads, punks* e carecas reaparecem nas grandes cidades, assassinando um adestrador de cães porque parecia homossexual e chamando, assim, a atenção para a questão dos 'incidentes de ódio'. Muitos outros 'inimigos' foram surrados seguindo o mesmo padrão: ataques de muitos contra poucos indefesos, escolhidos aleatoriamente pelo simples fato de serem negros, nordestinos, *gays, punks* ou judeus" (*Folha de S. Paulo*, 2000, p. 1);
"81% dos jovens presos no Rio tinham sustento e citam como motivo para o crime o desejo de consumir, com 29% até das necessidades materiais básicas atendidas" (*Folha de S. Paulo*, 2000, p. 1);
"Juiz mantém privilégio a paciente que paga no HC. Com a decisão, pacientes que possuem convênios ou que pagam pelos serviços continuarão a usufruir de hotelaria diferenciada e atendimento privilegiado – não estão sujeitos a filas, por exemplo, ao contrário do que ocorre com pacientes que dependem do SUS" (*Folha de S. Paulo*, 2000, p. 1).

Enquanto um fenômeno social e individual abrangente, a exclusão social vem sendo construída e reconstruída nas relações cotidianas sendo revestida de matizes ideológicos que obscurecem aspectos significativos para sua apreensão analítica. Pode-se dizer, em outros termos, que cada um dos domínios do conhecimento que aborda a igualdade e a desigualdade, ou seja, a exclusão social, apresenta uma tendência para segmentar e parcializar a abordagem em focos estritos e de alta densidade explicativa, não os articulando, entretanto, entre si.

Buscando relacionar as várias interfaces da igualdade/desigualdade que conformam a exclusão/inclusão social, o passo inicial será identificar o significado atribuído aos direitos sociais e situar os enfoques que vêm permeando e dando o tom ao debate. Com isso se pretende visualizar o seu significado nos diferentes espaços geográficos e distintas temporalidades.

Quando se acentua o binômio igualdade/desigualdade parte-se do suposto que são termos de uma relação, um não existindo sem o outro, independentes tanto do registro em que são abordados, isto é, no plano social, cultural, econômico e político, como do espaço de sua realização, ou seja privado/público, geográfico e temporal. O que os distingue e os diferencia são os conteúdos e significados que lhes são atribuídos, que por sua vez impõem as formas de sua superação ou sedimentação.

Assim, para se entender o que é "ser igual" e o não "ser igual" devem-se rever alguns aspectos de sua construção histórica e os processos recentes de globalização ou mundialização, com as conseqüentes derivações para as questões da pobreza, de raça/etnia e de gênero[4].

O binômio igualdade/desigualdade se expressa, hoje, em termos de exclusão social, novo e sugestivo nome para a antiga questão social[5], que é recolocada em novos patamares e enfoques.

---

[4] Em relação à igualdade e eqüidade entre os sexos, este foi um dos temas abordados na Conferência Internacional sobre População e Desenvolvimento (1994) que propõe o alcance da igualdade e a eqüidade entre homens e mulheres.

[5] A noção de questão social de Robert Castel incorpora os diversos aspectos que lhe dizem respeito, fugindo, assim de uma abordagem economicista que limita a apreensão do fenômeno em sua abrangência. Conceitua questão social como uma "aporia fundamental sobre a qual uma sociedade experimenta o enigma de sua coesão e tenta conjurar o risco de sua fratura. É um desafio que interroga, põe em questão a capacidade de uma sociedade (o que, em termos políticos, se chama nação) para existir como um conjunto ligado por relações de interdependência"(Castel, 1998, p. 30).

Para alguns autores[6] o termo exclusão é impreciso, ou seja, não existe exclusão: existe uma contradição, existem vítimas de processos sociais, políticos e econômicos excludentes; existe o conflito pelo qual a vítima de tais processos proclama seu inconformismo, seu mal-estar, sua revolta, sua esperança, sua força reivindicativa e sua reivindicação corrosiva. Essas reações não ocorrem fora dos sistemas econômicos e de poder. Elas constituem tais sistemas, fazem parte deles, mesmo que negando. As reações não ocorrem de fora para dentro, mas dentro da realidade que produziu os problemas que as causam (Martins, 1997, p. 14).

Castel et al. (1997, p. 16) critica a utilização do termo *exclusão social*, argumentando que o "uso impreciso desta palavra é sintomático, isto é, oculta e traduz, ao mesmo tempo, o estado atual da questão social", apontando algumas características que permitiram o uso controlado da noção em debate. A questão social, hoje reposta ao que se convencionou chamar "nova questão social"[7], segundo ainda o mesmo autor, é uma noção analítica mais apropriada para nomear e analisar as sociedades atuais, plenas de riscos e fraturas sociais, com uma ampliação desmedida da desigualdade em suas várias e mutáveis expressões.

EXCLUSÃO SOCIAL: UMA INCURSÃO ÉTICO-POLÍTICA

A igualdade, enquanto categoria ético-política, está relacionada aos direitos fundamentais que constroem a cidadania contemporânea, significando direitos tanto no que se refere à garantia de liberdades civis e políticas quanto no que se refere à distribuição dos bens materiais e imateriais socialmente produzidos. Foi com base nesta possibilidade de igualdade, aliada à liberdade, que se cons-

---

[6] Entre os autores que discutem a temática da igualdade/desigualdade nos dias de hoje, isto é, a exclusão social como uma das faces da questão social, estão Robert Castel, Vera Telles, José de Souza Martins, Luis Eduardo Wanderley e Elimar Nascimento.

[7] "Nova questão social – categoria renovada pelos disfuncionamentos da sociedade industrial de massa indicando uma inadaptação dos antigos métodos de gestão social. O disfuncionamento social aliado ao problema do financiamento questiona os princípios organizacionais da solidariedade e da concepção de direitos sociais produzindo um quadro insatisfatório para pensar a situação dos excluídos ou desfiliados" (ARCO-VERDE, 1999, p. 75).

truíram os Estados modernos, sendo tais valores reconhecidos como fundamentais nas democracias modernas.

Norberto Bobbio (1996) coloca que enquanto liberdade é um estado, igualdade é uma relação que se estabelece entre as pessoas. Então se diz que é sempre *igualdade em que e igualdade entre quem.* Sen (1999) confirma que é necessário responder à pergunta: *igualdade de quê?* A eqüidade, em seu sentido clássico, aristotélico, supõe uma diferença, ainda que consensual em princípio. Refere-se mais às partes que cabem a cada um, independente da igualdade ou não (Nogueira, 1999).

Na antiga Grécia, as idéias de liberdade e igualdade caminhavam juntas, sendo a primeira a garantia da segunda. Aristóteles distinguia "uma igualdade numérica – todos serem iguais e identicamente tratados no número e volume das coisas recebidas –, a distribuição de partes iguais aos iguais; e, uma igualdade proporcional – na qual a quantidade de um ônus ou benefício é função crescente da característica especificada pela regra da distribuição" (Bobbio 1992, p. 56). Com o desaparecimento das repúblicas antigas a igualdade foi sendo ampliada e revista, com um longo processo de construção feito pela jurisprudência, filosofia e cristianismo – a tradição do pensamento ocidental (Sartori, 1994).

No *Discurso sobre a origem e os fundamentos da desigualdade entre os homens,* Rousseau (1981, p. 29) é taxativo em afirmar que há uma igualdade natural entre os homens e uma desigualdade construída, sendo que, em sua proposição de organização social, uma combinação bem dosada entre as duas seria favorável para a manutenção da ordem pública e felicidade dos homens. Conforme o mesmo autor (Rousseau apud Sartori, 1994, p. 107) "é exatamente porque a força das circunstâncias sempre tende a destruir a igualdade que a força da legislação deve sempre tender a manter".

Locke, em sua *Carta acerca da intolerância* (1978, p. 97) ressalta que: "Denomino bens civis a vida, a liberdade, a saúde física e a libertação da dor, e a posse de coisas externas, tais como terra, dinheiro, móveis, etc. É dever do magistrado civil, determinando imparcialmente leis uniformes, preservar e assegurar para o povo em geral e para cada súdito em particular [sem grifos no original] a posse justa dessas coisas que pertencem a esta vida".

Haveria, assim, uma igualdade garantida na esfera da sociedade civil para cada cidadão, fundamentada em sua existência contratual jurídica É interessante observar que, a partir da exigência da mão-de-obra livre, do trabalho assalariado, requisito essencial do capitalismo, os considerados desiguais passam a ser os mendigos e "vagabundos". "Uma lei de Henrique VIII prevê que os vagabundos robustos sejam condenados ao chicote; amarrados à traseira de uma charrete, serão chicoteados até que o sangue jorre de seu corpo. Após o que serão encarcerados" (Suret-Canale, 1999, p. 29).

Para Hobbes (1973) os homens deteriam uma igualdade natural, competitiva e egoísta, que deveria ser dominada por uma ordem superior absoluta – a soberania do Estado, responsável por assegurar a vida e a segurança da sociedade. A igualdade entre os homens seria encontrada tanto nos aspectos físicos como intelectuais e morais, conforme o assinalado na seguinte idéia de Hobbes (1973, p. 48): "A natureza fez os homens tão iguais quanto às faculdades do corpo e do espírito que, embora por vezes se encontre um homem manifestamente mais forte de corpo, ou de espírito mais vivo do que outro, mesmo assim, quando se considera tudo isto em conjunto, a diferença entre um e outro homem não é suficientemente considerável para que qualquer um possa com base nela reclamar qualquer benefício a que outro não possa também aspirar, tal como ele".

Esta igualdade é também relativa à capacidade dos homens de atingir os fins e o bem comum, o que pode ser objeto de litígios se os desejos forem os mesmos.

Para Hobbes, assim como para Aristóteles, parece que o sentido de igualdade equivale ao de eqüidade, pois o primeiro é explícito quando afirma "que as coisas que não podem ser divididas sejam gozadas em comum, se assim puder ser e, se a quantidade da coisa o permitir, sem limite; caso contrário, proporcionalmente ao número daqueles a que a ela têm direito. Caso contrário, a distribuição seria desigual e contrária à eqüidade" (Hobbes, 1973, p. 53).

Fica patente que o critério usado para a justiça é o do mérito e que a distribuição eqüitativa faz parte da natureza. O liberalismo clássico garantia uma igualdade de proteção à liberdade, à vida e à propriedade a todos os indivíduos, fundamento do contrato social. Persistia a distinção de quem era o indivíduo com liberdades civis garantidas, isto é, os proprietários, excluindo-se os negros e os índios.

Giddens (1996) fala de um modelo gerativo de igualdade, que viria a abranger as quatro extensas dimensões da modernidade – a redução da pobreza (absoluta ou relativa), restaurar a degradação do meio ambiente, contestar o poder arbitrário e reduzir o papel da força e da violência na vida social. Justifica e sugere que a busca da igualdade deve ultrapassar as tradicionais dicotomias esquerda e direita, países ricos e pobres e as questões de gênero, que devem ser vistas por outro prisma.

Uma das dificuldades para se apreciar a concepção de igualdade é a sua dubiedade, isto é, ela não tem um sentido único, podendo ser aplicada tanto quando se fala em *idêntico* e como quando se fala em *igual*, o que pode chegar a conotar justiça. Há uma fusão de aspectos naturais com julgamentos de ordem moral, o que dificulta resolver o impasse. Quando se argumenta partindo de princípios da ordem valorativa, a igualdade é justa quando se reconhecem as desigualdades naturais. Assim, para Sartori (1994, p. 110): "Se a igualdade é um princípio moral, então buscamos a igualdade por pensarmos que é um objeto justo – não porque os homens sejam idênticos, mas porque sentimos que devem ser tratados como se fossem (embora na realidade não sejam). Isto é atestado historicamente, pelo fato de nossos princípios igualitários mais fundamentais (isto é, ser igual em liberdade, leis iguais, igualdades perante a lei) não terem derivado da premissa que os homens são idênticos [...] No momento em que separamos o sentido moral do sentido físico de igualdade, percebemos que a verdade é exatamente o oposto. Afirmamos que é justo promover certas igualdades precisamente para compensar o fato de que os homens nascem ou podem nascer diferentes".

Contemporaneamente há também uma cisão entre liberdade e igualdade, sendo reconhecido que o liberalismo econômico induziu a desigualdades no acesso tanto a direitos fundamentais quanto a uma justa distribuição dos bens materiais e imateriais próprios da modernidade. A ordem societária atual busca uma série de igualdades justas que não são coincidentes e não vêm, automaticamente, na esteira da liberdade[8].

---

[8] Por exemplo, a proposições da social-democracia indicam mais ou maior igualdade com uma certa restrição da liberdade, desde que não seja incompatível com o desenvolvimento capitalista. Atualmente esta tensão vem se fragilizando, parece que chegando a um extremo de se olvidar a igualdade. Mesmo as propostas da Terceira Via de um modelo gerativo de igualdade acoplado ao de nivelamento (GIDDENS, 1996) são débeis face à situação de profunda desigualdade distributiva nos e entre os países. A proposição de mudança de estilo de vida, buscando de outras formas o que Giddens considera bens relevantes – segurança, amor próprio e auto-realização – parece ser difícil de ser alcançado igualmente por todos.

No debate sobre a igualdade, hoje, no plano ético-político perpassa o que se denomina igualitarismo complexo, que contém um adensamento da idéia de igualdade, enriquecendo-a com outros valores e mesmo transigindo em relação a esta em alguns casos para manter uma justiça nos arranjos sociais, reordenando assim as desigualdades justas. Por outro lado uma restrição ao ideal de igualdade absoluta se justifica a partir da diversidade empírica das pessoas, o que forneceria argumentos para a naturalização de desigualdades do mundo social. Coloca Kerstenezky (1999, p. 6) que o igualitarismo seria condicionado tanto pela presença de outros valores como pela postulação natural da diversidade humana.

Tal posição teórica contrapõe-se às críticas ao ser humano abstrato, disseminada entre a esquerda pós-moderna e os teóricos mais radicais dos movimentos negro e feminista nos Estados Unidos, expressa no elogio indiscriminado da diferença, reiterando antigos posicionamentos do século passado, como os de Edmund Burke e Joseph de Maistre, que "em plena luta contra a idéia de direitos humanos universais aferravam-se à constatação empírica das diferenças" (Coelho, 1999).

Pierucci (1999) afirma que a luta contra as várias discriminações, ao mesmo tempo que procura afirmar a identidade, o valor e a originalidade de um segmento ou grupo, legitima que as diferenças sejam enfocadas e as distâncias alargadas em nome de uma singularidade primária.

Complementando, na mesma direção Coelho (1999, p. 3) refere: "No fundo, o problema dessa e outras 'ciladas' talvez seja redutível a um mal-entendido lingüístico: só posso defender quem é 'diferente' em nome da igualdade, mas a defesa do 'diferente' passa a se chamar, num modismo pós-moderno, defesa da 'Diferença', com letra maiúscula... e aí, evidentemente, a igualdade fica falando sozinha".

Túlio Kahn (2000) recupera o risco simbólico que significa os ataques às minorias. Lembra que os grupos que mantêm tais práticas são perigosos porque defendem idéias que estão adormecidas na sociedade, ainda que abrandadas. Isso pode ser evidenciado na seguinte afirmativa de Kahn (2000, p. 3): "Conheço bons cidadãos, que não se julgam racistas nem de extrema direita, tampouco andam de cabeças raspadas, que compartilham em algum grau noções do tipo 'o Sudeste sustenta o resto do país', 'nossas prisões estão cheias de negros e nordestinos', 'os *gays* são os responsáveis pela epidemia da aids', que xingam os demais de 'baianos' e afirmam que jamais votariam numa nordestina ou num negro para a prefeitura".

A igualdade, analisada em sua dimensão antropológica, traz a noção da cultura do diferente, do exótico, do desviante e do anormal. A busca do diferente, do exótico tem um poder mobilizador que impulsiona ou impulsionou grande parte das descobertas humanas, sendo, portanto, um aspecto positivo no processo civilizatório. Gerd Borhein[9] aponta que, em passado distante, a busca das especiarias, das sedas, de novos mundos e civilizações – a busca pela novidade enquanto alteração da mesmice – possibilitou a era das descobertas e o progresso subseqüente, a busca do outro, do diferente, do que não é igual e que pode contribuir para enriquecer uma civilização.

Por outro lado, a contrapartida do diferente, do exótico, é o que tem de ameaçador às culturas estabelecidas e que, desta forma, deve ser mantido a uma distância segura. Os mecanismos para manter tal distância são diferenciados e estabelecidos pelo corpo social no sentido de manutenção de sua coesão. Assim, as ameaças devem ser afastadas e o medo é transformado em atitudes preconceituosas, em esquemas de exclusão do convívio social, em privações de todo o tipo. Não há o sentido da alteridade, do respeito ao outro que é diferente e que participa de minha existência exatamente como é, sem ser igual a mim (Jacquard apud Barroco, 1999).

Do mesmo modo, Riu e Morató (1999) apontam que: *"Es la alteridad, o causa de distinción, entre dos o más cosas o individuos, de modo que puede hablarse de lo que es numéricamente distinto, cuando dos cosas se distinguen sólo por ser individuos distintos dentro de una misma especie, o de lo que es específicamente distinto, porque las cosas o individuos pertenecen a especies distintas. La diferencia permite la distinción y la clasificación"* .

A diferença, portanto, tem a possibilidade de classificar o que é distinto e de classificar positiva ou negativamente os indivíduos e grupos. O atributo que marca a distinção merece um olhar condescendente ou rigoroso em decorrência de sua relação com o todo social. Do mesmo modo, a diferença é sempre relacional, relativa a algo ou a alguém. Complementando, Santos (1995) diz que se deve

---

[9] Conferência pronunciada na 51ª Reunião Anual da SBPC, em Porto Alegre, em 13 de julho de 1999, intitulada "Democracia e Alteridade".

buscar a igualdade sempre que a diferença inferiorizar as pessoas e manter a diferença quando a igualdade descaracterizar o ser humano enquanto pessoa.

Eqüidade, por sua vez, impõe a busca da igualdade através do reconhecimento da desigualdade. A eqüidade diz respeito à justiça, à imparcialidade, em sua acepção original. O que é justo ou não? Em que medida? Como auferir a justiça? Estas questões estão no epicentro da discussão sobre a relação eqüidade e igualdade.

Entre os autores contemporâneos, John Rawls[10] é que vem tratando de forma sistemática a relação entre justiça, liberdade, igualdade e eqüidade. Sua contribuição à discussão sobre a justiça social é inegável, ainda que polêmica, e vem instigando, de forma constante, debates sobre a temática.

Considera Rawls (1997) que uma concepção partilhada de justiça estabelece e fundamenta a convivência cívica e tem sua expressão formalizada nas cartas constitucionais. Distinguindo o conceito de justiça da concepção de justiça, considera que uma instituição social é justa quando não faz distinção arbitrária entre as pessoas na atribuição de direito e deveres e quando determina um equilíbrio adequado entre solicitações plurais e conflitantes entre as pessoas[11].

A eqüidade enquanto princípio ético-político vem subsidiando propostas de ordenamento que veiculam uma outra idéia de justiça e igualdade. Tais posições, centradas na confluência sociedade-mercado vêm merecendo críticas cerradas dos defensores de uma igualdade de resultados, como Petrella (1999): *"... le marché réalise la véritable justice sociale par 'l'équité'. Contrairement à l'Etat du bien-être, présenté comme un facteur d'injustice parce que sa politique redistributive pénaliserait l'initiative individuelle, la 'société de marché' serait profondément juste. En permettant à tout individu d'entrer en concurrence, elle lui donne en effet la possibilité de se*

---

[10] John Rawls é considerado um autor bastante polêmico, sendo que considera sua obra principal *Uma teoria da justiça* uma alternativa ao utilitarismo, que pensa ser frágil para dar fundamento às democracias ocidentais. Outros autores, como Riu e Morato (1998) apontam que sua proposta reatualiza o utilitarismo.

[11] Esta posição de Rawls me parece que recoloca um problema, já apontado na concepção de cidadania de Marshall, que é o de definir o que é o adequado e qual o limite do arbitrário. Ainda que Rawls complemente indicando algumas saídas, especialmente a partir de critérios normativos, é um ponto que provoca polêmica. Penso ainda que é nesta posição que se encontra claramente colocada sua idéia de eqüidade como imparcialidade.

prendre en charge, d'assurer son bien-être par ses propres initiatives et par sa créativité. Cette thèse présente de grandes ressemblances avec la pensée de John Rawls, ainsi qu'avec celle des théoriciens de la 'troisième voie', tel Anthony Giddens, maître à penser de M. Anthony Blair".

A igualdade e a desigualdade, hoje, assumem um perfil específico decorrente de uma configuração particular dos modos da sociedade produzir e se reproduzir, segundo os princípio dominantes do sistema capitalista. Coloca-se a exclusão social como uma situação de hoje, retratada com percuciência por Castel (1998, p. 23): "....a presença, aparentemente cada vez insistente, de indivíduos colocados em situação de flutuação na estrutura social e que povoam seus interstícios sem encontrar aí um lugar designado. Silhuetas incertas, à margem do trabalho e das fronteiras das formas de troca socialmente consagradas – desempregados por período longo, moradores dos subúrbios pobres, beneficiários da renda mínima de inserção, vítimas das readaptações industriais, jovens à procura de emprego e que passam de estágio a estágio, de pequeno trabalho à ocupação provisória... – quem são eles, de onde vêm, como chegaram ao ponto em que estão, o que vão se tornar?".

Pode-se afirmar que a exclusão social não é um fenômeno relativamente novo. Vem na esteira do desenvolvimento capitalista desde o século passado e decorre da própria natureza de apropriação que tal sistema exige. "A exclusão social começou a caracterizar nossas sociedades democráticas bem antes da 'globalização', bem antes da 'tirania dos mercados financeiros', antes do sistema monetário europeu e vinte anos antes do tratado de Maastricht" (Généreux, 1999, p. 22). O que é novidade é a sua relevância nas últimas décadas. Robert Castel estabelece como marco da forte emergência da noção de exclusão, na França, o fim de 1992 e início de 1993[12]. Outros autores, de tendência culturalista, apontam a emergência da exclusão a partir das dificuldades de integração étnica e religiosas próprias deste fim de século, bem como o aprofundamento dos radicalismos religiosos e raciais.

Sposati (1999, p. 65) indica que: "Para entendermos a exclusão social são necessários vários recortes, pois se trata, ao mesmo tem-

---

[12] Castel relaciona a explosão da noção superação do patamar psicológico de mais de três milhões de desempregados, em fins de 1992.

po, de um fenômeno, de um processo, de uma lógica que possui várias interpretações. Esta multiplicidade de concepções permite afirmar que a exclusão social é relativa, cultural, histórica e gradual. Isto significa que a exclusão social pode variar entre os países, em diferentes momentos de um mesmo país, como também variar na sua graduação em um mesmo momento".

Enquanto uma categoria imprecisa, a exclusão, necessariamente, deve ser compreendida para além dos significados que o senso comum lhe atribui. A primeira e mais usual identificação é entre exclusão e pobreza, visão reducionista e que acentua o caráter econômico do processo e limita-o à capacidade aquisitiva de bens e materiais de consumo.

Nascimento (1994, p. 61) entende que o "excluído não é apenas aquele que se encontra em situação de carência material, mas aquele que não é reconhecido como sujeito que é estigmatizado, considerado nefasto ou perigoso à sociedade".

A inclusão supõe uma referência que adentra para a inclusão em determinados costumes e atividades, o que remete à dimensão cultural. Cada cultura constrói os seus sistemas de regulação e exclui, através destes sistemas, os que, aparentemente, não têm capacidade ou possibilidade de seguir tais padrões definidos como normais, passíveis de discriminação.

A exclusão, segundo Castel et al.(1997, p. 21), traduz, atualmente: "...situações que traduzem uma degradação relacionada a um posicionamento anterior. Assim é a situação vulnerável de quem vive de um trabalho precário, ou que ocupa uma moradia de onde poder ser expulso se não cumprir os seus compromissos. Os excluídos povoam a zona mais periférica, caracterizada pela perda do trabalho e pelo isolamento social".

Há o que Castel et al. (1997) denomina de instalação na precariedade, da cultura do aleatório, com as pessoas vivendo o dia-a-dia sem a possibilidade de estabelecer planos e projetos de vida, fora dos circuitos das relações de utilidade social – *os sobrantes*; é a exclusão da possibilidade do sonho, especialmente dos jovens.

Perante as outras classes da sociedade, o pobre, desempregado, *bóia-fria*, criança, mulher, deficiente, percebe-se e é percebido enquanto negado. Ele é o de fora, o outro, o negado. Podemos dizer que isso contribui para a construção da realidade de dominação-exploração.

A exclusão perpassa com mais força grupos étnicos fragilizados. A lei iguala *vis-à-vis* o jurídico e, simultaneamente, os diferencia pelo ajuntamento, *vis-à-vis* as condições reais da organização social de raça/etnia (Silva, 1999a).

Lembrando Bourdier (1989, p. 129): "...a existência real da identidade supõe a possibilidade real, jurídica e politicamente garantida de afirmar oficialmente a diferença... qualquer unificação que assimile aquilo que é diferente encerra o princípio da dominação de uma identidade sobre outra, da negação de uma identidade por outra".

Outro autor que aborda a temática exclusão/inclusão de maneira recorrente e atual é Boaventura de Sousa Santos (1998a, p. 3). Ao analisar o que denomina fascismos sociais, trabalha com a idéia de exclusão-inclusão a partir de uma análise do contrato social, que considera "a metáfora fundadora da racionalidade social e política da modernidade ocidental". Como qualquer outro, assenta-se em critérios de inclusão – "que, portanto, são também de exclusão". Segundo Santos (1998b, p. 3) o paradigma do contratualismo moderno é a da predominância estrutural dos processos de exclusão sobre os de inclusão, sob duas formas: o pós-contratualismo e o pré-contratualismo. No primeiro, grupos incluídos no contrato social em nome de uma cidadania são dele excluídos e na segunda forma são grupos que nunca estiveram incluídos que não têm possibilidade de inclusão: "O pré-contratualismo consiste no bloqueio do acesso à cidadania para grupos sociais (por exemplo, jovens em busca do primeiro emprego) que anteriormente tinham a expectativa fundada de a ela ascender. As exclusões produzidas são radicais e inelutáveis, a tal ponto que os que a sofrem apesar de formalmente cidadãos são de fato excluídos da sociedade civil e lançados em Estado de natureza".

Estas duas formas de exclusão levariam ao que se denomina fascismo social, que não se trata de um regime político, mas de uma situação muito mais grave porque social e civilizacional. Indica Santos (1998a) três formas fundamentais da sociabilidade fascista: a primeira seria o fascismo do *apartheid* social; a segunda forma, a do fascismo paraestatal, compreendendo a usurpação de prerrogativas estatais de regulação social, por atores sociais poderosos que neutralizam ou suplantam o controle social dos Estados[13], e a terceira

---

[13] No Brasil, exemplo emblemático deste tipo de fascismo pode ser visto no controle do tráfico de drogas, no abuso do tráfico de influências nas instâncias parlamentares, a violência e a impunidade dos crimes perpetrados aos sem-terra, os abusos do poder, entre outros.

forma, seria o fascismo da insegurança. Este parece ser o mais perverso pelas conseqüências que produz, conforme Santos (1998b, p. 3): "...com a manipulação discricionária da insegurança de pessoas e grupos sociais vulnerabilizados por precariedade do trabalho, doença ou outros problemas produzindo-lhes elevada ansiedade quanto ao presente e ao futuro, de modo a baixar o horizonte de expectativas e criar a disponibilidade para suportar grandes encargos, com redução mínima de riscos e da insegurança".

Pelo exposto e concordando-se com Baráibar (1999) constata-se que a exclusão social é um *conceito multidimensional*, o que implica o resgate de distintas dimensões imbricadas entre si para aproximar-se do fenômeno. É ainda *um processo*, não havendo um limite fixo, uma fronteira demarcada do grau de vulnerabilidade que caracteriza a exclusão – um indivíduo transita de uma situação gradual de desfiliação, a qual se potencializa em diferentes dimensões. É *uma situação construída ou produzida* por um conjunto de decisões políticas e econômicas que reverberam em diferentes áreas da vida social.

NOVO CONTRATUALISMO E DIREITOS SOCIAIS – RELAÇÃO COM A EXCLUSÃO SOCIAL

Hoje, quando se discute no plano filosófico e acadêmico ou no plano operacional, concreto, a igualdade vem cada vez mais sendo vinculada aos direitos, alçando um plano político que vem se erigindo desde a Grécia antiga. Os gregos, dentro de sua tradição democrática, instituíram três direitos fundamentais que definem o cidadão: liberdade, igualdade e participação no poder. A compreensão e o conteúdo destes três direitos não tem a mesma significação em diferentes tempos, sendo seu conteúdo determinado pela forma de organização da produção e reprodução da vida social e da qual decorre a própria instituição do Estado Moderno e suas transformações.

Se para Aristóteles a noção de igualdade significava igualar os desiguais tanto pela redistribuição da riqueza social quanto pela participação no governo, para Locke (1993) a igualdade seria um direito natural, entre homens livre e o trabalho, origem e fundamento da propriedade privada. Marx apud Losurdo (1998) irá afirmar que a igualdade só se torna direito concreto quando forem eliminadas as diferenças de exploração e dado a cada um segundo suas necessidades e seu trabalho.

A trajetória dos direitos, desde sua gênese, em sociedades distintas, inclui o aspecto das relações de poder e da divisão de classe. Tais pressupostos, já consolidados pelo liberalismo no final do século XVII, definem as próprias funções do Estado e sua separação da sociedade civil. Caberia ao Estado alertar e regular os conflitos por meio das leis e da força, não tendo interferência na sociedade civil, a qual regula o conjunto de relações econômicas e sociais. Assim, " ... o centro da sociedade civil é a propriedade privada, que diferencia indivíduos, grupos e classes sociais, e o centro do Estado é a garantia desta propriedade, sem contudo mesclar política e sociedade" (Chauí, 1999, p. 405). No pensamento liberal, portanto, fortalece-se a diferença e a distância entre Estado e sociedade. A noção de democracia apresenta-se, assim, apenas do ponto de vista formal e relativo, mas não igualitário. Nesta matriz, somente o proprietário pode aspirar à cidadania, residindo nisto seu caráter excludente, em que a cidadania não transcende o universo das classes detentoras dos meios de produção[14]. Tais princípios, ainda que ampliados, marcam a Declaração Universal dos Direitos do Homem e do Cidadão (Simionatto e Nogueira, 1999).

A Declaração Universal dos Direitos do Homem e do Cidadão, é, segundo Hobsbawn (1982, p. 77-80) "um manifesto contra a sociedade hierárquica, de privilégios nobres, mas não um manifesto a favor de uma sociedade democrática e igualitária". Para o autor, ainda que o primeiro artigo da Declaração indique que "... os homens nascem e vivem iguais perante as leis", observa-se a existência de distinções no "...terreno da utilidade comum" uma vez que esta se relaciona à própria proposta instituída como "direito natural, sagrado, inalienável e inviolável"

Hoje se reconhece que há o esgotamento de padrões de sociabilidade tradicionais, emergindo uma pluralidade intensa de interesses e demandas, em grande parte antagônicas e diferenciadas. Na mesma tendência o papel do Estado-nação vem se remodelando,

---

[14] Ainda que os princípios do pensamento liberal burguês dos séculos XVIII e XIX não tivessem perdido seu valor, a inserção das massas na arena política ampliou a noção de democracia e, com isso, a possibilidade de instituição de novos direitos e a efetiva realização de alguns direitos até então formais.

ficando cada vez mais difícil manter os seus mecanismos reguladores das relações e ordenamento social, o que causa profundos desgastes no tecido social, com o esgarçamento contínuo dos direitos sociais.

No que se refere ao Estado, as mudanças que vêm sendo processadas em nível mundial se traduzem em alterações jurídico-formais nas mais diferentes áreas, reduzindo o papel estatal nos mecanismos de proteção social e alargando as fronteiras do espaço privado. Como conseqüência direta e objetiva da redução do espaço público há a redução de políticas sociais públicas.

Outro grande desafio, na área dos direitos, é a manutenção da garantia do direito ao trabalho. Castel et al. (1997), quando analisa a significação do trabalho nas sociedades modernas, não em uma relação apenas de produção, mas como uma ponte privilegiada de inserção na estrutura social, indica o problema que é a desestabilização dos estáveis, aumentando os processos que alimentam a vulneralibidade social e no fim a desfiliação total. Parte da população mundial já não se enquadra nos direitos civis, ficando à margem dos ideais do homem com direito à vida, à propriedade, à liberdade e à igualdade. Ainda na mesma direção, Santos apud Baráibar (1999) destaca que a inutilidade social de grandes camadas de trabalhadores caminha para o que denomina darwinismo social, como é referido na seguinte citação: *"Los individuos son convocados a ser responsables por su destino, gestores individuales de sus trayetorias sociales sem dependencias en planos pre-determinados...El individuo es llamado a ser el señor de su destino cuando todo está fuera de su control. El interés inidividual no parece susceptible de poder engregarse y organizarse en la sociedad capitalista"* .

As grandes diferenças sociais impedem que aqueles que estão na base da pirâmide tenham uma vida digna e exerçam seu direito de cidadania. Então, o documento de cidadão não é o título de eleitor, mas a carteira de trabalho (Costa, 1996).

O direito ao trabalho e ao auto-sustento são inerentes à condição humana. De fato, um Estado pode ter leis que garantam os direitos civis, políticos e sociais, mas, se não houver pleno emprego, o direito à cidadania de uma parcela da população está sendo violado. Mas, a cidadania das pessoas não se esgota com o emprego. Como tudo que é humano, e a cidadania o é, evolui e exige cada vez mais.

Com o enfraquecimento da ação reguladora do Estado, os novos compromissos éticos e políticos assumidos pelas nações e o surgimento de novos atores sociais estão levando as sociedades a debaterem as origens das desigualdades e as formas de combatê-las. Tal preocupação se inscreve, ainda, se bem que em tempos recentes, nos formuladores da ordem política ocidental, isto é, as agências de fomento ao desenvolvimento social e financeiro.

Internacionalmente, o número de pessoas que vivem na pobreza absoluta continuará a aumentar. Segundo informe do Banco Mundial (1999, p. 3), "cerca de 1,5 bilhão de pessoas subsistirá com o equivalente a um dólar por dia; esse número era de 1,2 bilhão em 1987. Até 2015, o número de pessoas que subsistem abaixo dessa linha internacional poderá atingir 1,9 bilhão".

A disparidade de renda também tende a se ampliar entre os países industrializados e os em desenvolvimento, sendo a conseqüência imediata a piora violenta das condições de vida. Ainda a respeito do bem-estar e qualidade de vida no mundo, o mesmo informe do Banco Mundial (1999, p. 4) aponta que 220 milhões de habitantes vivem nas regiões urbanas e 13% dessa população não tem acesso à água potável. 26% não tem acesso sequer às formas mais elementares de latrinas.

UMA CONCLUSÃO TEMPORÁRIA OU SUMARIANDO TENDÊNCIAS

Consideramos esta finalização melancólica porque todos os argumentos e eixos analíticos abordados traduzem a perversidade da exclusão – da questão social – da igualdade e da desigualdade construída. E as tendências não são otimistas como desejaríamos. Temporária porque, ainda que os prognósticos não sejam favoráveis, concordamos com a afirmativa de Edgard Morin (1993)[15] sobre insuspeitada força vital das sociedades. E , assim, talvez seja possível uma alteração dos rumos do desenvolvimento que vem sendo adotado.

---

[15] Edgard Morin, em conferência realizada em 1993, na UFSC, coloca que as sociedades sempre responderam satisfatória e positivamente aos desafios que lhes têm sido feitos, citando situações quando tudo parecia perdido e se vislumbrava uma saída.

Milton Santos (1998), na mesma linha, enfatiza que os "verdadeiros agentes do futuro do país encontram-se entre os que estão sendo excluídos da contabilidade da globalização".[16]

As lutas contra as desigualdades incluem as críticas ao liberalismo atual, conforme palavras de Mangenot (1998, p. 4-5): *"La lutte contre les inégalités est systématiquement opposée à l'exercice de la liberté. Le libéralisme ordinaire, ultra ou néo, est défini comme la source et l'expression de la liberté. Pour les « libéraux », les inégalités (sociales) sont inévitables. Elles tiennent de l'ordre naturel, celui de la supposée capacité à faire valoir rationnellement ses intérêts également supposés. Tout au plus peuvent-elles être atténuées lorsqu'elles créent des situations politiquement ou économiquement dangereuses, lorsqu'elles brouillent l'image que se donnent ceux qui détiennent savoir, richesse, considération, pouvoir".*

Existem hoje evidências que conforme exigências dos novos paradigmas internacionais o avanço e o grau de democratização de uma sociedade são medidos não apenas pelos direitos políticos e humanos, mas pelos índices sociais apresentados e o cumprimento das condições mínimas para o exercício da cidadania. O ingresso destes novos paradigmas está sendo chamado de cidadania planetária [17].

Há que se recuperar o que Castoriadis apud Bauman (1999) indica como um dos problemas da condição contemporânea das civilizações modernas, que é o não questionamento sobre si mesmo. "Não formular certas questões é extremamente perigoso, mais do que deixar de responder às questões que já figuram na agenda oficial; ao passo que responder ao tipo errado de questões com freqüência ajuda a desviar os olhos das questões realmente importantes. O preço

---

[16] Faz esta afirmação a partir da discussão, a seu ver equivocada, da existência de duas nações: uma ativa e outra passiva. A primeira é a que se incluí nas contabilidades internacionais e tem seu modelo sancionado e conduzido pelo discurso globalizador, tendo como princípios de base as idéias de prosperidade, riqueza, produção da conformidade. É dinâmica, veloz, articulada, entrópica. A nação passiva é a que participa residualmente do mercado, constituída pela maior parte da população e que tem uma situação cotidiana de inferiorização, de subalternidade. É lenta, colada ao seu entorno, localmente enraizada. Para o autor, o enraizamento no meio, no entorno, apresenta a possibilidade da emergência de uma nova ação política, da nação considerada passiva (Santos, 1998, p. 3).

[17] Conforme o Sexto Informe Mundial sobre Desenvolvimento Humano, o programa das Nações Unidas para o desenvolvimento, criou o índice de desenvolvimento humano a partir da expectativa de vida das populações, alfabetização e escolaridade, combinados com índices de emprego e a PIB real *per capita* ajustado.

do silêncio é pago na dura moeda corrente do sofrimento humano" (1999, p. 11). Ou como coloca Génereux (1999, p. 26): "O debate técnico sufocou o verdadeiro debate político, que é, antes de tudo, um debate sobre nossas necessidades, nossos objetivos comuns, sobre o mundo que queremos construir juntos e o mundo que rejeitamos".

Concluindo, concordamos com o alerta de Santos (1998, p. 3) que nas situação de rupturas e fraturas sociais em que se encontra atualmente a sociedade mundial "há que dar nova radicalidade à luta pela democracia", desde que se partilhe a idéia da construção da igualdade, incorporando mais do que nunca a posição de Marx sobre a emancipação humana como a igualdade de todos os homens e a liberdade concreta e real.

REFERÊNCIAS BIBLIOGRÁFICAS

ARCOVERDE, A. C. B. Questão social no Brasil e Serviço Social. In: *Capacitação em serviço social e política social.* Brasília: CEAD, 1999.

ARRETCHE, M. T. da S. *Políticas sociais no Brasil.* Trabalho apresentado no seminário interno de planejamento da Fundação Maurício Sirotsky Sobrinho. Porto Alegre: 1995.

BANCO MUNDIAL. Banco Mundial prevê que localização será grande tendência nova no século XXI. Disponível na Internet. http://worldbank.org/html/extdr/extme/032po.htm. 17 set 1999.

BARÁIBAR, X. Articulación de lo diverso: lecturas sobre la exclusión social y sus desafíos para el Trabajo Social. In: *Serviço social e sociedade.* n. 59. São Paulo: Cortez, 1999.

BARROCO, M. L. Os fundamentos sócio-históricos da ética. In: *Capacitação em serviço social e política social.* Brasília: CEAD, 1999.

BAUMAN, Z. *Globalização:* as conseqüências humanas. Rio de Janeiro: Jorge Zahar, 1999.

BOBBIO, N. *A era dos direitos.* Rio de Janeiro: Campus, 1992.

_____. *Igualdade e liberdade.* São Paulo: Ediouro, 1996.

_____.O direito a vida e a ética da saúde. In: *Lua Nova*, n. 30, São Paulo: CEDEC, 1993.

_____, MATEUCCI, N., PASQUINO, G. *Dicionário de Política*. Brasília: UNB, 1994.

BERLINQUER, G. Eqüidade, seletividade e assistência à saúde. In: *Lua Nova*, n. 47, São Paulo: CEDEC, 1999.

BORHEIN, G. Democracia e alteridade. *Anais da 51ª Reunião anual da SBPC*, Porto Alegre: SBPC, 1999.

BOURDIEU, P. *O poder simbólico*. Rio de Janeiro: Bertrand, 1989.

CASTEL, R. *As metamorfoses da questão social*. Uma crônica do salário. São Paulo: Vozes, 1998.

_____, WANDERLEY, BELFIORE-WANDERLEY. *Desigualdade e a questão social*. São Paulo: Educ, 1997.

CESARINO JR, A. F. *Direito social*. São Paulo: USP, 1980.

CHAUI, Marilena. *Convite à filosofia*. 11. ed. São Paulo: Ática,1999.

COELHO, M. Elogio da igualdade. *Folha de São Paulo*, São Paulo, 10 out. 1999. 5 Cad. p. 9.

COMPARATO, F. K. Réquiem para uma constituição. In: LESBAUPIN, I. (org.) *O desmonte da nação*. Balanço do governo FHC. Petrópolis: Vozes, 1999.

COSTA, M. A. S. D. da. A questão da cidadania. *Saúde, ciência e sociedade*. Ano 1, n. 1, p. 32-34, jan./jul., 1996.

FARIA, J. E. (Org.). *Direitos humanos, direitos sociais e justiça*. São Paulo: Malheiros, 1998.

FELIPE, S. T. (Org.) *Justiça como eqüidade*. Fundamentação e interlocuções polêmicas (Kant, Rawls, Habermas). Florianópolis: Insular, 1998.

FOLHA DE S. PAULO, São Paulo, *Folha da Manhã*, 14 fev.2000.

_____, São Paulo, *Folha da Manhã*, 15 fev. 2000.

GÉNEREUX, J. *O horror político*. Rio de Janeiro: Bertrand, 1999.

GIDDENS, A. *Para além da direita e da esquerda*. São Paulo: UNESP, 1996.

GIOVANELLA, L. et al. Eqüidade em saúde no Brasil. In: *Saúde em Debate*, 49/50. Londrina: CEBES, 1996.

GONÇALVES, R. Distribuição de riqueza e renda: alternativa para a crise brasileira. In: LESBAUPIN, I. *O desmonte da nação*. Balanço do governo FHC. Petrópolis: Vozes, 1999.

HOBBES, T. *Leviatã*. Os Pensadores, São Paulo: Abril Cultural, 1973.

KAHN, T. O ataque careca. *Folha de São Paulo*. São Paulo, 4 fev. 2000, 1 cad., p. 3

KERSTENEZKY, C. L. Desigualdades justas e igualdade complexa. In: *Lua Nova*, n. 47, São Paulo: CEDEC, 1999.

KRISCHKE, P (org.). *O contrato social ontem e hoje*. São Paulo: Cortez, 1993.

LOCKE, J. *Carta acerca da intolerância*. São Paulo: Abril Cultural, 1978. (Os pensadores).

LOPES. J. R. L. Direito subjetivo e direitos sociais: o dilema do Judiciário no estado social de direito. In: FARIA, J. E. (Org.). *Direitos humanos, direitos sociais e justiça*. São Paulo: Malheiros, 1998.

LOSURDO, D. *Hegel, Marx e a tradição liberal*. Liberdade, Igualdade, Estado. São Paulo, UNESP. 1998.

MANGENOT, M. Lectures dissonantes des nouvelles pauvretés. Disponível na Internet.08 set. 1999. http://www.monde-diplomatique.fr/1999/09/MANGENOT/12450.html

MARTIN, H. P. , SCHUMANN, H. *A armadilha da globalização*. Globo: São Paulo, 1998.

MARTINS, José de Souza. *Exclusão social e a nova desigualdade*. São Paulo: Paulus, 1997.

MARX, K. *Os pensadores*. Abril Cultural: São Paulo, 1978.

MEDEIROS, M. Princípios de justiça na alocação de recursos em Saúde. Texto para discussão n. 687. Brasília: IPEA, 1999.

MONTOYA-AGUILAR, C.; MARÍN-LIRA, M. A. Equité internationale dans la couverture par les soins de santé primaires: exemples de pays en voie de developpement. *World health statistics quarterly*, n. 4, p. 336-344, 1986. v. 39.

MORIN, E. *Os rumos da civilização*. Conferência realizada na UFSC em 15 de setembro de 1993. Florianópolis, 1993.

NASCIMENTO, E. P. A exclusão social no Brasil: algumas hipóteses de trabalho e quatro sugestões práticas *Cadernos do CEAS*, n. 52, Salvador: Centro de Estudos e Ação Social, 1994.

_____. Modernidade ética: um desafio para vencer a lógica perversa da exclusão. In: *Proposta*, Rio de Janeiro: FASE, ano 23, n. 65, jun. 1995.

OLIVEIRA, C. A. B. de; HENRIQUE, W. Determinantes da pobreza no Brasil: um roteiro de estudo. *São Paulo em perspectiva*. v. 4 , n. 2, p. 25-28, abr./jun. 1990.

PETRELLA, R. La depossessión de l'Etat. Disponível na Internet. 19 ago 1999 http://www.monde-diplomatique.fr/1999/08/PETRELLA/12326.html

PIERUCCI, A. F. *Cilada da diferença*. São Paulo: 34, 1999.

RAMOS, C. A. SANTANA, R. Desemprego, pobreza e desigualdade. Texto para discussão. N 576. Brasília: IPEA, 1999.

RAWLS, J. *Uma teoria da Justiça*. São Paulo: Martins Fontes, 1997.

RIU, A. M., MORATO, J. C. *Dicionário de Filosofia*. Madrid: Herder, 1996. CD- ROM.

ROSANVALLON, P. *A nova questão social*. Brasília: Instituto Teotônio Vilela, 1998.

ROUSSEAU, J. J. *Discurso sobre a origem e os fundamentos da desigualdade entre os homens.* Brasília: Universidade de Brasília. 1981.

SANTOS, B. S. Os fascismos sociais. *Folha de S. Paulo*. São Paulo, 6 set. 1998, 1 cad, p. 3

_____. Por uma concepção multicultural de direitos humanos. In: *Lua Nova*, n. 39, São Paulo, Cedec: 1997.

_____. A construção multicultural da igualdade e da diferença. *VII Congresso Brasileiro de Sociologia*, Rio de Janeiro: 1995.

SANTOS, M. Nação ativa, nação passiva. *Folha de S. Paulo*, São Paulo, 21 nov. 1998. Caderno Mais, p. 3.

SARTORI, G. *A teoria da democracia revisitada*. São Paulo/Ática, 1994. v. 2 (As questões clássicas).

SEN, A. *Sobre ética e economia*. São Paulo: Companhia das Letras, 1999.

SILVA, A. A. As relações estado-sociedade e as formas de regulação social. *Curso de Capacitação em Serviço Social e Política Social*. Brasília: CEAD, 1999 (b).

SILVA, Maria Aparecida de Moraes. *Errantes do fim do século*. São Paulo: UNESP, 1999a.

SIMIONATTO, I. NOGUEIRA, V. M. R. Direito à saúde: discurso, prática e valor. Uma análise nos países do Mercosul. Comunicação. *Anais do XVI Congreso Latinoamericano de Escuelas de Trabajo Social*. ALAETS: Santiago/Chile. 1998.

_____Direito à saúde: discurso, prática e valor. Uma análise nos países do Mercosul. Relatório de pesquisa. Florianópolis, UFSC, 1999. 41 p. Trabalho não publicado.

SPOSATI, A. Globalização da economia e processos de exclusão social. In: *Capacitação em serviço social e política social*. Brasília: CEAD, 1999.

SURET-CANALE, J. As origens do capitalismo (século XV a XIX). In: PERRAULT, G. (Org.) *O livro negro do capitalismo*. São Paulo: Record, 1999.

TELLES, V. S. Questão Social: afinal, do que se trata? *São Paulo em perspectiva*, São Paulo: SEADE, v. 10, n.4, out./dez. 1995.

TELLES, V. Inúteis para o mundo. In: *Folha de S. Paulo*, São Paulo, Folha da Manhã, 12 set. 1998, Jornal de Resenhas, p. 8.

VOIGT, Leo. O fomento dos famiempresários: uma nova forma de política social. In: GAIGER, Luis Inácio (Org.). *Formas de combate e de resistência à pobreza*. São Leopoldo: UNISINOS, 1996, p. 127-156.

5

QUALIDADE DE VIDA E ORGANIZAÇÃO DO TRABALHO: QUESTÕES RELEVANTES PARA A ENFERMAGEM

Francine Lima Gelbcke[1]

TECENDO AS CONSIDERAÇÕES INICIAIS

Nas últimas décadas, o mundo do trabalho têm sofrido grandes transformações, aliadas à mudanças econômicas, sociais, técnicas e culturais, gerando vários questionamentos acerca do trabalho propriamente dito, da organização, das relações que se estabelecem, do emprego e desemprego, bem como da saúde do trabalhador e de sua qualidade de vida em diferentes profissões. Diz Antunes (1995, p.15) que "foram tão intensas as modificações, que se pode mesmo afirmar que a *classe-que-vive-do-trabalho* sofreu a mais aguda crise deste século, que atingiu não só a sua *materialidade*, mas teve profundas repercussões na sua *subjetividade* e, no íntimo inter-relacionamento destes níveis, afetou a sua *forma de ser*[2]".

Entre estas transformações, assistimos à implantação de novos modelos de gestão e novas tecnologias que possibilitam a produção de melhores produtos ou serviços de qualidade a uma sociedade que se encontra cada vez mais exigente. Esta exigência pela qua-

---

[1] Enfermeira. Docente do Departamento de Enfermagem da Universidade Federal de Santa Catarina. Discente do Curso de Doutorado do Programa de Pós-Graduação em enfermagem da UFSC.

[2] Destaques da autora.

lidade tem repercutido no modo como as indústrias e as institui-ções competem no mercado, representando, desta forma, maior pro-dutividade, melhor qualidade, em detrimento, muitas vezes, da qualidade de vida do trabalhador.

Na Enfermagem também temos observado o reflexo desta bus-ca pela qualidade, tanto que novas tecnologias são implementadas, novas formas de organizar o trabalho convivem com as velhas for-mas, o que leva ao questionamento das relações de trabalho, da di-visão do trabalho, do cuidado parcelado *versus* cuidado integral, entre outras inquietações que estão presentes na profissão. Isto por-que a Enfermagem é uma profissão inserida num contexto histórico e social, sofrendo, portanto, influências das transformações que ocor-rem na sociedade.

Em função das mudanças que vêm ocorrendo no mundo do trabalho e, conseqüentemente, na Enfermagem, pesquisas têm surgido, visando aprofundar as discussões sobre o processo de trabalho da Enfermagem (Germano, 1984; Almeida e Rocha, 1986; Melo, 1986; Silva, 1986; Pires, 1989; Capella, 1998; Pires, 1998, entre outros).

Aliado ao processo de trabalho, estudos também têm sido reali-zados visando analisar a qualidade de vida dos trabalhadores de enfermagem, a partir de sua inserção no processo produtivo, entre os quais Silva e Massarollo (1998), Mendes e Oliveira (1998) e Mar-ques e Oliveira (1998).

Concordo com Silva e Massarollo (1998, p. 284) ao afirma-rem que "a qualidade de vida dos trabalhadores de enferma-gem, como um grupo social específico, em última instância, re-sulta das contradições existentes entre os aspectos saudáveis e protetores que esse grupo desfruta e os aspectos destrutivos de que padece, de acordo com sua inserção histórica e específica na produção em saúde".

Neste estudo busco discutir aspectos relacionados ao traba-lho, à organização deste, ao sujeito como trabalhador e sua qualida-de de vida no trabalho, aspectos que estão articulados e têm sido objeto de observação e reflexão ao longo da história, sendo que os diversos pesquisadores têm registrado suas observações e reflexões de forma diversa, segundo suas "lentes utilizadas para 'olhar' o mundo" (Dias, 1993). Neste sentido, busco, através de minha forma de ver o mundo, analisar os aspectos supra-citados.

Assumo, neste estudo, alguns conceitos que darão sustentação às análises empreendidas, quais sejam: qualidade de vida e organização do trabalho.

Qualidade de vida é um conceito relativamente novo, sendo esta expressão utilizada pela primeira vez em 1964, pelo presidente dos Estados Unidos, Lyndon Johnson, quando salientou que é através da qualidade de vida das pessoas que se mede o alcance dos objetivos traçados pelo Estado. Este conceito de qualidade de vida tem sido partilhado por cientistas sociais, filósofos, políticos, profissionais da área da saúde, e visa "valorizar parâmetros mais amplos que o controle de sintomas, a diminuição da mortalidade ou o aumento da expectativa de vida" (WHOQOL GROUP, 1994).

Embora não haja consenso em relação ao conceito qualidade de vida, em estudo da Organização Mundial da Saúde (OMS) acerca desta questão, três aspectos fundamentais foram destacados e devem estar embutidos no entendimento de qualidade de vida, quais sejam: a subjetividade, a multidimensionalidade e a presença de dimensões positivas e negativas. Assim, para a OMS, qualidade de vida é definida como "a percepção do indivíduo de sua posição na vida no contexto da cultura e sistema de valores, nos quais ele vive e em relação aos seus objetivos, expectativas, padrões e preocupações" (WHOQOL GROUP, 1994).

Também em relação ao conceito de qualidade de vida no trabalho (QVT) não há um consenso, apesar do termo ter surgido há mais de 40 anos, sendo que os estudiosos acerca desta temática destacam em seus conceitos vários elementos que julgam importantes. Em muitos conceitos sobressaem os elementos pessoa, trabalho e organização. Para Nadler e Lawler, citados por Alvarez (1996, s.p.), QVT "é um modo de pensar sobre as pessoas, trabalho e organizações. Seus elementos distintos são: 1) preocupação sobre o impacto do trabalho nas pessoas, e a efetividade organizacional; 2) a idéia de participação na solução de problemas e tomada de decisão".

Para Bowditch e Buono, citados por Lima (1995), existe QVT quando as pessoas de uma organização conseguem satisfazer suas necessidades pessoais através de sua vivência na mesma, o que significa a preocupação com o efeito do trabalho nas pessoas, bem como a participação dos trabalhadores na tomada de decisões e resolução dos problemas, além da eficácia da organização.

A organização do trabalho pode ser entendida como um processo que envolve as atividades dos trabalhadores, as relações de trabalho com seus pares e com a hierarquia e que ocorrem numa determinada estrutura organizacional.

Para Dejours, Dessors e Desriaux (1993), a organização compreende a divisão do trabalho, o sistema hierárquico e as relações de poder, significando que ao dividir o trabalho se impõe uma divisão entre os homens. Em função desta complexidade é que a organização do trabalho interfere diretamente na saúde do trabalhador.

Com a evolução do trabalho, que passa das formas mais simples e individuais de execução para um trabalho coletivo e compartimentado, em que a complexidade exige um alto grau de especialização, faz-se necessária a organização do trabalho, como forma, principalmente, de aumentar a produção.

Na Enfermagem também ocorreram transformações no modo como o trabalho foi se organizando, inicialmente tendo por base o modelo taylorista, com a fragmentação do trabalho e a hierarquia rígida. Atualmente, novas formas de organizar o trabalho da Enfermagem têm sido introduzidas, permitindo uma flexibilização, principalmente nas relações de trabalho. Com a introdução de conceitos como holismo, a Enfermagem passa a ter uma preocupação com o ser humano em sua integralidade, buscando, desta forma, um trabalho mais integralizado.

Neste estudo busco apreender como os trabalhadores de enfermagem têm percebido sua qualidade de vida no trabalho e a relação com a organização deste, através da realização de um trabalho de campo, junto aos trabalhadores de enfermagem de uma instituição de ensino.

Esta instituição foi escolhida tendo em vista que têm empreendido esforços no sentido de minimizar o desgaste dos trabalhadores de enfermagem através de programas como "Vivendo e Trabalhando Melhor: uma proposta de reflexão e atualização das relações na Enfermagem do HU-UFSC" e "Cuidando de quem cuida", instituídos pela Diretoria de Enfermagem na gestão 1996-2000, além da forma como tem organizado seu trabalho, visando a um trabalho menos fragmentado.

PERCURSO METODOLÓGICO

Este estudo realizado no Hospital Universitário Dr. Ernani Polidoro de São Thiago, vinculado à Universidade Federal de Santa Catarina, caracteriza-se por ser exploratório descritivo, no qual os dados são analisados quanti-qualitativamente. Como etapa preliminar, foi elaborado um projeto, o qual foi encaminhado à Diretoria de Enfermagem da Instituição, junto à solicitação para realização do mesmo. Este projeto foi submetido à avaliação da Comissão de Ética de Enfermagem, que se manifestou favoravelmente.

Para a coleta dos dados utilizamos um instrumento do tipo questionário, com perguntas abertas e fechadas, relacionadas à qualidade de vida e à organização do trabalho (anexo 1). A população-alvo foi composta pelos trabalhadores de enfermagem (enfermeiros, técnicos e auxiliares de enfermagem), sendo que a amostra foi aleatória, escolhida entre os trabalhadores que se dispuseram a participar da pesquisa. Foram entregues 17 questionários, dos quais 12 retornaram, compondo, desta forma, a amostra. Os dados foram tratados através da escala de respostas em seus aspectos quantitativos, bem como seu significado qualitativo.

Além das questões fechadas, acrescentamos algumas questões abertas acerca de qualidade de vida e organização do trabalho, permitindo desta forma uma expressão mais subjetiva dos trabalhadores sobre estes temas.

A coleta dos dados ocorreu na primeira quinzena de setembro de 2000, sendo posteriormente categorizados, depois de leitura exaustiva dos mesmos, e analisados, compondo desta forma o presente relato.

Assumimos, junto à Diretoria de Enfermagem, o compromisso de encaminhar o relatório final, no sentido de contribuir à reflexão acerca da qualidade de vida dos trabalhadores de enfermagem, a qual têm sido uma preocupação desta instituição.

QUALIDADE DE VIDA NO TRABALHO: A PERCEPÇÃO DOS TRABALHADORES DE ENFERMAGEM

Pensar em qualidade de vida no trabalho é pensar, acima de tudo, no ser humano, em sua multidimensionalidade, em seus desejos, paixões, sonhos, vida e trabalho, é entendê-lo na perspectiva de sujeito-trabalhador, com a superação da dicotomia histórica entre vida pessoal e profissional. Neste sentido, as dimensões pessoais, profissionais e institucionais assumem uma complementaridade, sendo necessário, para o alcance da otimização do trabalho institucional, a satisfação individual (Leite e Ferreira, 1999).

Com a busca constante e cada vez mais acirrada pela qualidade, produtividade e competitividade, as empresas encontram-se, muitas vezes, entre o dilema de investir em máquinas ou equipamentos mais sofisticados que, por serem caros, necessitam da continuidade da produção para amortização dos custos, além de precisarem de funcionários capacitados para operá-los ou, por outro lado, investir na valorização e qualificação do trabalhador, bem como na reorganização do modelo de gestão dos recursos humanos (Lima, 1995).

É neste contexto que surgem as várias propostas de qualidade de vida no trabalho, visando à valorização do trabalhador, sua participação no processo decisório, o incentivo ao potencial criativo, a satisfação de suas necessidades, a humanização das relações de trabalho e a melhoria das condições de trabalho, entre outros. Estes valores humanísticos e ambientais têm sido relegados a segundo plano pela sociedade industrial moderna, destacando-se os avanços tecnológicos, a produtividade e o crescimento econômico (Walton, citado por Lima, 1995).

Deve-se salientar que os estudiosos acerca de qualidade de vida no trabalho destacam que o investimento nas ações que buscam o alcance desta apontam sua repercussão na produtividade, ou seja, na otimização do trabalho nos diversos setores (industriais, serviços, entre outros).

Os aspectos relacionados a como os trabalhadores de enfermagem percebem sua condição de vida, de uma forma geral, e a relação desta com o trabalho, será analisada, inicialmente, a partir das questões fechadas, com as quais pudemos perceber que, de uma forma geral, estes trabalhadores apontam uma qualidade de vida satisfatória. Após, analisaremos as questões abertas, compondo, desta forma, as categorias de análise.

O Cotidiano de Vida e Trabalho e Seus Reflexos na Qualidade de Vida

Diz Ramos (2000, p. 81): "Somos humanos e precisamos, minimamente, nos encantar com a vida; e a vida ainda é, para nós, em grande parte transcorrida no trabalho". Desta forma, como dissociar vida e trabalho? Como negar a interface do trabalho na nossa qualidade de vida?

Os dados por nós levantados nas questões fechadas do instrumento apontam que os trabalhadores de enfermagem do HU-UFSC avaliam sua qualidade de vida como boa (50%) ou muito boa (50%), além de estarem satisfeitos (67%) ou muito satisfeitos (33%) com sua vida e saúde, o que pode estar relacionado ao fato da maioria apontar que aproveita bastante sua vida (58%).

Esta percepção pode estar relacionada ao fato de que os trabalhadores de enfermagem se deparam com situações de dor e sofrimento alheios, e que, ao compará-las com suas vidas, passam a encará-las como boas. Pitta (1990, p. 184) ao identificar a fraca associação entre sofrimento psíquico e a natureza do trabalho, em especial da Enfermagem, levanta como possibilidade o fato de que o cuidado direto com o paciente "na nobre função socialmente valorizada de cuidá-lo e provê-lo dos elementos essenciais à sua subsistência e recuperação se constitui num fator de proteção à saúde psíquica do trabalhador da área", o que de certa forma referenda os dados encontrados.

Ao avaliarem o que têm sentido nas duas últimas semanas em relação a aspectos de sua vida cotidiana, os trabalhadores de enfermagem assim se manifestaram em relação às questões: a maioria entende que sua vida têm sentido (50% bastante e 42% extremamente), conseguem se concentrar (33% mais ou menos e 58% bastante), sentem-se seguros em relação à sua vida diária (42% mais ou menos e 50% bastante). Em relação aos aspectos relacionados ao ambiente físico, a maioria percebe o ambiente de sua vida cotidiana saudável (33% mais ou menos e 50% bastante), oscilando as respostas em relação ao ambiente de trabalho (8% muito pouco, 50% mais ou menos e 42% bastante). Variaram também as respostas relacionadas a problemas que tenham interferido na saúde, conforme os seguintes dados: 33% nada, 25% muito pouco, 17% mais ou menos e 25% bastante, sendo que houve manifestações que apontaram o trabalho como impeditivo da qualidade de vida (25% nada, 42% muito pouco, 25% mais ou menos e 8% bastante).

Em relação a estas questões, pode-se apreender que mesmo referindo uma boa qualidade de vida, em alguns aspectos o trabalho interfere no cotidiano dos profissionais, o que denota certa dicotomia entre pessoal e profissional. Aqui nos reportamos ao apontado por Leite e Ferreira (1996), ao implementarem com os trabalhadores de enfermagem o Programa Vivendo e Trabalhando Melhor, ou seja, a necessidade de conjugar as várias dimensões do sujeito trabalhador – vida pessoal, profissional e institucional, visando às relações de trabalho, à satisfação do trabalhador e à otimização do trabalho institucional.

Também perguntamos acerca de aspectos relacionados ao dia-a-dia dos trabalhadores, em sua vida pessoal e profissional, e obtivemos as seguintes respostas. A maioria dos trabalhadores sente-se com energia para o seu dia-a-dia de forma satisfatória (50% médio e 42% muito), dispõe também de informações no seu trabalho, existindo aqui uma oscilação significativa (8% muito pouco, 42% médio e 17% muito e 33% completamente) e possui relativa oportunidade de lazer (17% muito pouco, 50% médio, 17% muito e 17% completamente).

Quanto a aspectos relacionados à satisfação, encontramos que: em relação ao sono as respostas variam de insatisfeito até muito satisfeito (17% insatisfeito, 8% nem satisfeito, nem insatisfeito, 50% satisfeito e 25% muito satisfeito), o que pode estar relacionado ao turno de trabalho, já que os instrumentos foram entregues a trabalhadores que atuam no turno diurno e conseqüentemente seguem o ciclo biológico. Os insatisfeitos ou meio satisfeitos podem se sentir desta forma em função da sobrecarga de trabalho, pois muitos atuam em mais de uma instituição ou têm a sobrecarga do trabalho doméstico, já que a maioria dos exercentes de enfermagem são mulheres.

Também se mostram satisfeitos em relação à capacidade de desempenhar as atividades do dia-a-dia, bem como capacidade para o trabalho (25% nem satisfeito, nem insatisfeito, 67% satisfeito e 8% muito satisfeito). Quando perguntados quanto ao nível de satisfação consigo mesmos, a maioria se sente satisfeita (25%) ou muito satisfeita (50%).

Foram nas questões referentes aos recursos financeiros como forma de satisfazer as necessidade, que houve uma diluição significativa das respostas (8% nada, 33% muito pouco, 25% médio, 25% muito e 8% completamente). O dado salarial interfere na qualidade de vida, fato este apontado em outros estudos, como o de Marques e Oliveira (1998), que estudaram a qualidade de vida no trabalho de duas unidades referenciais de saúde e encontraram um elevado nível de insatisfação entre os entrevistados, o mesmo tendo sido encontrado por Mendes e Oliveira (1998) em um hospital público da cidade de Natal. Este fato está relacionado à política salarial implementada pelo governo federal, na qual os servidores públicos federais encontram-se há mais de 6 anos sem reajuste salarial. Além disto, numa sociedade capitalista como a nossa, são o salário e os recursos financeiros que possibilitam o acesso dos trabalhadores aos bens de consumo e serviços.

O Conceito de Qualidade de Vida na Visão dos Trabalhadores de Enfermagem

A partir das questões abertas, apreendemos o entendimento dos trabalhadores de enfermagem acerca do conceito de qualidade de vida. Vários são os aspectos destacados, sendo que sobressaem a questão financeira e o direito ao trabalho, além dos relacionados à felicidade, saúde, satisfação e relações interpessoais, o que vem ao encontro do conceito estabelecido pela OMS, ou seja, qualidade de vida como "a percepção do indivíduo na vida, no contexto da cultura e sistema de valores, nos quais ele vive e em relação aos seus objetivos, expectativas, padrões e preocupações"(WHOQOL GROUP, 1994).

De acordo com Meeberg (1993), o conceito de qualidade de vida é um construto multifacetado, englobando aspectos do comportamento individual e capacidades cognitivas, o bem-estar emocional e habilidades requeridas para o desempenho do papel doméstico, vocacional e social, no qual se encontram a natureza objetiva e subjetiva do ser humano. As concepções apontadas pelos sujeitos da pesquisa refletem aspectos objetivos e subjetivos, conforme discorremos a seguir.

Qualidade de vida proporcionada pelo salário e o direito ao trabalho

Atualmente nos encontramos num mundo em transformação, em que aspectos como a globalização, o neoliberalismo, o avanço tecnológico impõem modificações no conceito de trabalho, sendo que expressões como empregabilidade passam a estar presentes no cotidiano, estabelecendo novas relações de trabalho, gerando a precarizacão deste. Aliados a este contexto, surge de forma mais visível o fenômeno do desemprego e subemprego, principalmente na década de 90 (Cattani, 1996).

Acredito que, em função destas questões, tão presentes em nosso cotidiano, veiculadas diariamente pela mídia escrita e falada, os trabalhadores de enfermagem associam o direito ao trabalho à qualidade de vida, o que podemos visualizar nas falas abaixo:

"É quando você pode ter, adquirir seus direitos, podendo ganhar adequadamente, ter direito a um trabalho, saúde, lazer, etc." (4)[3]

"Ter um emprego do qual gostamos e optamos." (1)

Aliada a esta questão do emprego, o aspecto mais salientado refere-se às condições financeiras, possibilitando ter acesso aos bens de consumo. Esta questão, como colocado anteriormente, sobressai-se, principalmente em função dos servidores públicos encontrarem-se com seus salários congelados, sem reajuste, há mais de 6 anos.

Destaca-se, ainda, que a insatisfação com a questão salarial tem sido apontada por vários trabalhadores da instituição em outros estudos, como o de Matos (1999), que analisou a qualidade de vida dos trabalhadores de enfermagem do HU-UFSC, a partir dos relatórios do Programa Vivendo e Trabalhando Melhor. Diz esta autora que "de uma maneira geral, os salários são vistos como uma desvantagem de trabalhar no HU", destacando ainda que "a falta de perspectivas em relação à questão salarial torna-se preocupante, pois para suprir suas necessidades em organização coletiva suficiente para modificar esta realidade a alternativa dos trabalhadores tem sido buscar outros empregos" (Matos, 1999, p. 31).

Qualidade de vida relacionada a esta possibilidade de suprir suas necessidades, quer físico/biológicas, quer mentais e psi-

---

[3] O número colocado em parênteses refere-se ao número dado ao instrumento coletado.

cológicas, são manifestações que podemos apreender nos seguintes depoimentos:

"Minha vida pessoal tem sido aprimorar e melhorar a qualidade de vida, porém as condições financeiras criam algumas barreiras." (2)

"Ter acesso aos meios que satisfazem nossas necessidades básicas: saúde física, mental e social." (3)

"É ter o que quero, quando quero." (6)

"É a condição que se tem, em vários aspectos, para poder viver! Ter vontade, saúde, condições de trabalho." (7)

"Ter o básico para uma boa sobrevivência." (9)

Trabalhar é preciso, dizem muitos, mas em que condições? Com que compensação salarial? Este é um paradoxo colocado hoje em relação ao mundo do trabalho, em que, por um lado, o trabalho é apontado como principal via de ascensão social e, por outro, há salários aviltantes, que não satisfazem a maioria das necessidades do trabalhador.

Mas o trabalho, mesmo com suas mazelas, também é considerado como possibilidade de alcance da felicidade, felicidade esta que também está relacionada à qualidade de vida.

Qualidade de vida, felicidade e relações familiares

Muitas manifestações acerca da qualidade de vida relacionam-a com a possibilidade de ser feliz, principalmente junto à família, o que nos faz estabelecer uma associação ao conceito de satisfação de vida, apontado por Meeberg (1993) ao analisar o conceito de qualidade de vida. Diz esta autora que satisfação de vida é um dos conceitos mais utilizados como sinônimo de qualidade de vida, e que satisfação de vida é um conceito puramente subjetivo, referindo-se a sentimentos de felicidade e contentamento com respeito à vida.

Algumas das manifestações encontradas foram:

"É ser feliz neste mundo selvagem." (1)

"É ser feliz e fazer os outros felizes." (5)

"É a possibilidade de vivermos bem, intensamente, bem inseridos no convívio social, família. Implica também em possibilidade de manter boa saúde, lazer, descanso. É o que nos permite sentirmo-nos FELIZES." (10)

"É tudo que me dá satisfação pessoal e profissional (felicidade, salário compatível, bom relacionamento profissional e familiar)." (11)

Também a questão familiar pode ser destacada, sendo a família um lugar de convivência, de troca, de afinidade, e mesmo de articulação com o trabalho. De acordo com Mioto (1999, p. 211), "a família faz parte do universo de experiências (real e/ou simbólica) dos seres humanos no decorrer de sua história. Sobre essa experiência, ao mesmo tempo comum e individualizada, todos têm algo a dizer". Tanto têm a dizer, que família também é mencionada quando os trabalhadores de enfermagem pensam em qualidade de vida, como podemos perceber nas seguintes falas:

"Viver bem, em harmonia entre família, trabalho, estudo e lazer, como se fosse uma balança; se um desequilibra, a qualidade de vida de todos os outros se compromete." (8)

"A forma com que o meu cotidiano me permite estar bem: com os meus amigos, com a minha família, com o meu trabalho, afetivamente e me permitindo relaxar e me divertir, e também participar politicamente." (12)

Devemos salientar também a importância das relações interpessoais, quer no trabalho, quer na família, como condição de alcance da qualidade de vida. Aqui vale salientar, mais uma vez, o significado do Programa Vivendo e Trabalhando Melhor, que buscou, através das várias vivências implementadas, refletir sobre as relações interpessoais que se fazem presentes em nosso cotidiano. As manifestações acerca de qualidade de vida, no entendimento dos trabalhadores de enfermagem, referendam este como um conceito multifacetado, que abrange além dos aspectos objetivos relacionados à saúde dos trabalhadores e a compensação salarial, também aspectos subjetivos como felicidade, bem-estar, harmonia.

Qualidade de Vida no Trabalho

A preocupação com a qualidade de vida no trabalho tem sido uma tônica da Diretoria de Enfermagem desde a gestão 1996-2000, quando foram implantados os Programas Vivendo e Trabalhando Melhor (VTM) e Cuidando de Quem Cuida, o que se refletiu nas respostas dos trabalhadores de enfermagem às questões relacionadas à organização, relações interpessoais e condições de trabalho.

O Programa Vivendo e Trabalhando Melhor buscou superar a dicotomia vida e trabalho, através de vivências, visando também à satisfação do trabalhador e à qualidade da assistência. Os coordenadores do referido programa, Edimar Leite e Luis Carlos Ferreira, em sua proposta de trabalho, definiram como objetivo geral do VTM o "desenvolvimento de um espírito crítico entre o pessoal da enfermagem do HU, em um contexto construtivo, visando motivar o envolvimento efetivo de todos no processo de rediscussão da identidade profissional e institucional do grupo, bem como do espaço de atuação de cada um, num processo partilhado de revisão e otimização do trabalho e das relações em geral" (Leite e Ferreira, 1996, p. 4).

O desenvolvimento do programa teve por base o Sistema de Aprendizagem Vivencial, criado por Edimar Leite, que nas intervenções organizacionais "configura-se como uma proposta psicopedagógica que objetiva facilitar os processos de relação grupal e a integração pessoal, focando os aspectos sociais e psicoemocionais presentes na interação do indivíduo com os diversos grupos, buscando a compreensão do processo vital humano segundo uma perspectiva complexa, sistêmica e holística. Nesse contexto, as relações interpessoais e o desenvolvimento individual e coletivo são trabalhados a partir do reconhecimento das dinâmicas envolvidas nessas interações e pelo respeito às várias dimensões da pessoa humana, em seus aspectos emocionais, cognitivos e motores" (Leite e Ferreira, 1999, p. 1). O processo de aprendizagem dá-se, portanto, de forma integral e contínua, permitindo a sensibilização para o contato da pessoa consigo mesma e em suas relações com o ambiente de trabalho e social. Com esta abordagem, o programa buscou uma integração e consolidação dos aspectos individuais e coletivos do trabalho, através da atualização e fortalecimento da identidade profissional e institucional.

Ao serem questionados sobre qualidade de vida e condições de trabalho, podemos observar que todo o investimento institucional realizado tem propiciado um reflexo positivo entre os trabalhadores, tanto que nas questões fechadas aparece um grau de satisfação significativo. Quanto às relações de trabalho, a maioria sente-se satisfeito com as mesmas (33% satisfeito, 42% muito satisfeito, 25% nem satisfeito, nem insatisfeito), bem como com o apoio que recebe no trabalho (33% muito satisfeito, 42% satisfeito, 8% nem satisfeito, nem insatisfeito, 17% insatisfeito) e com o apoio que recebe da chefia (33% muito satisfeito, 33% satisfeito, 17% nem satisfeito, nem insatisfeito, 17% insatisfeito). Em relação a este aspecto, faço uma inferência, tanto por conhecer a instituição, quanto o próprio programa, e, desta forma, acredito que estes resultados têm relação direta com o VTM, o qual centrou sua atuação nas relações interpessoais, discutindo, inclusive, as relações hierárquicas, que por vezes foram conflituosas na Enfermagem.

Em relação às condições de trabalho, há um nível de satisfação maior no que se refere ao setor de trabalho (17% muito satisfeito, 58% satisfeito, 8% nem satisfeito, nem insatisfeito, 17% insatisfeito), quando comparado ao nível de satisfação em relação à instituição (17% muito satisfeito, 25% satisfeito, 42% nem satisfeito, nem insatisfeito, 17% insatisfeito). Este fato pode estar relacionado ao sucateamento dos serviços públicos, com um menor investimento em material, equipamentos, entre outros, gerando um desgaste maior no trabalhador, com conseqüente insatisfação em relação às condições de trabalho.

Também questionamos sobre os sentimentos positivos e negativos experimentados pelos trabalhadores e com que freqüência estes sentimentos estão associados ao trabalho. Pudemos apreender que bom humor, alegria e felicidade estão freqüentemente presentes em 33% dos trabalhadores, muito freqüentemente em 25% e sempre na maioria dos trabalhadores, 42%, e geralmente estes sentimentos positivos têm relação com o trabalho (17% sempre, 17% muito freqüentemente, 42% freqüentemente e 25% algumas vezes). Pelo contrário, mau humor, ansiedade, desespero e depressão estão presentes algumas vezes na maioria dos trabalhadores (84%), e, quando presentes, algumas vezes têm relação com o trabalho (75%), sendo que para somente 8% muito freqüentemente estes sentimentos negativos estão relacionados ao trabalho.

A partir destes dados podemos inferir que a maioria dos trabalhadores de enfermagem têm uma boa qualidade de vida no trabalho, sendo este um fator motivador e não um fator de desgaste. Nos lembra Martins Perez (s.d.), no entanto, que "o trabalho, como tudo quanto é humano, pode ser analisado dialeticamente. Já os antigos romanos utilizavam duas palavras bem diferentes para referir-se ao trabalho sob dois pontos de vista divergentes: *labor, laboris* eram as palavras com que se referiam à ocupação agradável ou atividade de homens livres: *tripalium, tripalii* era utilizado para referir-se ao trabalho que escraviza o homem".

O trabalho da Enfermagem também apresenta ambivalências, relacionadas à divisão do trabalho (quem pensa e quem faz), ao prazer e sofrimento, à alienação e criação, alegria e dor, esperança e desesperança, em função, entre outros, da complexidade de sua atuação e das peculiaridades da composição de sua força de trabalho, já que constituem a equipe de enfermagem os enfermeiros, técnicos, auxiliares e "atendentes de enfermagem", com formação e papéis distintos.

No cotidiano da Enfermagem, a organização do trabalho tem influência direta sobre o pensar e o agir dos profissionais de enfermagem. A divisão do trabalho, tecnicamente, e principalmente socialmente, leva o trabalhador a alienar-se de seu trabalho, pois são os enfermeiros ou médicos que pensam e determinam o trabalho a ser realizado pelos demais profissionais. Este descompasso entre o pensar e o fazer leva o trabalhador a executar as ações, sem muitas vezes ter domínio científico sobre ela.

Apesar de manifestarem satisfação com o trabalho realizado, há manifestações de insatisfação com o acesso aos serviços de saúde (17% muito insatisfeito, 25% insatisfeito, 25% nem satisfeito, nem insatisfeito, 25% satisfeito, 8% muito satisfeito). Estes dados corroboram os já encontrados em estudo anterior, no qual os trabalhadores manifestaram grande dificuldade no acesso ao serviço de perícia médico, sendo apontados com relativa freqüência o descaso com que são tratados e a própria organização do serviço de perícia (Gelbcke, 1991). Ficou claro, mais uma vez, que as instituições de saúde não se preocupam com o acesso que os trabalhadores têm aos serviços de saúde e que os serviços de perícia cumprem seu papel de devolver o trabalhador mais rapidamente ao processo de trabalho, assumindo um papel controlador, em detrimento do caráter social que lhes cabe.

Mendes e Oliveira (1998) também encontraram dados de insatisfação dos trabalhadores de enfermagem de um hospital público de Natal no que se refere aos planos de saúde e outros benefícios, contrastando com dados de satisfação dos profissionais que atuam num hospital privado da mesma cidade. Esta situação apresentada, de acordo com estes autores, "é dada pela ausência de um plano de assistência médica que assista não só a categoria, mas toda a instituição, visto que os próprios funcionários do hospital são submetidos apenas a alguns especialistas da própria instituição" (Mendes e Oliveira, 1998, p. 26). Este fator também é encontrado no HU-UFSC, motivo pelo qual acreditamos que houve tal índice de insatisfação quanto ao acesso aos serviços de saúde.

Quando questionados sobre se têm qualidade de vida no trabalho, as respostas apontam uma relação entre vida pessoal e vida profissional, condições adequadas de trabalho, porém, chama a atenção que nas questões abertas destacam-se os aspectos relativos às relações de trabalho, que nas questões fechadas mostraram-se satisfatórias.

Os trabalhadores que manifestaram ter qualidade de vida no trabalho apontam fatores ligados à realização pessoal e satisfação com o que fazem no trabalho, como podemos apreender nas seguintes manifestações:

"No sentido de fazer o que gosto e realização profissional, sim." (1)

"Sim, porque a minha qualidade de vida pessoal reflete-se na minha vida profissional." (3)

"Sim, porque adoro minha profissão, minhas atribuições, e respeito muito a instituição HU enquanto diretoria geral e sobretudo a Diretoria de Enfermagem. Felizmente conto sempre com a colaboração de colegas e superiores na transposição de obstáculos cotidianos. Indubitavelmente o meu trabalho é grande responsável pela minha ótima qualidade de vida." (10)

São as condições de trabalho insatisfatórias e as relações de trabalho as apontadas pelos trabalhadores como limitantes ao alcance da qualidade de vida no trabalho. Sabemos que mesmo com todo o investimento nas relações de trabalho, com o Programa Vivendo e Trabalhando Melhor, esta é ainda uma questão de difícil resolução, tanto que aparece certa incongruência entre as respostas às questões fechadas e abertas.

Quanto às condições de trabalho, como colocamos anteriormente, estão sendo deterioradas em função do sucateamento do setor público de saúde, refletindo-se também na qualidade de vida no trabalho do pessoal de enfermagem. Ilustramos com as falas a seguir as limitações apontadas pelos trabalhadores.

"Quando vejo a atitude das outras pessoas em relação ao trabalho, não o exercendo de maneira ética e séria, acho que não tenho qualidade de vida no trabalho, pois tais atitudes me afetam." (1)

"Precisa melhorar muito, respeito, satisfação e condições necessárias de atuar no trabalho." (2)

"Faltam condições para poder desenvolver bem o trabalho, por exemplo, material permanente e de consumo, número de pessoal de enfermagem, salário, etc." (7)

"Não, pois o trabalho em si, harmonia entre funcionários e pacientes são bons, mas a instituição não nos proporciona condições de trabalho adequadas, como alimentação, fazendo com que a qualidade de vida no trabalho seja um pouco deficiente." (8)

"Acho que falta integração de equipe multidisciplinar para avançar na assistência." (12)

Em relação ao reflexo que as relações interpessoais e da qualidade de vida no trabalho geram na assistência prestada, mostram-nos a importância da qualidade de vida no trabalho e o significado desta na atividade realizada. Uma profissão como a Enfermagem, que trabalha com seres humanos em sua multidimensionalidade, não pode deixar de lado o sujeito trabalhador, devendo primar também pela sua qualidade de vida, tanto pessoal, quanto profissional, principalmente quando tem como objetivo a ser atingido a assistência de qualidade. Afirma Leopardi (1995, p. 27), que "a decisão profissional sobre o trabalho a realizar é, (...) uma decisão que ultrapassa aspectos técnicos. Qualquer decisão traz em si a marca do poder instituído, assim como a marca da formação técnica e a marca da própria questão da sobrevivência do trabalhador".

Com base nestas reflexões, vislumbramos a importância de se investir na qualidade de vida do trabalhador, visando à qualidade da assistência, mas acima de tudo, como um direito a ser preservado. Como querer exigir de um profissional uma assistência de qualidade quando não se dá a este qualidade de vida e condições adequadas para realizar seu trabalho? Neste sentido, a forma como o trabalho está organizado tem relação direta com a qualidade de assistência e a qualidade de vida do trabalhador, tal como veremos a seguir.

Organização do Trabalho e Seu Reflexo na Qualidade de Vida do Trabalhador

A organização do trabalho envolve as atividades desenvolvidas pelos trabalhadores, as relações de trabalho que ocorrem entre os pares e com a hierarquia. Compreende, portanto, a divisão do trabalho, o sistema hierárquico e as relações de poder, sendo que ao dividir-se o trabalho se impõe uma divisão entre os homens. Por envolver relações, a organização do trabalho é acima de tudo uma relação socialmente construída e não somente uma dimensão técnica (Dejours, 1994).

No setor de serviços, a organização do trabalho sofreu forte influência do modelo funcionalista/burocrático, inspirado nos pressupostos da escola científica ou clássica, repercutindo, conseqüentemente, nos serviços de saúde. De acordo com Pires (1998, p. 76-77), o setor de serviços cresceu significativamente neste século, e "foi influenciado pelo trabalho parcelado e pela gerência taylorista-fordista, e, também, está sendo influenciado pelas inovações tecnológico-organizacionais do processo recente de reestruturação produtiva".

Na Enfermagem, tal como no setor saúde, estes princípios de organização estão presentes, destacando-se a hierarquia rígida, a divisão do trabalho nas diversas categorias que compõem a equipe, além da divisão entre quem "pensa", e, portanto, administra e concebe, e entre quem "executa", determinando uma divisão social e técnica do trabalho, como colocado anteriormente.

Aliado aos princípios da administração clássica, outros modelos também têm sido empregados na organização do trabalho de enfermagem, como o das relações humanas e as teorias modernas de administração (modelo de gestão comportamental, estruturalista e participativo), sem perda, contudo, da influência significativa da escola clássica na organização do trabalho da Enfermagem. Normas, rotinas, padrões ainda fazem parte do cotidiano de trabalho, com vistas à qualidade da assistência prestada, sem considerar o quanto esta forma de organização rotiniza e robotiza o trabalho da Enfermagem, além de permitir selecionar e treinar o trabalhador conforme padrões definidos, facilitando o controle do seu trabalho.

Esta forma de organização do trabalho da Enfermagem desconsidera a dimensão humana e a subjetividade. Normas, regras e rotinas determinam o que fazer, como fazer e inclusive o que sentir, impedindo o desenvolvimento de um trabalho criativo.

De acordo com Bellato e Carvalho (1998, p. 13), "o grupo de enfermagem é quem mais agudamente sofre esse processo de massificação, pois tem todos os seus fazeres rigorosamente escrutinados em passos minuciosos, com horários rígidos, impostos sob a benemérita face do 'tudo fazer pelo bem do doente'... Tudo minuciosamente esperado e controlado para que não haja emperramentos na máquina, da qual fazem parte pacientes e profissionais da saúde".

No entanto, pacientes e trabalhadores não são engrenagens de uma máquina. São seres humanos, com histórias de vida, com sentimentos, emoções, desejos. E neste sentido concordo com Enriquez, que afirma que "o sujeito humano não é o indivíduo, sempre mais ou menos massificado. É aquele que sabe ser frágil, descentrado (do fato da existência do subconsciente), que tem um 'foro interior', a que respeita (...); é aquele que constrói uma identidade maleável, sempre inacabada, um 'si-mesmo', arranjo provisório do enigma complexo, que é a personalidade, que faz esforços para compreender as determinações de que ele é objeto, e que possui sua 'parcela de originalidade e de autonomia', que lhe permite ser aquilo que chamei um 'criador de história' (...). Ele realiza seu trabalho, com outros, porque ele compreendeu que não passa de um elemento, de uma história coletiva que o ultrapassa e que ele ajudou a criar" (Enriquez, 2000, p. 21).

Este ser humano, trabalhador, antes de ser trabalhador, é ser humano, ou para usar as palavras de Enriquez, sujeito humano. E vale ressaltar o que diz Leopardi (1994, p. 1) acerca desta questão. Para esta autora "o homem não é um trabalhador, antes de ser homem. O indivíduo perde sua completude e sua identidade, pela sua auto-denominação como trabalhador. Sendo momentaneamente trabalhador, por prazer ou por necessidade, sua identidade fica imersa na roupagem de trabalhador. Sendo momentaneamente trabalhador aparece exclusivamente trabalhador".

Desta forma, pensar no trabalhador somente como uma máquina é esquecer acima de tudo de sua muldimensionalidade, incluída nesta a sua subjetividade. É necessário integrar as dimensões pessoais, profissionais e institucionais, assumindo a complementaridade destas. Afinal, como cuidar do cliente em sua integralidade se os sujeitos trabalhadores também não forem considerados em sua multidimensionalidade? Como dizem Leite e Ferreira (1999, p. 11), "ao integrar as dimensões subjetivas dos trabalhadores, a busca de otimização da qualidade de serviços pode deixar de ser apenas mais um instrumento de dominação para aumento da produtividade, para transformar-se num movimento de crescimento pessoal e profissional".

Os trabalhadores de enfermagem relacionam a organização do trabalho principalmente à realização da tarefa em si, demonstrando o quanto o modelo taylorista ainda está presente, principalmente por ressaltarem a relação tempo e movimento. Sobressaem, para estes, a atividade propriamente dita, a execução da tarefa, tal como aparecem nas seguintes falas:

"Metas que projetamos a executar dia-a-dia." (2)

"Dar condições de poder executar o seu trabalho com eficiência e satisfação." (3)

"É quando você pode realizar seu trabalho adequadamente, sem estresse ou qualquer outros problemas para a equipe, podendo realizar adequadamente nossas técnicas, e desempenharmos nossa profissão." (4)

"Fazer tudo corretamente dentro do tempo previsto." (5)

"É uma forma de dar encaminhamento às tarefas que preciso realizar. É como se fosse uma bússola."(6)

"É a forma com que planejamos nosso trabalho, a curto e médio prazo, para que ele possa se desenvolver da melhor forma possível e não só atender às demandas imediatas." (12)

Através destes depoimentos, podemos observar o quanto a divisão do trabalho, divisão de tarefas entre os trabalhadores, ou seja, o modo operatório prescrito, destaca-se. Este modo operatório prescrito implica no estabelecimento de regras, as quais estão presentes na organização do trabalho. Uma regra compreende ao mesmo tempo "uma regra técnica, fixando as maneiras de fazer; uma regra social, enquadrando as condutas de interações; uma regra lingüística, passando por modos estritos de enunciação, estabilizadas em práticas da linguagem; uma regra ética, em face da justiça e da eqüidade, servindo de referência às arbitragens e aos julgamentos das relações ordinárias de trabalho" (Dejours, 1994, p. 136).

Nestas falas, percebe-se o entrelaçamento dos aspectos técnicos, sociais, lingüísticos e éticos, estabelecendo o que Dejours (1994) refere como poder organizador sobre a coesão e a construção do coletivo de trabalho.

Vale destacar que o trabalhador, no dizer de Dejours (1994, p. 24), "não chega a seu local de trabalho como uma máquina nova. Ele possui uma história pessoal que se concretiza por uma certa qualidade de suas aspirações, de seus desejos, de suas motivações, de usas necessidades psicológicas, que integram sua história passada. Isso confere a cada indivíduo características únicas e pessoais". Em função disto os aspectos das relações interpessoais também se manifestam nas falas dos trabalhadores.

"Direito igualitário e cooperativo das tarefas a serem realizadas no sentido de melhorar o respeito entre os funcionários e aprimorar a qualidade de atendimento." (1)

"Significa a harmonia entre equipes ou turnos de trabalho. O bom relacionamento facilita a organização das tarefas e o resultado final de trabalho." (11)

"Numerosos fatores que alicerçam, subsidiam e fortalecem as relações interpessoais no trabalho e a execução de tarefas tais como: turnos de trabalho, escalas, inclusive de atividades diárias, esquema de treinamento, orientação, supervisão e sobretudo avaliação de desempenho; hierarquia das relações profissionais, delegação de poderes, autonomia, entre outros." (10)

A intersubjetividade está presente de forma significativa na organização do trabalho, sendo determinada pelas relações sociais que se estabelecem. Isto ocorre porque o sujeito trabalhador "pensa sua relação com o trabalho, produz interpretações de sua situação e de suas condições, socializa essas últimas em atos intersubjetivos, reage e organiza-se mentalmente, afetiva e fisicamente, em função de suas interpretações, age, enfim, sobre o próprio processo de trabalho e traz uma contribuição à construção e evolução das relações sociais de trabalho" (Dejours, 1994, p. 140).

Também a organização do trabalho é um dos fatores que contribui na qualidade de vida do trabalhador, tanto na sua vida pessoal quanto no próprio trabalho. Podemos observar esta questão pelas respostas da maioria dos trabalhadores de enfermagem, que responderam afirmativamente quando interrogados se a organização do trabalho interferia em sua qualidade de vida:

"Com certeza, porque se você não está satisfeito com seu trabalho, você não estará satisfeito com sua vida como um todo." (3)

"Às vezes a organização do trabalho deixa o trabalho mais tenso e conseqüentemente a gente também." (5)

"Sim, e muito! Se há organização pode-se realizar um bom trabalho." (7)

"Sim, a falta de comunicação ou má interpretação de algumas colocações interferem no bem estar pessoal." (11)

A organização do trabalho tem, portanto, um papel de destaque na qualidade de vida no mesmo, tanto pelo modo como o próprio trabalho é realizado, quanto pelas interrelações que se estabelecem, ou seja, a organização do trabalho aparece como uma relação intersubjetiva e uma relação social. Desta forma, não podemos pensar na organização do trabalho só de forma técnica, da forma como o trabalho é operado. Esta organização "é basicamente técnica, mas passa, também, fundamentalmente, por uma integração humana que a modifica e lhe dá sua forma concreta. Forma que se caracteriza essencialmente por sua evolutividade, em função de homens concretos, de coletivos, da história local e do tempo" (Dejours, Abdoucheli, 1994, p. 138).

A forma como o trabalho da Enfermagem encontra-se organizado não dá espaço para que o sujeito trabalhador reflita sobre seu trabalho, suas alegrias, tristezas, prazer e mesmo o sofrimento, tampouco para sentir-se enquanto sujeito humano.

Diz Leopardi (1999, p. 173) que "a pausa do trabalho é importante para a liberdade, porque é quando refletimos, concebemos a continuidade, sentimos reverência, sentimos o mundo. Parece não haver espaço para a pausa no mundo do trabalho".

Este pensamento é corroborado por Gonzales (2000, p. 151), que afirma que "um trabalho contínuo, como no caso da Enfermagem, exige que, no momento imediato a uma sensação qualquer, esta seja apagada para poder ser sentida mais tarde, quando sobrar tempo, como se isto fosse possível de ser feito sem interferir no sentimento ou sensação. É preciso ter descontinuidades, encontrar os respiradouros, momentos em que se pode refletir, ter contato consigo mesmo, para não perder as características de humanidade, justamente porque este trabalho é com seres humanos". Além disto, pela característica de trabalhar com o ser humano, e com aspectos relacionados ao sofrimento humano, o trabalho da Enfermagem também se reflete em sofrimento, pois não é nada agradável deparar-se com a dor e a morte alheias. Há sentimentos e ansiedades profundos e intensos que os trabalhadores de saúde, entre os quais os de enfermagem, enfrentam em sua rotina de trabalho. Como mecanismos de defesa, de acordo com Pitta (1990), os trabalhadores fazem uso das seguintes estratégias:

— Fragmentação da relação técnico-paciente – parcelamento de tarefas para evitar aproximanções;

— Despersonalização e negação da importância do indivíduo – tratamento igual para todos;

— Distanciamento e negação de sentimentos – sentimentos tem de ser controlados;

— Tentativa de eliminar decisões através do estabelecimento de rotinas, normas e padrões de conduta; e

Outro fator a considerar é que existe, na organização do trabalho, um espaço de liberdade que permite uma negociação, o uso da criatividade, possibilitando ao trabalhador uma forma de intervir sobre o trabalho. Porém, quando este espaço de negociação/liberdade é bloqueado, ocorre o sofrimento psíquico, gerando assim um processo de desgaste no trabalhador (Dejours, 1988; Pitta, 1990).

Gonzales (2000, p. 152), ao investigar o prazer e sofrimento dos trabalhadores de enfermagem, identifica que estes "vinculam o prazer com o fato do serviço fluir bem, sem intercorrências negativas, portanto o prazer não está no resultado originário de um ato criativo, mas sim naquilo que eles aprenderam que seria o seu prazer, ou seja, quando conseguem fazer aquilo que deveria ser feito. Este prazer é diferente e vazio" pois não resulta de algo planejado pelo trabalhador, mas sim é algo executado de forma rotineira, mecânica, como algo esperado e configurado como bom e correto.

Os trabalhadores de enfermagem, em seu cotidiano, têm este espaço "*bloqueado*" pela imensidade de normas e rotinas colocadas nas instituições. São técnicas que devem seguir estes e aqueles passos, há horário para dar o banho, a medicação, fazer o curativo, para receber as visitas... Não há horário para a troca, a sensibilidade, o conhecer o outro e a si mesmo. Portanto, como o trabalhador de enfermagem pode ser consciente? Não há, muitas vezes, nem espaço para o cuidar de si, em função do cuidar do outro. Que caminhos temos a traçar visando a transformação desta realidade?

Há que se pensar, então, em um novo modo de organizar o trabalho da Enfermagem que permita ao trabalhador ultrapassar este processo de alienação, este imobilismo, buscando respiradouros, garantindo sua liberdade, sua criatividade e, conseqüentemente, uma melhor qualidade de vida.

DO SONHO À REALIDADE: EM BUSCA DA QUALIDADE DE VIDA NO TRABALHO

Este trabalho nos remeteu a muitas reflexões, pois pensar em qualidade de vida no trabalho é pensar, acima de tudo, naquele que executa o trabalho, não o cliente, o objeto do nosso trabalho, mas o sujeito-trabalhador, aquele que está ao nosso lado no cotidiano de trabalho, aquele que muitas vezes desconhecemos como pessoa, apesar de sempre falarmos que a enfermagem trabalha em equipe. Acredito que os dados apresentados, além das muitas indagações, nos apontam a necessidade de refletirmos como o nosso trabalho está organizado, que reflexos têm esta organização na nossa qualidade de vida, bem como de que precisamos buscar formas de melhorar a qualidade de vida no trabalho.

Além disto, quando pensamos no sujeito-trabalhador como um ser humano único e indivisível, questionamo-nos: continuamos nós profissionais separando o pessoal do profissional? Ao estarmos apontando nossa qualidade de vida como boa, porém nossa qualidade de vida no trabalho como razoável, não estamos nos fragmentando? Será este um mecanismo de defesa para preservar algo pessoal mais íntegro, já que é no trabalho que passamos uma boa parte de nossas vidas? Como articular vida e trabalho, sem mascarar os problemas que nos afligem? Que alternativas buscar, que possibilitem a interface vida e trabalho: pessoal, profissional e institucional?

Sabemos que a partir dos anos 80 novas formas de organização administrativa foram implementadas em muitas instituições, entre elas a denominada gestão da excelência ou qualidade total, nas quais há uma supervalorização da ação, um comprometimento intenso do trabalhador com a instituição, buscando inclusive a superação de si (Chanlat, 2000). Serão estas modalidades que interessam ao trabalhador? Uma maior autonomia, grande responsabilidade, recompensas materiais, relações hierárquicas mais igualitárias, em nome de quem? Do trabalhador ou da empresa?

Também para as novas propostas de organização a classe trabalhadora deve estar atenta, pois as empresas, em muitas situações, trazem embutidas nas propostas de valorização do trabalhador, de flexibilidade e de autonomia, a busca por maior produtividade. Claro que não podemos negar que as empresas visam à qualidade do trabalho e à produtividade, seria ingenuidade pensar que não. Porém acreditamos que as novas formas de organização devem propiciar ao trabalhador uma real autonomia, uma forma mais participativa nos processos decisórios, uma prática criativa e reflexiva, em que o trabalhador possa realmente mostrar seu potencial, sem preocupar-se só com a produção. Aliar poder criativo e produtividade leva também ao prazer, à satisfação e, conseqüentemente, a uma melhor qualidade de vida no trabalho.

Muitos são os questionamentos que surgem, alguns até podemos explicar, outros com certeza ainda não temos respostas. Ficam as indagações e a certeza de que necessitamos implementar programas de qualidade de vida no trabalho, minimizando o desgaste do trabalhador no processo produtivo, o sofrimento do trabalho, resgatando a satisfação, a alegria, a felicidade. Isto é um sonho! Quem sabe? Mas a possibilidade de sonhar ainda não nos tiraram e fica, portanto, o desafio de transformarmos o sonho em realidade.

A enfermagem do HU-UFSC, parece-nos, deu o primeiro passo para transpor as dificuldades imprimidas pelo processo de trabalho, ao instituir os Programas Vivendo e Trabalhando Melhor e Cuidando de Quem Cuida, resgatando a intersubjetividade do trabalhador, a complementariedade pessoa-trabalho-instituição.

Mais uma vez nos perguntamos: em outra instituição a qualidade de vida apareceria de forma razoável, já que sabemos que as instituições de saúde, de uma forma geral, apresentam condições de trabalho ruins, tanto no que se refere às próprias condições materiais, quanto ao quantitativo de pessoal, gerando sobrecarga de trabalho?

Além disto, é a Enfermagem uma profissão pouco valorizada em termos de remuneração, o que impede seus trabalhadores de obter acesso aos bens de consumo, necessitando, para tal, ter mais de um emprego, gerando mais uma vez sobrecarga e desgaste. Trabalhadores de enfermagem de outras instituições, os quais não tiveram a oportunidade de terem os programas implementado no HU, teriam, portanto, esta mesma percepção de sua qualidade de vida no trabalho?

Queríamos destacar, ainda, que temos ciência de que o desgaste é próprio do processo de trabalho, mas estamos reafirmando a necessidade de buscarmos melhores condições de trabalho, um salário mais justo ou mecanismos de compensação material, uma melhor qualidade de vida no trabalho, o que, com certeza, refletirá numa melhor qualidade de vida do sujeito-trabalhador. Além dos aspectos materiais, destacamos também, de forma singular, a necessidade de que os programas de qualidade de vida no trabalho abarquem aspectos relacionados à humanização do trabalho de forma mais abrangente, incluindo a partilha de responsabilidades, autonomia, participação nos processos de decisão e gestão, permitindo ao trabalhador perceber-se como sujeito também "cuidado" pela instituição, como alguém que não faz apenas parte da engrenagem do processo produtivo, mas como um sujeito ativo, criativo, com desejos, vontades, sonhos e paixões, como um ser integral em sua multidimensionalidade e diversidade.

REFERÊNCIAS BIBLIOGRÁFICAS

ABDOUCHELI, Elisabeth, DEJOURS, Christophe. Itinerário teórico em psicopatologia do trabalho. In: DEJOURS, Christophe, ABDOUCHELI, Elisabeth, JAYET, Christian. *Psicodinâmica do trabalho:* contribuições da Escola Dejourniana à análise da relação prazer, sofrimento e trabalho. Coordenação Maria Irene Stocco Betiol. São Paulo: Atlas, 1994.

ALMEIDA, Maria Cecília Puntel, ROCHA, Juan Yaslle. *O saber da enfermagem e sua dimensão prática.* São Paulo: Cortez, 1986.

ANTUNES, Ricardo. *Adeus ao trabalho?:* ensaio sobre as metamorfoses e a centralidade do mundo do trabalho. 3. ed. São Paulo: Cortez; Campinas: Universidade Estadual de Campinas, 1995.

BELLATO, Roseney, CARVALHO, Emília Campos de. O quotidiano do hospital ou "para uma ordem confusional". *R. Bras. Enferm.* Brasília. v. 51, n. 1, p. 7-18, jan/mar. 1998.

CAPELLA, Beatriz Beduschi. *Uma abordagem sócio-humanista para um "modo de fazer" o trabalho de enfermagem.* Pelotas: Universitária/UFPEL; Florianópolis: Programa de Pós-graduação em Enfermagem/UFSC, 1998.

CATTANI, Antonio David. *Trabalho e autonomia.* Petrópolis: Vozes, 1996.

CHANLAT, Jean-François. Modos de gestão, saúde e segurança no trabalho. In: DAVEL, Eduardo, VASCONCELOS, João (orgs.) *Recursos humanos e subjetividade.* Petrópolis: Vozes, 2000.

DEJOURS, Christophe. A carga psíquica do trabalho. In: DEJOURS, Christophe, ABDOUCHELI, Elisabeth, JAYET, Christian. *Psicodinâmica do trabalho:* contribuições da Escola Dejourniana à análise da relação prazer, sofrimento e trabalho. Coordenação Maria Irene Stocco Betiol. São Paulo: Atlas, 1994.

DEJOURS, Christophe, DESSORS, Dominique, DESRIAUX, François. Trad. Maria Irene Betiol. *Rev. de Administração de Empresas. Por um trabalho, fator de equilíbrio.* São Paulo. v. 33, n. 3, p. 98-104, mai/jun 1993.

ENRIQUEZ, Éugene. Prefácio. In: DAVEL, Eduardo, VASCONCE-LOS, João (orgs.) *Recursos humanos e subjetividade.* Petrópolis: Vozes, 2000.

FERREIRA, Luis Carlos, LEITE, Edimar. *Vivendo e Trabalhando Melhor:* uma proposta de reflexão e atualização das relações na Enfermagem do HU-UFSC. *Proposta de trabalho.* Brasília, agosto de 1996.

_____. *Método de dinamização de grupos para o desenvolvimento interpessoal e de equipes.* Brasília: CAV, agosto de 1999.

GELBCKE, Francine Lima. *Processo saúde-doença e processo de trabalho:* a visão dos trabalhadores de enfermagem de um hospital-escola. Dissertação de Mestrado. Escola de Enfermagem Alfredo Pinto, Universidade do Rio de Janeiro (UNI-RIO). Rio de Janeiro, 1991.

GERMANO, Raimunda Medeiros. *Educação e ideologia da enfermagem no Brasil.* São Paulo: Cortez, 1984.

GONZALES, Rosa Maria Bracini. *Sofrimento na práxis da enfermagem:* real ou imaginário? Florianópolis, 2000. Tese (Doutorado em Enfermagem) – Curso de Pós-Graduação em Enfermagem, Universidade Federal de Santa Catarina.

LEOPARDI, Maria Tereza. A finalidade do trabalho da enfermagem: a ética como fundamento decisório. *Texto Contexto Enferm.,* Florianópolis. v. 4, n.2, jul/dez 1995, p. 23-29.

_____. (org.) *Processo de trabalho em saúde:* organização e subjetividade. Florianópolis: Papa-Livros, 1999.

LIMA, Irê Silva. *Qualidade de vida no trabalho na construção de edificações:* avaliação do nível de satisfação dos operários de empresas de pequeno porte. Tese de Doutorado. Curso de Pós-Graduação em Engenharia de Produção. UFSC, dezembro 1995. Disponível na Internet: www.eps.ufsc.br/teses/irê

MARQUES, Maria de Fátima Teixeira, OLIVEIRA, José Arimatés. *Qualidade de vida no trabalho dos funcionários de duas unidades referenciais de saúde.* n. 5. Natal: UFRN, 1998. (Série Cadernos de Estudos do GERHQUAL). 48 p. [Relatório de pesquisa]. Disponível na Internet: www.ufrn.br/gerhqual

MARTINS PEREZ, Jesus. *Dialética do trabalho e sociedade brasileira.* http://www.cra.rj.org.br/dramatiz-i.htm

MASSAROLLO, Maria Cristina Komatsu, SILVA, Vanda Elisa Feli de, A qualidade de vida e a saúde do trabalhador de enfermagem. In: *O mundo da Saúde.* São Paulo: Centro Universitário São Camilo, v. 22, n. 5, p. 283-286, set/out. 1998.

MATOS, Eliane. Refletindo sobre a qualidade de vida no trabalho da Enfermagem no Hospital Universitário. *Texto Contexto Enferm.,* Florianópolis. v. 8, n. 3, p. 27-43, set./dez. 1999.

MEEBERG, Glenda. Quality of life: a concept analysis. *Journal of Advanced Nursing.* n. 18. p. 32-38, 1993.

MELO, Cristina. *Divisão social do trabalho e enfermagem.* São Paulo: Cortez, 1986.

MENDES, Neilson Carlos do Nascimento, OLIVEIRA, José Arimatés. *Qualidade de vida no trabalho dos profissionais de saúde:* um estudo dos enfermeiros de nível superior de dois hospitais de Natal-RN. n. 2. Natal: UFRN, 1998. (Série Cadernos de Estudos do GERHQUAL). 41 p. [Relatório de pesquisa]. Disponível na Internet: www.ufrn.br/gerhqual

MIOTTO, Regina Célia Tamaso. Famílias hoje: o começo da conversa. *Texto Contexto Enferm.,* Florianópolis. v. 8, n. 2, p. 211-219, mai./ago. 1999.

PIRES, Denise Pires de. *Hegemonia médica na saúde e na Enfermagem.* São Paulo: Cortez, 1989.

_____. *Reestruturação produtiva e trabalho em saúde no Brasil.* São Paulo: Confederação Nacional dos Trabalhadores em Seguridade Social – CUT; Annablume, 1998.

PITTA, Ana. *Hospital:* dor e morte como ofício. São Paulo: Hucitec, 1990.

RAMOS, Flávia Regina. As transformações no mundo do trabalho e a Enfermagem. *Anais.* 11º ENFSUL. Porto Alegre, 6 e 7 julho de 2000.

WHOQOL GROUP. Organização Mundial de Saúde. *Instrumento de Avaliação de Qualidade de Vida:* versão em português. Genebra, 1994. Disponível na Internet: http://www.hcpa.ufrgs.br/psiq/whoqol1.html

_____. Organização Mundial de Saúde. *Instrumento de Avaliação de Qualidade de Vida:* versão em português abreviada. Genebra. 1998. Disponível na Internet: http://www.hcpa.ufrgs.br/psiq/whoqol1.html

ANEXO 1 – INSTRUMENTO PARA COLETA DE DADOS

Qualidade de vida dos trabalhadores de Enfermagem e Organização do Trabalho

Instruções

Este questionário é sobre como **você** se sente a respeito de sua qualidade de vida, saúde e outras áreas de sua vida. **Por favor responda a todas as questões.** Se você não tem certeza sobre que resposta dar em uma questão, escolha entre as alternativas a que lhe parece mais apropriada.

Para responder, tenha em mente seus valores, aspirações, prazeres, preocupações. Nós estamos perguntando o que você acha de sua vida, tomando como referência as **duas últimas semanas.**

Queremos destacar que você não será identificado, portanto, pode colocar a sua forma de compreender e sentir sua vida, como o trabalho tem repercutido nela e se o modo como este trabalho está organizado tem contribuído de forma positiva ou negativa em sua vida.

Você dever fazer um círculo no número que corresponde à sua resposta em relação às perguntas fechadas (que já tem algum indicativo para a resposta), e responder da forma como você melhor quiser as respostas abertas (que não tem nenhum indicativo e que dependem do seu entendimento).

Contamos com você.

Obrigada,

Francine

Por favor, leia cada questão, veja o que você acha e circule no número que lhe parece a melhor resposta.

	Muito ruim	Ruim	Nem ruim nem boa	Boa	Muito Boa
1. Como você avaliaria sua qualidade de vida?	1	2	3	4	5

	Muito insatisfeito	Insatisfeito	Nem satisfeito nem insatisfeito	Satisfeito	Muito satisfeito
2. Quão satisfeito(a) você está com sua vida?	1	2	3	4	5

	Muito insatisfeito	Insatisfeito	Nem satisfeito nem insatisfeito	Satisfeito	Muito satisfeito
3. Quão satisfeito(a) você está com sua saúde?	1	2	3	4	5

	Nada	Muito pouco	Mais ou menos	Bastante	Extremamente
4. O quanto você aproveita a vida?	1	2	3	4	5

As questões seguintes são sobre o **quanto** você tem sentido algumas coisas nas últimas duas semanas.

	Nada	Muito pouco	Mais ou menos	Bastante	Extrema-mente
5. Em que medida você acha que a sua vida tem sentido?	1	2	3	4	5

	Nada	Muito pouco	Mais ou menos	Bastante	Extrema-mente
6. O quanto você consegue se concentrar?	1	2	3	4	5

	Nada	Muito pouco	Mais ou menos	Bastante	Extrema-mente
7. Quão seguro(a) você se sente em sua vida diária?	1	2	3	4	5

	Nada	Muito pouco	Mais ou menos	Bastante	Extrema-mente
8. Quão saudável é o seu ambiente físico (clima, barulho, poluição, atrativos, lazer)?	1	2	3	4	5

	Nada	Muito pouco	Mais ou menos	Bastante	Extrema-mente
9. Quão saudável é o seu ambiente de trabalho (barulho, poluição, temperatura, iluminação)?	1	2	3	4	5

	Nada	Muito pouco	Mais ou menos	Bastante	Extrema-mente
10. Você tem sentido algum problema que interferiu na sua saúde?	1	2	3	4	5

	Nada	Muito pouco	Mais ou menos	Bastante	Extrema-mente
11. Em que medida você acha que seu trabalho impede sua qualidade de vida?	1	2	3	4	5

As questões seguintes perguntam sobre **quão completamente** você tem sentido ou é capaz de fazer certas coisas nestas últimas duas semanas.

	Nada	Muito pouco	Médio	Muito	Completa-mente
12. Você tem energia sufi-ciente para seu dia-a-dia?	1	2	3	4	5

	Nada	Muito pouco	Médio	Muito	Completa-mente
13. Você tem dinheiro sufi-ciente para satisfazer suas necessidade?	1	2	3	4	5

	Nada	Muito pouco	Médio	Muito	Completa-mente
14. Quão disponíveis para você estão as informações que precisa no seu dia-a-dia de trabalho?	1	2	3	4	5

	Nada	Muito pouco	Médio	Muito	Completa-mente
15. Em que medida você tem oportunidades de ati-vidade de lazer?	1	2	3	4	5

	Nada	Muito pouco	Médio	Muito	Completa-mente
16. Em que medida a for-ma como o seu trabalho está dividido permite você ficar satisfeito?	1	2	3	4	5

	Nada	Muito pouco	Médio	Muito	Completa-mente
17. Em que medida a forma como a chefia atua interfere na sua qualidade de vida?	1	2	3	4	5

As questões seguintes perguntam sobre **quão bem ou satisfeito** você se sentiu a respeito de vários aspectos de sua vida nas duas últimas semanas.

	Muito insatisfeito	Insatisfeito	Nem satisfeito nem insatisfeito	Satisfeito	Muito satisfeito
18. Quão satisfeito(a) você está com seu sono?	1	2	3	4	5

	Muito insatisfeito	Insatisfeito	Nem satisfeito nem insatisfeito	Satisfeito	Muito satisfeito
19. Quão satisfeito(a) você está com sua capacidade de desempenhar as atividades do seu dia-a-dia?	1	2	3	4	5

	Muito insatisfeito	Insatisfeito	Nem satisfeito nem insatisfeito	Satisfeito	Muito satisfeito
20. Quão satisfeito(a) você está com sua capacidade para o trabalho?	1	2	3	4	5

	Muito insatisfeito	Insatisfeito	Nem satisfeito nem insatisfeito	Satisfeito	Muito satisfeito
21. Quão satisfeito(a) você está consigo mesmo?	1	2	3	4	5

	Muito insatisfeito	Insatisfeito	Nem satisfeito nem insatisfeito	Satisfeito	Muito satisfeito
22. Quão satisfeito(a) você está com sua relações pessoais no trabalho (equipe)?	1	2	3	4	5

	Muito insatisfeito	Insatisfeito	Nem satisfeito nem insatisfeito	Satisfeito	Muito satisfeito
23. Quão satisfeito(a) você está com sua relação com a chefia de enfermagem do setor?	1	2	3	4	5

	Muito insatisfeito	Insatisfeito	Nem satisfeito nem insatisfeito	Satisfeito	Muito satisfeito
24. Quão satisfeito(a) você está com o apoio que recebe no trabalho?	1	2	3	4	5

	Muito insatisfeito	Insatisfeito	Nem satisfeito nem insatisfeito	Satisfeito	Muito satisfeito
25. Quão satisfeito(a) você está com as condições de trabalho no setor?	1	2	3	4	5

	Muito insatisfeito	Insatisfeito	Nem satisfeito nem insatisfeito	Satisfeito	Muito satisfeito
26. Quão satisfeito(a) você está com as condições de trabalho na instituição?	1	2	3	4	5

	Muito insatisfeito	Insatisfeito	Nem satisfeito nem insatisfeito	Satisfeito	Muito satisfeito
27. Quão satisfeito(a) você está com o seu acesso aos serviços de saúde?	1	2	3	4	5

As questões seguintes referem-se com **que freqüência** você sentiu ou experimentou certas coisas nas últimas duas semanas.

	Nunca	Algumas vezes	Freqüentemente	Muito freqüente-mente	Sempre
28. Com que freqüência você tem sentimentos positivos tais como bom humor, alegria, felicidade?	1	2	3	4	5

	Nunca	Algumas vezes	Freqüentemente	Muito freqüente-mente	Sempre
29. Com que freqüência tais sentimentos positivos tem relação com seu trabalho?	1	2	3	4	5

	Nunca	Algumas vezes	Freqüentemente	Muito freqüentemente	Sempre
30. Com que freqüência você tem sentimentos negativos tais como mau humor, desespero, ansiedade, depressão?	1	2	3	4	5

	Nunca	Algumas vezes	Freqüentemente	Muito freqüentemente	Sempre
31. Com que freqüência os sentimentos negativos têm relação com o trabalho?	1	2	3	4	5

Agora gostaríamos que você respondesse o que entende pelas perguntas a seguir.

32. O que você entende por qualidade de vida?

_____

_____

_____

33. Você acha que tem qualidade de vida em seu trabalho?

_____

_____

_____

34. O que é para você organização do trabalho?

_____

_____

_____

35. Você acredita que a forma como o trabalho está organizado interfere em sua qualidade de vida? Por quê?

_____

_____

_____

Gostaríamos mais uma vez de agradecer a sua participação neste trabalho.
Obrigada!
Francine Lima Gelbcke

A QUESTÃO DA SAÚDE NO TERCEIRO MILÊNIO

NECESSIDADES HUMANAS E SAÚDE

Tamara Iwanow Cianciarullo

INTRODUÇÃO

Estudiosos e pesquisadores de diferentes áreas do conhecimento humano vêm se preocupando cada vez mais com questões relativas às necessidades humanas, nos diferentes cenários sociais.

A necessidade é a qualidade ou caráter de necessário, aquilo que é absolutamente necessário, exigência, *mas também é usada para caracterizar* privação dos bens necessários, indigência, míngua, pobreza e precisão (*Novo Aurélio*, 2001). A partir destas definições, já se pode perceber a dificuldade na delimitação da sua utilização e na determinação do seu significado. Lima (1982), citado por Pereira (2000), confirma esta dificuldade quando diz que "vãos têm sido os esforços do investigador quando procura encontrar nos textos institucionalizados alguma teoria ou intento de estudo rigoroso das necessidades".

A necessidade, segundo Runes (1990), pode ser compreendida de três modos distintos: necessidade lógica ou matemática, necessidade física e necessidade moral, sendo todas regidas pelas respectivas leis lógicas, físicas e morais.

Toda coisa é logicamente necessária quando é a negação daquilo que violaria uma lei da lógica. Assim, tudo aquilo cuja negação viole uma lei da lógica é necessária. Do mesmo modo, Runes (1990) afirma que as coisas fisicamente necessárias são aquelas cuja negação iria violar uma lei física ou natural. A necessidade física também é referida como "necessidade causal". A necessidade moral difere das leis físicas e das lógicas por ser exemplificada na necessidade de obrigação. O cumprimento da obrigação é moralmente necessário no sentido em que o fracasso para cumpri-la, iria violar uma lei moral, quando esta lei é aceita como incorporando algum valor reconhecido. Ao se admitir que os valores são dependentes dos indivíduos e das sociedades, então as leis que incorporam estes valores serão igualmente dependentes, assim como o tipo de coisas que estas leis iriam tornar moralmente necessárias.

A necessidade enquanto um conceito utilizado na área da saúde percorre os caminhos da lógica em suas diferentes formas, da física e da moral, sendo objeto de interesse cada vez maior entre os seus estudiosos. Há que se destacar, no entanto, que apesar da sua importância ainda são poucas as publicações específicas em nosso meio.

Encontramos, no Brasil, na década de 70, uma enfermeira, Wanda de Aguiar Horta, Professora Titular da Escola de Enfermagem da Universidade de São Paulo, que apresenta uma teoria de enfermagem fundamentada nos estudos de Maslow e do Padre João Mohana, a Teoria das Necessidades Humanas Básicas. Define necessidade humana básica como um estado de tensão, consciente ou inconsciente, resultante de desequilíbrios homeodinâmicos dos fenômenos vitais, afirmando que, em estado de equilíbrio dinâmico, a necessidade não se manifesta, mas apresenta-se sob forma latente. Enumera as características das necessidades humanas e caracteriza os fatores intervenientes da sua manifestação, tais como sexo, cultura, idade, individualidade, escolaridade, fatores socioeconômicos, ciclo saúde-enfermidade e ambiente físico. Classifica as necessidades humanas básicas em três níveis inter-relacionados: psicobiológicas, (oxigenação, hidratação, nutrição, eliminação, sono e repouso, exercício e atividades físicas, sexualidade, abrigo, mecânica corporal, integridade cutâneo-mucosa, integridade física, regulação térmica, hormonal, neurológica, hidrossalina, eletrolítica, imunológica, crescimento celular, vascular, locomoção, pecepção olfativa, visual, auditiva, tátil, gustativa e dolorosa, ambiente e terapêutica); psicossociais (segurança, amor, liberdade, comunicação, criatividade, aprendizagem, gregária, recreação, lazer, espaço, orientação no tempo e no espaço, aceitação, auto-realização, auto-estima, participação, auto-imagem, atenção) e psicoespirituais (religiosa ou teleológica, ética ou filosofia de vida) (Horta, 1979).

A professora Wanda apresenta sua teoria e ensina a maneira de operacionalizá-la, produzindo textos, livros e ministrando cursos em diversos estados brasileiros e no exterior, visando à sua divulgação e implementação. Ao mesmo tempo, inicia um programa de pós-graduação em enfermagem, em nível de mestrado, buscando sedimentar a sua teoria por meio de estudos realizados por suas alunas. Podemos caracterizar, com certeza, a mudança produzida pela sua teoria no cenário da sistematização das ações das enfermeiras, principalmente as que desenvolviam suas atividades nos cenários hospitalares. O Processo de Enfermagem de Wanda de Aguiar Horta, uma proposição de operacionalização de sua teoria, muitas vezes foi confundido com a própria Teoria das Necessidades Humanas Básicas, causando alguns desconfortos acadêmicos, mas produzindo significativa diferença nas maneiras inovadoras de documentar a lógica utilizada para o desenvolvimento das ações cuidativas nos cenários hospitalares.

Ainda no Brasil, Stotz (1991), em sua tese de doutorado, aborda o conceito da necessidade em saúde, sugerindo uma taxonomia de necessidades de saúde, caracterizada por quatro grupos principais: boas condições de vida, acesso a todas as tecnologias de saúde que contribuam para melhorar e prolongar a vida, ter vínculo com um profissional ou equipe e ter autonomia" no modo de andar a vida", trabalhados posteriormente em um estudo realizado por Matsumoto (1999). Estes dois trabalhos são citados por Cecílio e Lima (2000), quando descrevem uma estratégia de "integração e humanização" desenvolvida pela secretaria municipal de saúde de Chapecó.

Recentemente, a professora Potyara A. P. Pereira, da Universidade de Brasília, apresentou-nos um primoroso estudo realizado no âmbito do Núcleo de Estudos e Pesquisas em Política Social (NEPPOS) sobre as necessidades humanas básicas, com um enfoque eminentemente social (Pereira, 2000).

Como se pode verificar, não são muitos os trabalhos relacionados às necessidades humanas, em suas múltiplas dimensões e significados, chegando ao ponto das necessidades de saúde serem confundidas com atividades oferecidas pelos serviços (Cecílio e Lima, 2000).

O CONCEITO DE NECESSIDADE HUMANA

A utilização dos termos como necessidades humanas, necessidades humanas básicas, necessidades fundamentais, necessidades sociais, necessidades de saúde, entre outras denominações, vem acrescentar uma nova dimensão ao conceito de necessidade, caracterizando o seu significado em diferentes cenários.

Pereira (2000), analisando o conceito de necessidade, à luz das políticas sociais no cenário brasileiro, considera que a temática das necessidades humanas básicas está negligenciada e parte do pressuposto que, os mínimos sociais correspondem a necessidades fundamentais a serem satisfeitas por políticas sociais exigindo novas formas de enfrentamento político-social. Considera ainda que no âmbito da assistência social há que se estabelecer a diferença entre os conceitos de necessidades básicas e a sua provisão mínima, visto que a vinculação dos dois conceitos tem conduzido a uma crescente tendência de se identificar semanticamente mínimo com básico e de equipará-los no plano político-decisório, o que na sua opinião é uma temeridade. E afirma que o básico expressa algo fundamental, principal, primordial, que serve de base de sustentação indispensável e fecunda ao que a ela se acrescenta, enquanto que mínimo tem a conotação de menor, de menos, em sua acepção mais ínfima, identificada com patamares de satisfação de necessidades que beiram a desproteção social. Afirma, ainda, que existem correntes influentes de pensamento que rejeitam a idéia de que existam, de fato, necessidades humanas básicas comuns a todos e objetivamente identificáveis, cuja satisfação poderia ser planejada e gerida de forma sistemática e bem sucedida (Pereira, 2000).

O termo necessidade pode também referir-se a diferentes fenômenos, tais como falta ou deficiência, caracterizado como teleológico; força ou estado de tensão de um organismo, caracterizado como um estado de tensão, a exemplo o conceito utilizado por Wanda de Aguiar Horta em sua teoria de enfermagem; e como algo necessário, referindo-se sempre ao objeto da necessidade.

A necessidade como objeto não tem restrições quanto ao seu uso, a não ser quando se tratam de coisas impossíveis de se alcançar, tendo que se destacar que o objeto da necessidade não é o mesmo que a necessidade em si. Em primeiro lugar afirma, Liss (1996), quando alguém tem uma necessidade, ele geralmente sente a falta do objeto desta necessidade; por outro lado, a necessidade pode ser satisfeita e o objeto da necessidade não ter esta propriedade, e, finalmente, ter um objeto de necessidade significa algo bom, enquanto que ter uma necessidade não satisfeita significa algo ruim. A necessidade então seria eliminada pela sua satisfação.

Por outro lado, a necessidade humana também é visualizada como pressuposto de uma boa qualidade de vida quando alguns autores afirmam que uma pessoa tem um alto nível de qualidade de vida se e somente se suas necessidades humanas básicas estiverem satisfeitas (Nordenfelt, 1993).

Instrumentalizando os componentes da necessidade, estes podem ser caracterizados como: sujeito, objeto e meta, sendo que meta é uma condição necessária para a existência da necessidade, o objeto necessitado tem um significado para a meta e o que alguém necessita é determinado pela meta que justifica o componente da necessidade identificada. (Liss, 1996)

Ainda, Per Erik Liss, em sua obra sobre as necessidades em saúde, afirma que em essência necessidade nada mais é do que a lacuna ou a diferença entre um estado atual e uma meta estabelecida.

IDENTIFICANDO NECESSIDADE

Ter conhecimento sobre a necessidade e sobre o objeto da necessidade é importante, mas não são condições suficientes para se identificar a necessidade em si, precisamos conhecer o sujeito e suas condições, visto que a falta de um objeto não é o mesmo que ter necessidade dele.

A identificação de necessidades em saúde no contexto clínico relaciona-se às necessidades individuais, enquanto que a identificação das necessidades da população é do interesse do planejamento dos serviços de saúde (Liss, 1996).

Por outro lado, muitos autores apresentam diferentes visões da necessidade humana, alguns preocupados em apenas identificá-las nas diferentes dimensões da vida humana ou ainda hierarquizá-las (Maslow, 1970).

Alguns autores, ainda, diferenciam as chamadas necessidades básicas das necessidades naturais, vitais ou de sobrevivência, visto afirmarem que "nem mesmo as necessidades de sobrevivência humana podem ser vistas como idênticas às animais", já que são susceptíveis de interpretação como necessidades concretas no seio de um contexto social determinado (Heller, apud Pereira, 2000).

Pereira (2000) traz uma primorosa revisão da contribuição de Marx e Heller para o significado das necessidades humanas básicas, na construção dos indicadores de desenvolvimento humano, importante componente na formulação de políticas sociais e econômicas no cenário mundial contemporâneo, além de apresentar e discutir a teoria de Len Doyal e Ian Gough, sobre o tema.

Os profissionais da área da saúde têm trabalhado exaustivamente a questão das necessidades humanas, sem no entanto se deter na questão das suas múltiplas possibilidades de interpretação e visualização contextualizada. Alguns trabalhos chegam a caracterizar a questão da necessidade sob a ótica exclusiva dos serviços de saúde, imbricando seu significado ao significado das falhas ou demandas do serviço.

Urge uma discussão e determinação dos cenários de escolha coletiva, incluindo clientes externos (usuários) e internos (servidores ou colaboradores), sobre o significado de necessidades humanas básicas nesta nova concepção visando ao direcionamento das políticas públicas e ações programáticas em busca da satisfação destas necessidades.

Necessidade como Diferença

Algumas propriedades do fenômeno da necessidade favorecem a sua compreensão.

Em princípio, devemos destacar que o estado atual é um componente importante, visto ser impossível determinar se existe ou não a necessidade sem se conhecer o estado atual. Pressupostos discordantes em sua essência, em relação ao atual estado, podem levar à impossibilidade de determinar a condição de necessidade latente e de todo um planejamento a ser desenvolvido.

Sendo a necessidade a diferença entre o estado atual e a meta estabelecida, a diferença depende essencialmente da meta. Aquilo que é necessário para eliminar a diferença e alcançar a meta é determinado pela própria meta.

A necessidade é também utilizada em situações que parecem não caracterizar as situações acima descritas, como por exemplo as questões referentes às medidas preventivas, sendo que a atual condição não necessariamente caracteriza uma situação de necessidade e de meta a ser alcançada por meio de uma mudança. Ou seja, não parece haver uma diferença caracterizada por uma condição a ser alcançada; no entanto, ao se definir a situação como sendo passível de risco, a questão passa a ser definida pela existência de uma condição específica de risco a ser evitado.

Necessidade como Motivação

Maslow (1968) caracteriza a necessidade como um déficit que se apresenta no organismo, como uma força, um estado de tensão. A tensão funciona na opinião de Maslow (1968) como uma força motivadora.

Aggernaes (1989), segundo Nordenfelt (1993), apresenta uma importante contribuição quando estudando qualidade de vida; desenvolve uma teoria baseada nas necessidades fundamentais, definidas como aquelas necessidades que todos os seres humanos possuem e que produzem sofrimento enquanto não satisfeitas, e complementa com uma singular definição de saúde, como constituída por recursos individuais e ambientais, prevalentes e potenciais, utilizados para a satisfação das necessidades fundamentais.

Este autor parece representar para as ciências da saúde o que Wanda de Aguiar Horta representa para a Enfermagem brasileira; ambos desenvolvem seus estudos e construções epistemológicas a partir da Teoria da Motivação Humana de Maslow. O primeiro buscando explicar o significado da qualidade de vida e a segunda procurando estabelecer uma maneira de explicar o significado da Enfermagem para a sociedade.

Classificação das Necessidades

Benn e Peters (1964) apresentam a seguinte classificação: necessidades biológicas, que garantem a vida, necessidades básicas, que são necessárias para alcançar um estado "decente" de vida e necessidades funcionais, aquelas que são necessárias para o desempenho de um trabalho específico.

Estes autores afirmam que estas maneiras de classificar as necessidades indicam que umas são mais importantes que outras.

Tranoy (1975) diferencia as necessidades em dois níveis: necessidades vitais e legítimas. As necessidades vitais referem-se a um mínimo da existência humana, enquanto que as necessidades legítimas são requisitos para uma vida individualizada e significativa de acordo com as variadas capacidades e condições de auto-realizacão.

Miller (1976), citado por Liss (1996), classifica as necessidades humanas em três tipos: necessidades instrumentais, quando expressas por um dispositivo, necessidades funcionais, quando envolvem capacidades funcionais e físicas, e necessidades intrínsecas, aquelas necessárias para o alcance de metas ou planos de vida.

Diener e Suh (1999) citam um estudo de Veenhoven de 1996, em que o autor afirma que quando as pessoas alcançam a satisfação das necessidades orgânicas, sociais e de auto-realização elas são felizes, definindo algumas características universais do que se chama de bem-estar.

Wanda de Aguiar Horta apresenta uma classificação das necessidades humanas básicas, amplamente aceita hoje pelas enfermeiras brasileiras, e que se caracteriza pela inter-relação já referida .

Doyal e Gough (1991) classificam as necessidades humanas básicas em comuns, aquelas que todos os seres humanos, em todos os tempos, em todos os lugares e em todas as culturas apresentam, necessidades não básicas ou intermediárias e de aspirações, preferências ou desejos. Introduzem um novo conceito que denominam "sérios prejuízos", que diferencia as necessidades humanas básicas das demais. Os autores configuram a ocorrência de "sérios prejuízos" à vida material dos homens e à atuação destes como "sujeitos" (informados e críticos) caracterizando uma implicação particular quando estas necessidades não são adequadamente satisfeitas. Assim, "sérios prejuízos" são impactos negativos cruciais que impedem ou põem em sério risco a possibilidade objetiva dos seres humanos de viver física e socialmente em condições de poder expressar a sua capacidade de participar ativa e crítica. As necessidades humanas básicas são objetivas porque sua especificação teórica e empírica independe de preferências individuais e são universais, porque a concepção de "sérios prejuízos" decorrentes de sua não satisfação adequada é a mesma para todo indivíduo, em qualquer cultura. Existem então dois conjuntos de necessidades básicas objetivas e universais, que devem ser concomitantemente satisfeitos para que todos os seres humanos possam efetivamente se constituir como tais e realizar qualquer outro objetivo ou desejo socialmente valorado: a saúde física e autonomia. A satisfação da necessidade física é a condição mais básica para que seja possível haver participação com vista à libertação humana de quaisquer formas de opressão, incluindo a pobreza (Pereira, 2000).

Há que se destacar que o conceito de liberdade humana no contexto da saúde tem se destacado fortemente nos últimos anos neste cenário em função dos estudos relacionados ao processo de desenvolvimento, que na opinião de Sen (2000) pode ser visto como um processo de expansão das liberdades reais que as pessoas desfrutam. Estas liberdades, afirma Sen (2000), dependem também de outros determinantes, como as disposições sociais e econômicas (por exemplo, os serviços de educação e saúde) e os direitos civis (por exemplo, a liberdade de participar de discussões e averiguações públicas). Afirma ainda, que um número imenso de pessoas em todo o mundo é vítima de privação de liberdade, citando como exemplo a fome coletiva que continua a ocorrer em determinadas regiões, as condições limitadas de acesso aos serviços de saúde, ao saneamento básico e à água tratada, negando a milhões a liberdade básica de sobreviver, *incluindo nestas condições áreas específicas do nosso país* (destaque nosso).

A Professora Potyara A. Pereira traz em sua obra uma importante caracterização, fornecida por Doyal e Gough (1991), sobre o significado das necessidades básicas como argumento fenomenológico de definição da pobreza e da privação, dois importantes constructos relacionados aos processos de viver e ser saudável em âmbito individual e coletivo. Definem privação como sendo "necessidades não atendidas" e pobreza como "ausência de recursos materiais ou monetários para satisfazer as necessidades".

De um modo geral, podemos perceber que os autores citados tratam as necessidades humanas sob a forma de constituintes algumas vezes, hierarquicamente distribuídos de acordo com o objeto da sobrevivência humana, ou seja, as necessidades que caracterizam o processo de viver mantêm sua hegemonia sobre as demais necessidades cujo valor independe da questão da sobrevivência.

PRIVAÇÃO E POBREZA: SUAS RELAÇÕES COM AS NECESSIDADES HUMANAS BÁSICAS

Um número imenso de famílias em todo o mundo é vítima de alguma forma de privação de liberdade básica de sobrevivência, afirma Sen (2000). A expansão das capacidades das pessoas de levar o tipo de vida que elas valorizam pode ser aumentada pelas políticas públicas, que além de propiciar esta condição devem favorecer a possibilidade de escolha e por que não de "melhor escolha"? Ou seja, não basta a existência de oportunidades, mas é essencial a possibilidade de opção, que pressupõe a existência de múltiplas escolhas disponibilizadas e também esclarecidas e informadas.

A situação da América Latina, afirma O´Donnell (1998), é escandalosa, quando existem 46% de pessoas vivendo em pobreza. A metade destes são indigentes que não conseguem satisfazer suas necessidades básicas. O problema não se limita apenas à questão da pobreza, mas é agravado pela desigualdade observada nesta região. A deterioração de facilidades de acesso e de disponibilidade de serviços sociais direcionados para os pobres parece cada vez maior, chegando ao nível do período colonial.

As necessidades geradas pela pobreza são muitas e de natureza geralmente vital. Este fato indica a importância do direcionamento transparente na disponibilização de recursos públicos, na articulação com a sociedade civil, na implementação de políticas públicas específicas, descentralizadas dos interesses clientelistas dos representantes do poder legislativo, vinculadas às necessidades coletivas, de preferência sob o seu controle direto, visando evitar os desvios de trajetória dos recursos disponibilizados.

Dentre os poucos trabalhos publicados sobre esta temática, uma experiência bem sucedida foi relatada por Cecílio e Lima (2000). Um grupo de profissionais da Secretaria Municipal de Saúde de Chapecó, em Santa Catarina, dentro de um planejamento estratégico, resolve usar um eixo teórico-metodológico baseado na categoria "necessidades de saúde", referidas como: necessidades de boas condições de vida, necessidade de ter acesso a todas as tecnologias de saúde que contribuam para melhorar e prolongar a vida, necessidade de ter vínculo com um profissional ou equipe e necessidade de ter autonomia "no modo de andar a vida", a partir do trabalho de Stotz (1991).

Os autores destacam mais que os resultados os "ganhos" obtidos por meio dos desdobramentos do programa: a apropriação pelas equipes de um conceito mais operacional de qualidade de serviço, vinculado ao tema das necessidades de saúde, e a criação e apropriação de um conjunto de indicadores com boa potência para avaliar a qualidade da atenção prestada entre outros mais genéricos.

CONSIDERAÇÕES FINAIS

A questão das necessidades humanas está onde deveria estar há muito tempo, no centro das atenções dos seres humanos, de todas as formações, de todos os setores da sociedade, visto que representam aquilo que nos iguala, mas também o que nos diferencia em situações de desigualdade, proporcionando condições, segundo as diferentes linhas epistemológicas, de compreensão e identificação de capacidades e oportunidades disponibilizadas para os diferentes segmentos sociais.

Desenvolver maior ou menor sensibilidade em relação ao cenário em que se explicitam as relações entre as necessidades humanas mais ou menos atendidas e o meio ambiente caracteriza a responsabilidade social de cada cidadão e principalmente de cada profissional da área da saúde, e seu compromisso com a ética e a estética do viver humano.

REFERÊNCIAS BIBLIOGRÁFICAS

CECILIO, L .C. O., LIMA, M. H. J. Necessidades de saúde das pessoas como eixo para a integração de equipes e a humanização do atendimento na rede básica. In: PIMENTA, A. P. *Saúde e humanização* – a experiência de Chapecó. São Paulo: Hucitec, 2000. p. 159-192.

DIENER, E., SUH, E. M. National differences in subjective well-being. In: KAHNEMAN, D., DIENER, E., SCHWARZ, N. *Well-being* – the foundations of hedonic psychology. New York: Russell Sage Foundation, 1999. p. 434-450.

HORTA, W. A. *Processo de enfermagem.* São Paulo: EPU/EDUSP, 1979.

LISS, P. E. *Health care need.* Aldersholt: Avebury, 1996. 139 p.

MOHANA, J. *O mundo e eu.* Rio de Janeiro: Livraria AGIR Editora, 1964.

MASLOW, A. H. *Motivation and personality.* 2nd. ed. New York: Harper & Row Publishers, 1970.

NORDENFELT, L. *Quality of life, health and happiness.* Aldenshot: Avebury, 1993.

Novo Aurélio – Século XXI. São Paulo: Nova Fronteira, 2001.

PEREIRA, P. A. P. *Necessidades humanas* – subsídios à crítica dos mínimos sociais. São Paulo: Cortez Editora, 2000. 215 p.

RUNES, D. D. *Dicionário de filosofia*. Lisboa: Editorial Presença, 1990. 398 p.

TOKMAN, V. E., O´DONNELL, G. *Poverty and inequality in Latin America*. Notre Dame: The University Of Notre Dame Press, 1998. 245 p.

SEN, A. *Desenvolvimento como liberdade*. São Paulo: Companhia das Letras, 2000. 409 p.

2

Sistemas e Tecnologia de Informação para a Gestão em Saúde

Antonio Carlos Onofre de Lira

A cada dois ou três séculos ocorre na história ocidental uma grande transformação. Em poucas décadas, a sociedade se reorganiza – sua visão do mundo, seus valores básicos, sua estrutura social e política, suas artes e instituições. O avançar da Idade Contemporâneaa determinou diversas mudanças, entre elas o capitalismo e o comunismo, alicerçados no incremento do processo produtivo advindo da Revolução Industrial.

Esta virada do milênio, cerca de duzentos anos depois, é também um período de transformação, caracterizado pela inexistência de uma história ou civilização ocidentais, mas sim uma história e civilização mundiais, ambas ocidentalizadas. É discutível se a presente transformação começou com a emergência do primeiro país não-ocidental, o Japão, como uma grande potência econômica – por volta de 1960 –, ou com o computador, isto é, com a *informação* passando a ser fundamental. A única coisa certa nestas mudanças, é que o mundo que emergirá do atual rearranjo de valores, crenças, estruturas econômicas e sociais, de conceitos e sistemas políticos, de visões mundiais, será diferente daquilo que qualquer um imagina hoje. É praticamente certo que a nova sociedade será não-socialista e pós-capitalista e seu principal recurso será o *conhecimento*.

O conhecimento pode ser definido como o conjunto de informações acumuladas no decorrer da utilização das mesmas sobre uma dada realidade. É um legado histórico da experimentação e o patrimônio permanente, crescente e diferencial de um indivíduo ou instituição.

Conceitualmente a construção do conhecimento é produto da organização de *informações*, que por sua vez alicerçam-se na coleta de *dados*. Rotineiramente utilizamos os termos como sinônimos, mas cabe aqui uma diferenciação conceitual antes de avançarmos.

A rigor, conceitua-se *dado* como uma descrição limitada da realidade desvinculada de um referencial explicativo. Por outro lado, *informação* pode ser vista como uma descrição mais completa da realidade, quando ao dado é aplicado um referencial explicativo sistemático. Exemplificando, a taxa de ocupação hospitalar isoladamente é apenas um dado quando vista de maneira pura. Ao visualizarmos uma evolução temporária deste indicador hospitalar, ou correlacioná-lo com fatores que influenciam na sua determinação, isto é, inseri-lo em um referencial explicativo, vemos a transformação de um dado em uma informação.

A informação é a representação simbólica de fatos ou idéias potencialmente capaz de alterar o estado de conhecimento de alguém. Temos aqui a relação conceitual intrínseca da informação com o conhecimento.

Nesta ótica, podemos dizer que o conhecimento e portanto a informação se traduzem como elementos diferenciais de grande valorização na dinâmica do mundo contemporâneo, alicerçando uma de suas características mais presentes: a competitividade.

Na lógica de mercado, a competitividade se revela como a capacidade de oferecer produtos ou serviços da melhor qualidade, dentro do menor custo possível e que permita atrair ao máximo uma clientela. Na área da saúde, essa equação também é válida e traz consigo a necessidade de estruturação de processos organizacionais eficazes, efetivos e eficientes, que determinam a qualidade do serviço capaz de satisfazer a clientela e garantir a viabilidade institucional. Esta lógica organizacional, voltada à qualidade, determina a racionalização de processos pela padronização de tarefas rotineiras no âmbito operacional e gerencial.

Toda essa cadeia organizacional será mais eficaz, eficiente e efetiva se estiver baseada em um sistema de informação que permita um processo decisório ágil e que continuamente permita prevalecer o conhecimento institucional.

O sistema de informação em saúde, segundo a Organização Mundial de Saúde, é definido como um mecanismo de coleta, processamento, análise e transmissão da informação necessária para se operar os serviços de saúde, e, também, para a investigação e o planejamento com vistas ao controle de doenças, cujo propósito é selecionar os dados pertinentes a esses serviços e transformá-los na informação necessária para o processo de decisões, próprio das organizações e indivíduos que planejam, administram e avaliam os serviços de saúde. Assim sendo, o sistema de informação deve armazenar, organizar e disponibilizar informação a todos aqueles que possam utilizá-la para melhorar a atividade institucional.

O processo de decisão é função primordial do administrador. Administrar é conviver continuamente com a incerteza. Segundo Gonçalves, cabe ao administrador decidir o que fazer (incerteza da ação), como fazer (incerteza do método), quanto fazer (incerteza da demanda), quando fazer (incerteza temporal), com o que fazer (incerteza de recursos) e fazer acontecer (incerteza de resultados). Dentro da lógica administrativa, basear-se em informações é fundamental, posto que é a informação o instrumento do gestor para a redução das incertezas.

A informação é a rigor um conceito matemático, de redução da incerteza de um evento (i), que ocorra na probabilidade $p_{(i)}$, citando-se Massad sobre a definição de Shannon anunciada em 1948.

A relação da informação com a gestão pode ser esquematicamente visualizada na figura a seguir.

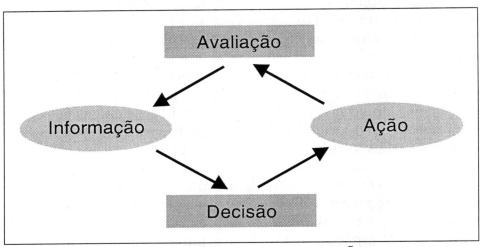

A INFORMAÇÃO NO CICLO DE GESTÃO

A informação sustenta o processo decisório, que gera ações de intervenção na realidade institucional, as quais mediante um processo de avaliação geram novas informações a serem utilizadas nas decisões do gestor. Para tanto, algumas características da informação devem ser observadas para que sua utilização seja válida e eficaz na sua aplicação gerencial:

a) A informação deve ser *verdadeira*, e desde os instrumentos de coleta ao esclarecimento dos agentes que a geram tornam-se aspectos relevantes no planejamento do sistema de informação;

b) Ser acessível e recuperável, determinando sistemática que garanta sua disponibilidade para todos os seus usuários, tanto operacionais quanto gerenciais;

c) Ser oportuna em relação ao fator tempo, para garantir decisões imediatas e seguras;

d) Ter um custo de obtenção menor ou igual ao prejuízo gerado pela sua falta.

É fato também que quanto maior a complexidade das ações decorrentes de um processo decisório, mais complexo o sistema de informações necessário para apoiá-las.

Os atos que promovem saúde, por mais simples que sejam, têm um alto grau de complexidade. A interação de um médico com o seu paciente, mesmo que simplifiquemo-la apenas ao ato diagnóstico e terapêutico, por si só, é complexo. As organizações de saúde têm que planejar e administrar a complexidade dessas ações e os ambientes hospitalares são, por excelência, o paradigma desta realidade. Numa retrospectiva histórica da Medicina e do Hospital, Ferreira & Lira apontam o panorama atual da instituição hospitalar e seus desafios:

"(...) Todo o crescimento do conhecimento médico e o progresso tecnológico, assim como a mudança no perfil epidemiológico da população, sobretudo nos países desenvolvidos, trouxe também um aumento de complexidade à organização hospitalar. Novas especialidades médicas surgiram; houve uma profissionalização da Enfermagem, iniciada no séc. XIX com Florence Nightingale. Após a Segunda Guerra, principalmente, surgiu uma maior preocupação com a reabilitação e novos procedimentos e tecnologias foram introduzidos com esta finalidade.

A grande especialização trouxe a multidisciplinaridade médica: cada paciente passou, então, a ser acompanhado por diversos profissionais. Novos recursos diagnósticos e terapêuticos, aliados a esta multidisciplinaridade, trouxeram para o ambiente hospitalar novos profissionais, além dos médicos de diversas especialidades: farmacêuticos, biólogos, dentistas, nutricionistas, assistentes sociais, psicólogos, fisioterapeutas, fonoaudiólogos, físicos, engenheiros, administradores, etc.. Assim, o hospital do séc. XX tornou-se o melhor exemplo de organização complexa."

Paralelo a este aumento de complexidade da instituição paradigmática da área da saúde, os autores também apontam a tendência do modelo assistencial do futuro:

"(...) Os hospitais, até então, estiveram voltados para o atendimento da doença aguda ou das crises de agudização das doenças crônicas, quando somente então, entravam com todo o seu sofisticado e oneroso arsenal tecnológico. Para ele, o hospital do futuro deverá estar mais próximo da casa do doente e das comunidades institucionalizadas, procurando fazer diagnósticos mais precoces e acurados, permitindo uma intervenção mais oportuna, bem como promovendo mudanças no estilo de vida. Assim, a nova função do sistema de saúde será administrar o curso da doença crônica restaurando o paciente já afetado, porém, melhorando a sua função antes que a doença crônica atinja um estágio mais avançado, de ameaça à vida.

Podemos observar toda esta revolução que vem acontecendo no setor hospitalar no nosso dia-a-dia, dando-nos o perfil do hospital do futuro: leitos hospitalares estão sendo fechados continuamente, em todo o mundo, com melhora na saúde; procedimentos cada vez mais complexos sendo realizados em ambulatórios; tratamentos sofisticados em hospital-dia; pacientes ainda em convalescença de cirurgias complexas, ou mesmo completando a terapêutica prescrita, em casa; aqueles que não têm condições de ir para casa, em unidades de baixa complexidade, com atendimento de enfermagem.

O hospital do futuro deverá, portanto, ultrapassar suas próprias paredes, tendo um núcleo central, com salas de emergência, unidades de tratamento intensivo, centro cirúrgico, serviços de apoio diagnóstico e terapêutico, poucas unidades de internação e várias unidades descentralizadas, como ambulatórios especializados, unidades de hospital-dia, *nursing home* e equipes de atendimento domiciliar. Além disto, tanto os hospitais como todas as outras organizações do setor saúde deverão estar comprometidas com a promoção da saúde, participando ativamente de temas como mudança de comportamento, estilo de vida, hábitos e meio ambiente."

Esta realidade do sistema de saúde e suas instituições determinam algumas características importantes no seus sistemas de informação e na tecnologia de informação utilizada para os mesmos:

a) *Historicidade*: as informações sobre os eventos de saúde do indivíduo são necessárias durante toda a sua vida, e mesmo após sua morte, como conhecimento da área para estudos retrospectivos. Esta característica determina a construção de bases de dados sempre crescentes e centradas no indivíduo, através de identificadores unívocos;

b) *Multidisciplinaridade:* determina a participação de vários profissionais no desenho e implantação dos sistemas de informação que devem contemplar as especificidades de informações de cada área;

c) *Multivisões:* o sistema deve permitir sobre um mesmo dado ou informação diferentes formas e apresentação para cada tipo de profissional que acessá-lo;

d) *Integração:* de informações de diferentes naturezas (imagens, textos, gráficos), que determinam diferentes tecnologias para sua manipulação integradas sob um sistema unificado;

e) *Facilidade de uso:* pois o registro das informações, apesar de relevante, não é a principal atividade do profissional da saúde, que é o cuidado, e que portanto não deve requisitar-lhe muito tempo e/ou operações complexas;

f) *Auditabilidade:* por questões legais e éticas, a informação registrada sobre o paciente deve ser rapidamente recuperável, bem como deve conter a identificação mínima do evento e do profissional que a gerou, tendo em vista a perspectiva de responsabilização sobre a sua geração;

g) *Segurança:* tanto para garantir a inviolabilidade física do registro quanto à restrição de acesso por questões éticas do sigilo profissional;

h) *Interoperabilidade:* que garante a partir de modelagem de dados e padronização de conteúdos de informação a possibilidade de acesso e visualização por diferentes sistemas computadorizados, haja vista que estas informações, por serem do paciente, podem ser necessárias para vários profissionais de diferentes instituições prestadoras de serviços de saúde.

Para que se consigam respeitar essas características e possibilitar o uso racional das informações do indivíduo pelas diversas instituições de saúde, será necessário investir na construção ou renovação dos sistemas de informações integrados, não apenas do ponto de vista físico (*hardware*) e lógico (*software*), mas do ponto de vista conceitual. Cada dado coletado tem de ser representado e armazenado de forma que possa ser recuperado pelos diversos setores de atenção à saúde, sem que haja inconsistência em relação ao seu significado conceitual. Isso requer um grande e importante trabalho de análise e modelagem de dados, envolvendo um trabalho conjunto da equipe técnica responsável pela construção do sistema e os usuários das informações.

Por outro lado, o desenvolvimento da tecnologia avançou a passos largos em todas as atuações humanas. Quando comparada com outras, a área da saúde tem tido uso pouco efetivo da tecnologia porque ela não foi desenhada para oferecer tecnologia a pessoas doentes, mas sim cuidados. Ao se rever a história da Medicina desde a prática empírica dos antigos gregos até a Medicina atual, pode-se dizer que as terapêuticas efetivas foram raras, exceto as mais recentemente utilizadas. Após a II Guerra Mundial é que vemos um desenvolvimento tecnológico para o cuidado da saúde mais acelerado. Desde 1950 tem havido uma explosão do conhecimento médico. A descoberta da estrutura do DNA marca o avanço da Biologia Molecular. A disponibilidade de testes diagnósticos expandiu-se dramaticamente e os novos equipamentos de imagem, como o tomógrafo computadorizado, introduzido em 1972, e mais recentemente a ressonância magnética e a tomografia por emissão pósitron (PET), têm mudado radicalmente os processos diagnósticos. As novas técnicas de intervenção cirúrgica, a monitoração de sinais vitais, o sucesso dos transplantes de órgãos com o avanço da imunologia e o controle de doenças infecciosas pela antibioticoterapia são patentes avanços do arsenal terapêutico.

A incorporação dos computadores no ambiente médico, inseridos na maioria dos equipamentos complexos e que estão sendo largamente usados nas funções clínicas e administrativas, juntamente com a moderna biotecnologia, são os destaques entre os avanços conseguidos. Segundo Anderson, a informatização no ambiente hospitalar tem sido referida como uma oportunidade para a melhoria da eficiência e resultados nos serviços de saúde. O campo da informática médica, incipiente há cerca de duas décadas, mostra-se hoje como uma possibilidade profissional concreta e em franca expansão.

Neste contexto histórico da evolução do cuidado em saúde, toda essa explosão tecnológica das últimas décadas e a incorporação de inovações cada vez mais rápidas leva o gestor da saúde a necessitar cada vez mais e de modo mais sistemático de processos de avaliação. A saúde não tem preço, mas tem um custo. As renovações tecnológicas participam como um crescente componente neste custo. Como os recursos são finitos, a racionalidade e a certeza da relação custo-benefício se impõem para viabilizar a existência das suas instituições.

O campo de avaliação tecnológica na saúde, tão recente quanto as renovações, está em franca expansão e, utilizando-se de variadas metodologias, procura acompanhar, entender e racionalizar a incorporação tecnológica explosiva que pressiona cada vez mais as estruturas de saúde, inseridas em ambiente cada vez mais competitivo. Iniciado em 1975, pelo Escritório de Avaliação Tecnológica do Congresso Americano, o campo de avaliação tecnológica em saúde é pequeno se comparado ao semelhante da área industrial, mas tem tido uma atuação cada vez maior, com o intuito de estimular e indicar as metodologias de avaliação.

A área de informática médica também tem tido a preocupação de estimular procedimentos de avaliação, de acordo com as suas especificidades. A informática médica estuda a coleta o processamento e a disseminação da informação em saúde e constrói ferramentas – usualmente equipamentos e programas de computadores – para facilitar estas atividades. Nesta atuação há um grande número de fontes de informações a avaliar e, para dificultar o quadro, cada fonte de informação tem muitos aspectos a serem avaliados, a depender do propósito e do público alvo, tais como: a) promocional: a fim de encorajar o uso de sistemas informatizados em Medicina devemos ser capazes de convencer os profissionais que os sistemas são seguros e benéficos tanto para o paciente quanto para a instituição que o atende; b) educacional: a avaliação pode ser um método de ensino dos princípios da informática médica, examinando a estrutura, função e impacto da tecnologia computacional sobre as fontes de informação médica; c) pragmática: sem avaliar os sistemas, os atuais e futuros desenvolvedores não poderão saber quais técnicas ou métodos são mais efetivos, ou por que falharam; d) ética: para justificarem o uso ético no investimento de recursos, os gestores precisam estar seguros sobre o funcionamento e benefícios dos sistemas a serem utilizados; e) legal: os usuários (profissionais e pacientes) precisam estar seguros que o sistema é confiável e efetivo sobre as questões legais que permeiam a informação médica.

Assim, cabe ao gestor da saúde ampliar sua visão sobre a necessidade de atenção maior aos aspectos que envolvem o uso da informação como um instrumento de gestão, desde o seu entendimento conceitual e o reconhecimento da sua necessidade no processo decisório ao cuidado com o planejamento do sistema de informação e com a incorporação da tecnologia da informação, com uma avaliação crítica de seu impacto e custo benefício através de estratégias de avaliação desta peça importante na engrenagem organizacional. Cabe ao gestor da saúde ser também um diferenciado gestor de informação desde o ponto de vista da definição das informações importantes a serem avaliadas ou utilizadas como indicadores para o processo decisório, mas também com um conhecimento mínimo da tecnologia de informação e suas tendências, para que possa minimamente escolher os sistemas a serem implantados na instituição em que se inserem.

REFERÊNCIAS BIBLIOGRÁFICAS

ANDERSON, E. L. Technology for consumers and information needs in health care. In: BALL, M. J., SIMBORG, D. W., ALBRIGHT J. W., DOUGLAS, J. V. *Healthcare information management systems:* a practical guide. New York: Springer-Verlag New York Inc., 1995. p. 3-16.

BANTA, H. D. *Health care technology and its assessment* – an international perspective. Oxford: Oxford Medical Publications, 1993. Cap. 2, p.13-22, Historical perspective on technology in health care.

_____. Uma abordagem estratégica da avaliação de tecnologias em saúde. *Caderno de Ciência e Tecnologia*, v. 3, n. 1, p. 8-15, 1991.

DRUCKER, P. *Sociedade pós-capitalista*. São Paulo: Publifolha, 1999. Cap. 1, Introdução, p. XI – XXIV.

FERREIRA, D. P., LIRA, A. C. O. O papel da informação no hospital do futuro. *O mundo da Saúde.* São Paulo, v. 24, n. 3, p. 173-81, maio/jun. 2000.

FRIEDMAN, C. P., WYATT J. C. *Evaluation methods in medical informatics.* New York: Springer-Verlag New York Inc. 1996. Cap. 1, p. 1-15, Challenges of evaluation in medical informatics.

GONÇALVES, M. A. A informação como recurso gerencial. In: RODRIGUES, R. J. *Informática e o administrador de saúde.* São Paulo: Pioneira, 1987. p. 1-11.

MASSAD, E. Informática médica – estereótipos. *Médicos,* jan.-fev. 1999. p. 104.

MORAES, I. H. S. *Sistemas de informações em saúde:* reflexões sobre sua prática fragmentada. Dissertação (Mestrado) – Escola Nacional de Saúde Pública, FIOCRUZ. Rio de Janeiro, 1991. 110 p.

ORGANIZAÇÃO MUNDIAL DA SAÚDE – Comite de expertos em estadística sanitária, Ginebra, 1968. Estadísticas sobre los servicios de la salud y sus actividades; 13° informe. Ginebra, 1969. (OMS – Serv. Inf. Tec., 429)

INDICADORES EM SAÚDE: CONSTRUÇÃO E USO

Débora Pimenta Ferreira

Quando iniciamos o planejamento de um sistema de informações, pensamos logo em indicadores. Este é, sem dúvida, um bom começo, pois um dos principais objetivos de um sistema de informações é a geração e apresentação de indicadores. O que não é tão simples de se definir é quais os indicadores desejados e para que serão utilizados. A própria definição de indicadores nem sempre é bem compreendida.

Segundo a OMS (1981), indicadores são variáveis que ajudam a mensuração de mudanças e, geralmente, são utilizados quando estas mudanças não podem ser medidas diretamente. São, portanto, medidas parciais ou indiretas de uma situação complexa, porém, quando medidos sistematicamente ao longo do tempo, podem indicar a direção e a velocidade das mudanças. Os principais atributos que um indicador deve ter são: validade, objetividade, sensibilidade e especificidade.

E para que servem?

São utilizados para mostrar uma realidade para quem não está inserido nesta realidade, bem como para se fazer comparações. Pode-se comparar uma dada realidade entre grupos de pessoas ou locais diferentes no mesmo momento ou em um mesmo grupo ou local em momentos diferentes. Nem sempre é possível descrever uma realidade com um único indicador; utiliza-se, então, um conjunto de indicadores para se fazer a análise de uma situação.

Como são construídos?

Geralmente, os dados são coletados em valores absolutos e "transformados" em outro tipo de informação que permita a inferência de algo sobre a realidade analisada. Grande parte dos indicadores são calculados a partir da seguinte fórmula (Caminha e col., 1986):

[Numerador (N)/Denominador (D)] x 10^k

Esta fórmula permite o cálculo de muitos indicadores e, dependendo da diferenciação dos dados que constituem N e D, teremos as taxas ou proporções (relação percentual entre os dois valores), índices (razão entre valores não necessariamente da mesma natureza) e coeficientes (razão entre o número de vezes que um evento foi observado e o número máximo de vezes que o mesmo evento poderia ter sido observado). É importante a utilização de indicadores desta forma, através de uma razão matemática, para que sejam gerados números relativos, permitindo comparações.

Assim, o uso de indicadores é fundamental para uma gestão baseada em dados e não em suposições ("achismos"). A gestão em saúde compreende diferentes níveis de gestão, indo desde a gestão do processo clínico (assistência de um indivíduo) e a gestão da organização prestadora de serviços até a gestão de riscos à saúde de uma população. Para cada situação, teremos que definir um conjunto de indicadores a serem utilizados. Muitas vezes, estes indicadores já são bem conhecidos; outras vezes, terão que ser "construídos". Esta construção demanda um amplo conhecimento dos processos envolvidos em cada nível de gestão. Iremos focar neste capítulo a seleção e construção de indicadores para a gestão de organizações de saúde, descrevendo rapidamente os dois outros processos.

GESTÃO DO PROCESSO CLÍNICO (ASSISTÊNCIA)

Um dos problemas que encontramos na atividade médica é a velocidade com que as novas descobertas são passadas para a prática clínica; por exemplo, o primeiro trabalho demonstrando que a estreptoquinase era útil no tratamento do infarto agudo do miocárdio (IAM) foi publicado em 1958. Porém, as recomendações para o seu uso rotineiro no tratamento do IAM só apareceu nos anos 80 (Coiera, 1997).

Com as novas tecnologias de informações, o acesso a milhares de publicações vem facilitando a sistematização de protocolos baseados em evidências. Isto requer, porém, metodologias específicas e alguns centros vêm dedicando-se às revisões sistemáticas em busca das melhores práticas, como por exemplo, o Centro Cochrane do Brasil (www.epm.br/cochrane).

É cada vez mais freqüente o uso de evidências na condução de um processo clínico. Várias instituições vêm utilizando protocolos clínicos (*guidelines* ou diretrizes) e a construção destes protocolos depende da coleta sistemática de dados demográficos do paciente, diagnósticos e procedimentos, principalmente. A importância destes protocolos é poder avaliar o desempenho, relacionando custos e resultados clínicos.

GESTÃO DO RISCO À SAÚDE DE POPULAÇÕES

A gestão de riscos é muito mais difícil do que a gestão do episódio clínico, porém, é cada vez mais necessária. Envolve aspectos relacionados com a cultura, comportamento, estilo de vida, fatores ambientais, etc. Além de ações preventivas, procura-se hoje a mudança de hábitos, reforçando-se comportamentos saudáveis. A promoção de saúde relaciona-se à nutrição, atividade física, administração do *stress* e auto-responsabilidade (Dever, 1991).

GESTÃO DA ORGANIZAÇÃO

As organizações da área da saúde, qualquer que seja sua natureza jurídica, são organizações complexas pela própria natureza de sua produção. São também consideradas organizações profissionais, por terem em sua linha de produção atividades diversificadas, especializadas e personalizadas, necessitando ter em seu núcleo operacional pessoas com habilidades e conhecimentos complexos (Mintzberg, 1995).

Segundo P. Drucker (1997), instituições como os hospitais, escolas, igrejas, etc... não fornecem apenas um bem ou serviço, mas sim, *são agentes de mudança humana. Seu "produto" é um paciente curado, uma criança que aprende ou um jovem que se transforma em um adulto com respeito próprio. Estas organizações existem para provocar mudanças nos indivíduos e na sociedade.*

Grande parte destas instituições são organizações sem fins lucrativos, o que explica muitas vezes a dificuldade que encontram para monitorar o seu desempenho e apresentar os seus resultados. Estas organizações têm uma tendência a considerar que tudo o que fazem é justo, moral e a serviço de uma boa causa; porém, mesmo elas estão sendo forçadas a buscar uma maior eficiência e eficácia, reduzir seus custos e melhorar a qualidade, mostrando os seus resultados, seja para poder brigar por mais recursos ou pelo menos para poder justificar seus custos. E mesmo nas instituições com fins lucrativos, apresentar resultados não significa apenas mostrar os lucros. Uma organização que atua na área da saúde deve mostrar sua competência para melhorar a saúde das pessoas e da sociedade, para poder atender a expectativa de seus clientes.

No processo de gestão, informações de todas as áreas da organização devem ser agregadas e analisadas para apoiar as decisões organizacionais e seu planejamento. Portanto, o sistema de informações de uma organização tem que estar alinhado com sua missão, objetivos e metas, para que possa fornecer os indicadores necessários para o acompanhamento de seu desempenho e resultados. Além disto, deve ser capaz de responder às necessidades de informações dos clientes e demais partes interessadas da organização.

Se de um lado o sistema de informações deve ter a capacidade de gerar indicadores para avaliação do desempenho, ou seja, determinar se as coisas que foram estabelecidas ou presumidas como certas, foram de fato realizadas, ele deve também formar uma base de conhecimento para a pesquisa, pois é preciso avaliar se o que foi estabelecido é a coisa certa a ser feita.

Em grande parte das organizações os procedimentos no nível operacional são padronizados e documentados, seguindo normas e regras bem definidas, demandando sistemas para automação destas atividades. Já na linha intermediária necessitam de informações não estruturadas, sumarizadas e com possibilidade de projeções. Na cúpula estratégica, por sua vez, há uma grande necessidade de informações aleatórias e de grande complexidade, necessitando de sistemas mais complexos, com possibilidades de se fazer simulações.

A área da saúde, em suas atividades administrativas, não difere destas organizações; porém, na sua área fim, nem todas as atividades do nível operacional são passíveis de absoluta padronização (embora hoje já exista um grande esforço para se tentar chegar o mais próximo disto, com a utilização de protocolos clínicos).

Na escolha dos indicadores, deve-se levar em consideração os fatores críticos de sucesso em relação à operação da organização (produção e recursos utilizados), à sua estratégia competitiva (mercado e concorrentes) e aos fatores vinculados ao meio ambiente (economia, política e aspectos demográficos).

Além disto, no processo de seleção dos indicadores mais adequados deve-se procurar aqueles relacionados com os objetivos da organização e, também, aqueles que possam comunicar de forma mais clara e objetiva as realizações da organização para todas as partes interessadas: clientes, força de trabalho, proprietários (acionistas, patrocinadores, governo ou contribuintes), fornecedores e parceiros, comunidade e sociedade.

Kaplan e Norton (1996) introduziram uma metodologia para a análise crítica da organização. Esta metodologia, denominada *Balanced Scorecard* (ou painel de controle), mede o desempenho da organização através de 4 dimensões ou perspectivas, atendendo às partes interessadas: finanças, clientes e mercado, processos internos do negócio e aprendizado/crescimento organizacional, ou seja, a força de trabalho.

Estes autores observaram que as organizações da era industrial ganhavam vantagens competitivas através da especialização de suas funções: produção, compras, distribuição, marketing, tecnologia. Com o tempo, esta especialização trouxe também uma enorme ineficiência, com a falta de integração entre os diversos departamentos e aumento do tempo de resposta. As organizações da era da informação passaram a operar com a integração entre os seus diversos processos, combinando os benefícios da especialização com a velocidade, eficiência e qualidade advindos desta integração.

Esta integração trouxe a necessidade de novas formas de acompanhamento e gerenciamento dos processos. A maioria das organizações possuem indicadores financeiros e não financeiros, porém, analisados independentemente, para o acompanhamento do desempenho local. A metodologia do *Balanced Scorecard* (BSC) enfatiza que as medidas financeiras e não financeiras devem fazer parte do sistema de informações para todos os colaboradores (força de trabalho), em todos os níveis da organização. Aqueles que atuam na linha de produção devem compreender as conseqüências financeiras de suas decisões, assim como os da cúpula estratégica devem saber quais as conseqüências de seus atos, a médio e longo prazo, no produto final da organização.

Assim, o BSC ou painel de controle, não é apenas um sistema de medida e coleção de alguns indicadores, mas sim um sistema de gerenciamento da organização, orientado pela sua missão e estratégia.

O painel de controle da organização deve ser uma tradução de sua missão e estratégia em objetivos e medidas de desempenho de suas unidades de negócio. Estes indicadores devem representar um balanço entre as medidas referentes aos financiadores e clientes (aspectos externos à organização) e de seus processos internos, capacidade de inovação, aprendizado e crescimento. Não é um sistema voltado para o gerenciamento tático-operacional, mas sim para o gerenciamento estratégico da organização.

Os primeiros objetivos a serem formulados e traduzidos em seus indicadores referem-se aos aspectos financeiros, clientes e mercado alvo. Muitas vezes, não há uma visão clara entre os líderes da organização sobre estes objetivos. Na medida que os mesmos são formulados e traduzidos no BSC, este passa a ser, também, um importante instrumento de comunicação para toda a organização. Uma vez estabelecidos estes objetivos e respectivos indicadores a serem acompanhados, a organização deve identificar seus processos internos relacionados ao alcance de suas metas estabelecidas; deve definir, também, os indicadores de desempenho destes processos.

Finalmente, a organização deve monitorar seu potencial de aprendizado e crescimento através do treinamento e capacitação de pessoas, bem como da melhoria do sistema de informações, relacionados aos processos organizacionais.

Assim, para se alcançar algumas metas financeiras, é necessário que sejam identificadas claramente quais as metas em relação aos clientes, processos internos e de aprendizado e crescimento que precisam ser alcançadas. Esta é, também, uma metodologia para se alinhar o planejamento estratégico da organização com seu orçamento ou planejamento financeiro.

Outro aspecto interessante da metodologia é a possibilidade de acompanhamento não apenas do alcance de metas estabelecidas, mas também do sucesso das estratégias que foram estabelecidas, possibilitando um aprendizado contínuo.

Embora a metodologia tenha sido aplicada inicialmente em organizações com fins lucrativos, vem se tornando útil para o gerenciamento de empresas governamentais e sem fins lucrativos. Nestas organizações, a perspectiva financeira geralmente não indica um objetivo, mas sim uma restrição. Elas precisam limitar seus gastos a um determinado orçamento, porém executar adequadamente este orçamento ou até mesmo executar uma quantia menor do que o previsto nada diz em relação a sua eficiência ou efetividade. Assim, o sucesso de organizações governamentais ou sem fins lucrativos deve ser medido em função de sua capacidade de atender as necessidades e expectativas de seus clientes (cidadãos), dentro das restrições de seus financiadores.

Nestas instituições, o processo começa com a formulação dos objetivos em relação aos clientes e mercado, definidos a partir de sua missão e planejamento estratégico. A partir da formulação destes objetivos e suas metas elaboram-se as metas orçamentárias, referentes aos processos e aprendizado necessários para o cumprimento das metas estabelecidas em relação aos clientes.

O que ocorre, geralmente, é o estabelecimento de objetivos e metas em relação aos processos sem nenhuma vinculação com as necessidades e requisitos dos clientes e recursos financeiros.

A construção e acompanhamento de um painel de controle é útil para dar mais visibilidade às interações entre finanças-clientes-processos-força de trabalho e os efeitos de um sobre o outro.

Exemplos de Alguns Critérios para a Construção do Painel de Controle

Critério pode ser definido como algo que serve de norma para julgamento ou avaliação. Donabedian (1986), por exemplo, utiliza o termo critério como sendo um componente ou aspecto da estrutura do sistema de saúde, ou do processo ou do resultado da assistência que tem relevância na qualidade da assistência em saúde. Podemos considerar, por exemplo, alguns cirtérios em cada dimensão, para os quais devemos construir indicadores para sua mensuração.

Cada dimensão pode ser vista como um critério para avaliação (clientes, finanças, processos internos, aprendizado & crescimento), desdobrando-se em critérios mais específicos ou itens.

Clientes:
- Posição no mercado (*market share*);
- Retenção de clientes;
- Aquisição de clientes;
- Satisfação dos clientes;
- Rentabilidade dos clientes.

É fundamental para qualquer organização conhecer quem são os seus clientes e sua distribuição dentro do mercado, segundo diversas formas de segmentação. Nas organizações de saúde privadas, é comum a segmentação dos clientes por operadoras de saúde ou por profissional que indicou; na área pública, geralmente a segmentação é feita por área geográfica ou nível de complexidade. Estas segmentações são feitas, em geral, para o acompanhamento de estratégias de mercado; para planejamento e alinhamento de processos, utilizam-se segmentações por morbidade, aspectos demográficos, etc.

Utiliza-se, também, a segmentação dos clientes pela sua rentabilidade, ou seja, quantificação do lucro ou valor agregado advindo de cada cliente. Na área pública, podemos entender por "lucrativo" aquele cliente que corresponde ao mercado alvo da missão da organização. Por exemplo, para uma organização de alta complexidade, com a missão de ensino e pesquisa, agregam valor aqueles clientes que possam contribuir para o cumprimento desta missão.

Além destes critérios, são freqüentemente utilizados a satisfação, retenção e aquisição de clientes.

Finanças:
- Retorno do investimento e valor agregado;
- Custo de produção;
- Lucratividade;
- Aumento/diversificação de receitas.

Nas organizações privadas, indicadores para o acompanhamento das finanças sempre existiram, mesmo que fossem indicadores referentes apenas ao critério de lucratividade. Na área pública, estes indicadores nem sempre são acompanhados sistematicamente, ficando restritos ao setor financeiro. A colocação deles no painel de controle da organização, vinculado às outras dimensões, permite o acompanhamento do seu desempenho por todas as partes interessadas.

Além da lucratividade ou orçamento planejado e executado, são critérios freqüentemente utilizados: retorno do investimento/valor agregado, custo de produção e diversificação das receitas.

É importante ressaltar que todos os indicadores nesta dimensão devem ser apresentados em unidade monetária (real, dólar, etc.) ou em relações percentuais destes valores.

Aprendizado e crescimento:
- Capacitação da força de trabalho;
- Satisfação da força de trabalho;
- Retenção da força de trabalho;
- Disponibilidade e acesso ao sistema de informações;
- Produtividade.

A capacidade de aprendizado e crescimento da organização é medida através de sua força de trabalho. Além dos critérios específicos em relação à capacitação e treinamento, são importantes o acompanhamento da satisfação e retenção da força de trabalho, bem como da produtividade.

São considerados, também, como critérios importantes para o acompanhamento da capacidade de aprendizado e crescimento organizacional o acesso aos sistemas de informações e outros meios de comunicação dirigidos para o alinhamento e *empowerment* da força de trabalho.

Até aqui, nestas 3 dimensões (clientes, finanças e aprendizado & crescimento), não há diferenças significativas entre as organizações de diferentes setores, e vários dos critérios específicos listados acima aparecem quase em todos os BSC desenvolvidos.

Já na dimensão referente aos processos internos da organização, que incluem os processos finalísticos, processos meios e processos relativos aos parceiros e fornecedores, além da capacidade de inovação podemos encontrar uma grande diversidade de critérios específicos e respectivos indicadores.

Após a definição dos critérios que serão utilizados em cada dimensão do BSC é necessário que sejam selecionados ou construídos os indicadores para a mensuração e análise destes critérios.

Um indicador deve ser descrito da seguinte forma:

- Nome;
- Fórmula de cálculo;
- Descrição/conceito/critérios de inclusão e/ou exclusão de cada elemento da fórmula;
- Fonte de dados;
- Método de coleta, processamento e apresentação;
- Pessoas/setores responsáveis pelo processo acima;
- Periodicidade;
- *Benchmark*;
- Meta estabelecida;
- Data de sua descrição e validade;
- Pessoas/setores responsáveis pela sua definição.

Todo indicador deve ter um nome específico, capaz de sintetizar a grandeza que está medindo. Geralmente, inclui-se no nome o tipo de razão que está sendo utilizada (taxa, coeficiente, índice, etc.). A sua definição deve vir sempre acompanhada de sua fórmula de cálculo, bem como de uma descrição de cada elemento desta fórmula e os critérios de inclusão e/ou exclusão, quando houver. Além disto, é útil manter documentado qual será a fonte de dados utilizada, os meios de coleta, processamento e apresentação; qual o setor ou pessoa responsável por estes processos e qual a sua periodicidade.

A inclusão do *benchmark* (valor de referência, considerado como a melhor marca apresentada por instituições ou setores que destacam-se pelas melhores práticas), e da meta estabelecida pela organização, na descrição dos indicadores, é importante como referencial para o acompanhamento do seu desempenho.

Finalmente, deve-se também incluir a data e o nome das pessoas que participaram da definição do indicador.

Na área da saúde, alguns indicadores referentes aos processos organizacionais já são bem conhecidos e freqüentemente utilizados; outros deverão ser construídos de acordo com a necessidade da organização.

Exemplos de indicadores utilizados referentes ao critério de processos internos:
- Taxa de mortalidade institucional;
- Taxa de ocupação hospitalar;
- Média de permanência;
- Taxa de infecção hospitalar;

- Índice de renovação;
- Taxa de resolutividade.

Estes indicadores e muitos outros estão descritos no Ministério da Saúde (1998). A maioria deles são utilizados para medir a eficiência dos serviços prestados. Necessitamos, também, de indicadores capazes de medir a qualidade intrínseca dos processos de assistência, ou seja, saber se os procedimentos ou condutas médicas adotadas levaram aos melhores resultados clínicos, associados aos melhores resultados financeiros.

Estabelecer estes indicadores e poder compará-los entre as instituições de saúde, em busca de um aprendizado contínuo, deve ser o pensamento ao constuirmos o painel de controle de uma organização de saúde, para que possamos efetivamente contribuir para a melhoria do sistema de saúde em geral.

Ressaltamos, ainda, que o uso desta ferramenta torna-se mais interessante quando utilizada dentro de um modelo de gestão para a excelência, como por exemplo o modelo proposto pela Fundação para o Prêmio Nacional da Qualidade (www.fpnq.org.br), que é também utilizado pelo Prêmio de Qualidade do Governo Federal (pqgf.planejamento.gov.br).

Os principais valores e conceitos deste modelo são:
- Qualidade centrada no cliente;
- Foco nos resultados;
- Comprometimento da alta direção;
- Visão de futuro de longo alcance;
- Valorização das pessoas;
- Responsabilidade social;
- Gestão baseada em fatos e processos;
- Ação pró-ativa e resposta rápida;
- Aprendizado contínuo.

Resumo

A utilização de indicadores é fundamental para o processo de tomada de decisões, em uma gestão baseada em fatos. Porém, é necessário que sejam construídos de forma consistente e dentro de um modelo lógico, para que sejam efetivamente utilizados como apoio ao processo de gestão.

Quanto mais organizações de saúde passarem a utilizar estes conceitos, melhores indicadores poderão ser construídos para medir seu desempenho, permitindo a comparação de seus resultados, contribuindo para o processo de melhoria contínua do sistema de saúde.

REFERÊNCIAS BIBLIOGRÁFICAS

CAMINHA, J. A. N.; CASARIN, A.; BUENO, I. Indicadores em saúde. *Previdência em Dados*, Rio de Janeiro, v. 1 (4), p. 19-38, 1986.

COIERA, E. *Guide to medical informatics, the Internet and telemedicine*. Great Britain, Arnold, 1997, 377p.

DEVER, G. E. A. *Community health analysis*: global awareness at the local level. 2nd ed. USA, Äspen Publishers, 1991, 384 p.

DONABEDIAN, A. Criteria and standards for quality assessment and monitoring. *Qual. Rev. Bull.*, v. 12, n. 3, p. 99-108, 1986. [Special Article].

DRUCKER, P. F. *Administração de organizações sem fins lucrativos*. 4ª ed. São Paulo, Pioneira, 1997, 161 p.

KAPLAN, R. S.; NORTON, D. P. *The balanced scorecard: translating strategy into action*. USA, Harvard Business Scholl Press, 1996.

MINISTÉRIO DA SAÚDE. Secretaria de Estado da Saúde de São Paulo. *Terminologia básica para as atividades de auditoria e controle*. São Paulo, Ministério da Saúde, Secretaria de Estado da Saúde de São Paulo, 1998.

MINTZBERG, H. *Criando organizações eficazes: estruturas em cinco configurações*. Trad. Cyro Bernardes. São Paulo, Ed. Atlas, 1995. 304 p.

WORLD HEALTH ORGANIZATION. *Development of indicators for monitoring progress towards Health for All by Year 2000*. Geneva, 1981. (WHO, "Health For All" series, nº 4).

4

A Dimensão Econômica da Saúde

Bernard F. Couttolenc[1]

A ECONOMIA DA SAÚDE

A dimensão econômica da saúde é estudada no âmbito da Economia da Saúde, um ramo da Economia que estuda os aspectos econômicos do setor saúde. Enquanto disciplina econômica, preocupa-se com a mobilização, alocação e distribuição de recursos no setor. Nos últimos anos, vem assumindo importância cada vez maior na definição e avaliação de políticas de saúde, sendo hoje parte integrante deste processo em vários países e organizações internacionais como o Banco Mundial e a Organização Mundial da Saúde. No Brasil, entretanto, a Economia da Saúde ainda é pouco desenvolvida, dispondo de um número muito pequeno de profissionais especializados e sendo pouco conhecida dos profissionais da saúde.

A relação entre a saúde e a economia se dá em vários níveis: a importância dos recursos mobilizados no setor saúde, a influência mútua entre o ambiente macroeconômico e o setor saúde, a forte tendência ao aumento dos custos da saúde e as dificuldades de financiar este crescimento, e a existência de problemas estruturais no setor que contribuem para os custos crescentes da saúde. Este capítulo discute cada uma dessas dimensões econômicas da saúde, e ao longo desta discussão mostra por que a Economia da Saúde vem se tornando instrumento imprescindível na análise do setor saúde e na formulação e avaliação de políticas de saúde.

---

[1] PhD, Faculdade de Saúde Pública da USP

O SETOR ECONÔMICO DA SAÚDE

O setor saúde é, em muitos países, um dos mais importantes setores de atividade, com o gasto em saúde representando entre 3 e 14% do total de riquezas produzido por um país no ano, medido pelo Produto Interno Bruto (PIB). Nos países industrializados, representa entre 8 e 14% do PIB, e nos países de renda média entre 4 e 9% (Quadro I). Nos Estados Unidos, o país que mais gasta em saúde no mundo, o setor saúde movimenta recursos num montante superior a US$ 1 trilhão, mais do que o PIB brasileiro. No Brasil, as estimativas mais recentes indicam um gasto total em saúde entre 50 e 55 bilhões de dólares[2], o que representa cerca de 7% do PIB. Este montante representa por exemplo mais que o dobro do faturamento da indústria automobilística brasileira e pouco menos que o valor agregado do setor agrícola, sabidamente dois dos setores mais importantes da economia brasileira.

A importância do setor saúde também pode ser medida por três outros critérios. Primeiro, pelo tamanho da mão-de-obra empregada: o setor saúde costuma ser um dos maiores empregadores de mão-de-obra, ocupando em geral entre 5 e 8% da população economicamente ativa; no Brasil, agrupa cerca de 2 milhões de trabalhadores, incluindo 220.000 médicos, 350.000 outros profissionais de nível superior e cerca de 500.000 profissionais de enfermagem de nível médio e elementar, conforme demonstrado no Quadro II.

Os gastos com saúde também representam uma proporção significativa do orçamento doméstico das famílias: no Brasil, este gasto representa em média 6,5% da renda familiar nas regiões metropolitanas[3], mas para famílias com acesso restrito a seguro saúde ou a serviços públicos de saúde o tratamento de uma doença pode facilmente desequilibrar o orçamento doméstico. Finalmente, os gastos com a saúde dos trabalhadores pesam nos custos de produção de bens e serviços: em setores como a indústria automobilística americana, representam até 20% do custo de produção. Assim, qualquer que seja o critério utilizado, o setor saúde tem um peso econômico considerável, que precisa ser gerenciado e controlado de alguma forma, para evitar desperdícios e otimizar o uso desses recursos.

---

[2] Valores para 1998 em dólares correntes.

[3] Fonte: IBGE, Pesquisa de Orçamentos Familiares 1996.

O montante movimentado pelo setor saúde pode ser analisado de vários pontos de vista: a quantidade e valor dos bens e serviços produzidos (consultas médicas, internações, exames diagnósticos e terapêuticos, medicamentos, etc.), as fontes de financiamento do setor (impostos gerais, contribuições específicas, seguros, e gasto familiar direto), e os insumos utilizados na produção dos serviços de saúde (mão-de-obra de profissionais e outros trabalhadores da saúde, materiais e medicamentos, equipamentos médico-hospitalares). Alguns desses aspectos serão discutidos nas seções seguintes. Na maioria dos países, o gasto com assistência hospitalar representa uma proporção considerável do gasto total em saúde. Essa proporção é de 33% nos Estados Unidos, de 43% na França e ao redor de 55% do gasto federal no Brasil[4]. E por serem basicamente serviços pessoais, os serviços de saúde têm no gasto com a remuneração de profissionais e trabalhadores a maior parte do seu custo, cerca de 2/3 em média.

Um dos principais determinantes do gasto em saúde é a renda das pessoas. Existe uma correlação positiva entre a renda *per capita* e o gasto em saúde *per capita*: quanto maior a renda do país, maior a proporção desta renda que é gasta em saúde. O Quadro I mostra isso claramente: os países de renda alta (PIB *per capita* maior que 12.000 dólares internacionais) gastam em média 10,0% do PIB em saúde, enquanto que os países de renda média (entre 3.650 e 12.000 dólares internacionais *per capita*) gastam 5,3% e os de renda baixa (inferior a 3.650 dólares *per capita*) gastam 3,3%. Isto explica, em parte, por que os países de alta renda usufruem em geral de melhores condições de saúde. Entre os países de renda média, o Brasil apresenta um PIB *per capita* na média do grupo (6.240 contra 6.077 dólares), e um gasto em saúde *per capita* 31% maior que a média do grupo, o que demonstra que o gasto total em saúde do Brasil é maior que na maioria dos países de nível de renda semelhante. Em termos de gasto em saúde como proporção do PIB, novamente o Brasil apresenta um valor superior à maioria dos países em desenvolvimento, e em nível semelhante ou superior a de alguns países mais desenvolvidos como Inglaterra e Japão. Esses números mostram que, quando considerado o gasto em saúde consolidado (público e privado), não se sustenta a idéia, muito divulgada, de que o Brasil gasta pouco em saúde.

---

[4] Fonte: *US Health Accounts* (EUA), *Compte Satellite Santé* (França), e Orçamento do Ministério da Saúde.

QUADRO I: INDICADORES INTERNACIONAIS DE PIB
E GASTO EM SAÚDE – 1997

País	PIB	PIB/capita	Gasto saúde	Gasto/capita	% PIB
Renda alta	**21.036**	**22.619**	**2.097**	**2.308**	**10,0**
EUA	7.690	28.740	1.006	3.724	13,7
Japão	2.951	23.400	222	1.759	7,1
França	1.280	21.860	122	2.125	9,8
Canadá	662	21.860	56	1.836	8,6
Holanda	333	21.340	30	1.911	8,8
Alemanha	1.748	21.300	194	2.365	10,5
Reino Unido	1.209	20.520	70	1.193	5,8
Itália	1.152	20.060	105	1.824	9,3
Espanha	618	15.720	48	1.211	8,0
Portugal	138	13.840	10,5	1.060	8,2
Coréia do Sul	621	13.500	40	862	6,7
Renda média	**6.989**	**6.077**	**372**	**326**	**5,3**
Chile	177	12.080	8,6	581	6,1
Malásia	229	10.920	4,5	202	2,4
Argentina	355	9.950	30	823	8,2
Venezuela	194	8.530	6,9	298	3,9
Uruguai	27	8.460	2,8	849	10,0
México	770	8.120	40	421	5,6
África do Sul	287	7.490	16	396	7,1
Colômbia	252	6.720	21	507	9,3
Tailândia	399	6.590	20	327	5,7
Turquia	410	6.430	15	231	3,9
Costa Rica	23	6.410	1,7	489	8,7
Brasil	1.020	6.240	71	428	6,5
Equador	57	4.820	2,3	186	4,6
Argélia	135	4.580	3,7	122	3,1
Rep. Dominicana	37	4.540	1,6	202	4,9
Peru	109	4.390	6,1	246	5,6
Rússia	618	4.190	37	251	5,4
Filipinas	269	3.670	7,5	100	3,4

Renda baixa	8.765	2.286	286	73	3,3
China	4.382	3.570	92	74	2,7
Indonésia	691	3.450	11	56	1,7
Marrocos	86	3.130	4,4	159	5,3
Egito	177	2.940	7,2	118	3,7
Bolívia	22	2.820	1,2	153	5,8
Sri Lanka	46	2.460	1,4	77	3,0
Cuba	19	1.730	1,2	109	6,3
Índia	1.587	1.650	82	84	5,2
Costa do Marfim	24	1.640	0,8	57	3,2
Haiti	9	1.150	0,4	55	4,6
Nigéria	104	880	4,2	35	3,1
Moçambique	10	520	0,8	50	5,8

PIB e gasto total em milhões de dólares internacionais. As médias por grupo são ponderadas. Fonte: Banco Mundial (World Bank, 1999) e OMS para o gasto em saúde (WHO, 2000).

QUADRO II: TRABALHADORES DO SETOR SAÚDE NO BRASIL

Categoria	Quantidade (1996)	Formados por ano (1994)
Médicos	206.000	7.979
Odontólogos	138.000	8.053
Enfermeiros	68.000	8.252
Farmacêuticos	52.000	4.643
Veterinários	50.000	-
Fisioterapeutas	50.000	4.795
Nutricionistas	45.000	3.135
Pessoal técnico nível médio	315.000	-
Pessoal técnico nível elementar	330.000	-
Pessoal administrativo	500.000	-
TOTAL	2.000.000	-

Fonte: Conselhos profissionais, Ministério da Saúde, IBGE e estimativas do autor.

Não existem no Brasil dados confiáveis sobre a distribuição do gasto consolidado em saúde por tipo de serviço ou bem produzido.

Para ilustração mostramos no Quadro III a distribuição no caso do Ministério da Saúde. Dos recursos do Ministério, cerca de 15% são gastos em atividades de prevenção e promoção da saúde e 42% em serviços curativos hospitalares e ambulatoriais, principalmente através de repasses a estados e municípios. 25% do gasto do Ministério é com atividades administrativas e o pagamento de servidores (sendo 9% para o pagamento de benefícios previdenciários a servidores inativos) e 12% na amortização da dívida. Apesar do quadro não detalhar alguns itens, chama a atenção o peso dos gastos não diretamente relacionados à prestação de serviços de saúde: mais de 30% do total corresponde à amortização da dívida, ao pagamento de benefícios a servidores inativos e ao custo de atividades administrativas e de apoio.

A SAÚDE DA ECONOMIA

Discutiremos agora a relação entre o setor saúde e o ambiente macroeconômico. O primeiro aspecto desta relação já foi assinalado: é a correlação positiva existente entre o gasto em saúde e a renda *per capita*. Além disso, a saúde das pessoas num determinado país é influenciada pela situação macroeconômica por que passa esse país, por duas razões. Em primeiro lugar, a situação econômica do país afeta o montante de recursos públicos e privados disponíveis para a saúde. Crises econômicas reduzem a arrecadação de impostos, o faturamento das empresas e a renda das pessoas, como aconteceu durante os anos 80 no Brasil e em outros países. Entre 1981 e 1985, a taxa de crescimento do PIB *per capita* nos países em desenvolvimento caiu para –1,1% ao ano, comparada com +2,7% no qüinqüênio anterior (Cornia et al., 1990). No Brasil, a queda foi mais acentuada: de 5,1% para –2,3%. No período entre 1981 e 1997, o gasto público em saúde oscilou bastante em função das flutuações da economia, crescendo mais rapidamente que o PIB nos anos de crescimento econômico, e caindo mais fortemente nos anos de recessão, como se pode ver no Quadro IV.

QUADRO III: DISTRIBUIÇÃO DO GASTO DO MINISTÉRIO DA SAÚDE – 1998

DENOMINAÇÃO	VALOR R$	%
ITENS GLOBAIS	**6.328.251.459**	**32,75**
PESSOAL (ATIVO E INATIVO)	3.994.320.879	20,67
AMORTIZAÇÃO DA DÍVIDA	2.333.930.580	12,08
FUNDO NACIONAL DE SAÚDE	**11.891.769.093**	**61,54**
COMBATE CARÊNCIAS NUTRICIONAIS	58.970.180	0,31
MANUTENÇÃO ADMINISTRATIVA	56.998.463	0,29
HOSPITAIS PRÓPRIOS	256.129.937	1,33
INCA	59.434.988	0,31
G.H.C.	192.171.000	0,99
PIONEIRAS SOCIAIS	165.600.000	0,86
COMUNICAÇÃO SOCIAL	41.051.897	0,21
PROGR. SANGUE E HEMODERIVADOS	15.824.309	0,08
ERRADICAÇÃO *AEDES AEGYPTI*	124.316.804	0,64
PREV. CÂNCER CÉRVICO-UTERINO	37.621.921	0,19
OUTROS PROGRAMAS	43.492.712	0,23
AIDS / PROJETO NORDESTE II	53.109.606	0,27
AIH / SIA / SUS	7.614.424.853	39,40
PISO ASSISTENCIAL BÁSICO – PAB	1.722.000.000	8,91
PROGR. AG. COMUN. SAÚDE – PACS/PSF	225.614.004	1,17
VIGILÂNCIA SANITÁRIA	50.184.793	0,26
AQUIS. DISTRIB. DE MEDICAMENTOS	350.765.514	1,82
AQUIS. DISTRIB. MEDIC./DST/AIDS	218.946.594	1,13
REAPAR. DE UNIDADES DO SUS / MS	132.927.457	0,69
REAPAR. DE UNID. DO SUS / REFORSUS	159.155.387	0,82
AUXÍLIOS AO SERVIDOR	82.889.549	0,43
ASSIST. MÉDICA A SERVIDORES	73.268.156	0,38
EMENDAS PARLAMENTARES	137.060.540	0,71
FUNDAÇÃO NACIONAL DE SAÚDE	**987.662.140**	**5,11**
MANUTENÇÃO UNIDADES OPERACIONAIS	62.173.326	0,32
MANUTENÇÃO ADMINISTRATIVA	67.090.883	0,35
VACINAS E VACINAÇÃO	172.810.000	0,89
ERRADICAÇÃO *AEDES AEGYPTI*	76.615.031	0,40
CONTROLE DE ENDEMIAS	165.954.995	0,86
SANEAMENTO BÁSICO	142.633.573	0,74
OUTROS PROGRAMAS	79.808.246	0,41
AUXÍLIOS AO SERVIDOR	71.155.474	0,37
ASSISTÊNCIA MÉDICA A SERVIDORES	38.258.037	0,20
EMENDAS PARLAMENTARES	109.684.849	0,57
FIOCRUZ	**116.007.296**	**0,60**
MANUTENÇÃO ADMINISTRATIVA	40.125.385	0,21
MANUT. UNIDADES OPERACIONAIS	8.096.527	0,04
INFRA-ESTRUTURA UNIDADES	12.797.901	0,06
PRODUÇÃO DE VACINAS	17.128.257	0,09
OUTROS PROGRAMAS	26.934.953	0,14
TOTAL GERAL	**19.323.689.988**	**100,00**

Nota: Alguns itens de menor valor foram omitidos. Fonte: Ministério da Saúde.

QUADRO IV: VARIAÇÃO ANUAL NO PIB E NO GASTO PÚBLICO EM SAÚDE

Ano	Variação do PIB	Variação do PIB per capita	Variação do gasto público em saúde
1975-1980	+ 7,4	+ 5,1	–
1981-1984	– 0,2	– 2,3	– 3,8
1985-1989	+ 4,4	+ 2,5	+ 11,9
1990-1993	+ 0,3	– 1,4	– 6,3
1994-1997	+ 4,1	+ 2,7	+ 24,4

Fonte: IBGE.

Ao mesmo tempo em que tendem a reduzir a disponibilidade de recursos para o setor saúde, as crises econômicas também tendem a gerar um aumento na demanda da população por serviços sociais em geral, incluindo os serviços de saúde. As pessoas podem ficar mais estressadas com o receio de perder o emprego, por exemplo, e procurar atendimento médico com mais freqüência por causa disso. A demanda por serviços de saúde mental, em particular, tende a aumentar em épocas de dificuldades econômicas. A diminuição da renda das pessoas que normalmente acompanha as dificuldades econômicas também pode prejudicar as condições de vida e favorecer o surgimento de doenças.

As políticas econômicas também podem afetar a saúde das pessoas e o funcionamento do sistema de saúde. Um exemplo clássico é o dos planos de ajuste estrutural adotados por muitos países sob a orientação do FMI durante os anos 80. Um estudo realizado pelo Unicef (Fundo das Nações Unidas para a Infância) mostrou que a maioria dos países que adotou estes programas reduziram o gasto público em áreas sociais como saúde e educação. Na América Latina, 61% dos países sofreram um decréscimo no gasto público em saúde, e na maioria dos casos essa redução foi mais acentuada do que a queda no PIB (Cornia et al, 1990). Isto se deveu principalmente ao esforço dos governos em reduzir o déficit público, uma parte essencial dos programas de ajuste.

A vulnerabilidade dos gastos sociais às flutuações econômicas e aos programas de estabilização macroeconômicos, observada em muitos países em desenvolvimento, justifica as críticas feitas pelo

UNICEF e outros aos programas de ajuste econômico patrocinados pelo FMI e o Banco Mundial: se não houver mecanismos específicos de proteção dos gastos sociais – e os de saúde em particular – estes tendem a sofrer cortes importantes em épocas de dificuldades econômicas. Estas mesmas conseqüências sobre a situação social e o setor saúde foram apontadas mais recentemente nos países que entraram em crise em meados dos anos 90 e seguiram o receituário do FMI para se recuperar. Ninguém nega a necessidade de se ajustarem as contas públicas quando estas estão desequilibradas, e isto requer necessariamente alguns sacrifícios; entretanto, as políticas de ajuste deveriam levar em conta as conseqüências sobre a situação social e o gasto social, prevendo mecanismos de proteção à área social. O debate em torno das conseqüências sociais dos planos macroeconômicos está levando o Banco Mundial e o FMI a cada vez mais considerar este elemento na formulação desses planos.

Independentemente das flutuações econômicas, existe uma relação bastante estreita entre o nível de saúde de uma população e seu nível de desenvolvimento. Estudos mostram uma correlação forte entre renda *per capita* e indicadores de saúde. Os países com maior renda *per capita* tendem a ter melhores níveis de saúde, porque uma renda mais alta libera mais recursos disponíveis para a saúde. Populações mais ricas costumam gastar mais em saúde, não só em termos absolutos mas também em proporção da renda, do que populações mais pobres, como se viu no Quadro I. Além disso, uma renda maior também vem acompanhada de melhores condições de saneamento, nutrição e educação, fatores cujo efeito sobre a saúde já foi demonstrado.

Entretanto, esta associação geral entre renda e saúde não deve ocultar o fato de que países com o mesmo nível de renda *per capita* podem ostentar indicadores de saúde muito diferentes. O Gráfico I mostra claramente que embora exista uma correlação positiva entre PIB *per capita* e nível de saúde, vários países parecem fugir desta regra geral. Países como Vietnã (VNA), China (CHI), Sri Lanka (SRL), Cuba (CUB) e Costa Rica (CRI) se destacam por ostentarem indicadores de saúde bem melhores do que os países com nível de renda semelhante[5], enquanto no extremo oposto encontramos vários paí-

---

[5] O nível "esperado" do indicador de saúde para cada nível de PIB *per capita* é dado no gráfico pela curva de tendência assinalada em vermelho e pelo intervalo definido pelas duas curvas azuis. O Índice de Saúde é uma média dos índices (medidos de 0 a 1) de expectativa de vida e mortalidade infantil.

ses da África (Níger–NGR, Costa do Marfim–CIV e África do Sul–SAF), Peru (PER), Turquia (TUR), Brasil (BRA), Arábia Saudita (SAR) e Argentina (ARG). O Brasil é na verdade um dos países que mais se afasta da curva de tendência, mostrando um indicador de saúde muito abaixo do esperado para seu nível de renda.

Na verdade a relação entre nível de renda e nível de saúde também funciona na outra direção: um país ou uma região com melhor situação de saúde tem em geral uma mão-de-obra mais produtiva, pois a presença de doenças reduz o tempo destinado ao trabalho e a produtividade do trabalhador. Crianças em boa saúde se desenvolvem melhor na escola, podendo chegar a níveis de escolaridade mais elevados. Por outro lado, em função do impacto sobre a produtividade e dos custos associados ao tratamento das doenças, as empresas preferem empregar uma mão-de-obra em melhor saúde e investir em áreas que desfrutam de melhores condições de saúde. Por essas razões, o gasto em saúde pode ser considerado não apenas como "gasto", mas também como investimento. De acordo com a teoria econômica do capital humano, cada pessoa tem, desde o nascimento, um "estoque" de boa saúde que lhe permite contribuir para a produção de riquezas. À medida em que o tempo passa, e com o advento de doenças, esse estoque se reduz, ele se "deprecia"; para restabelecer, melhorar ou proteger seu estado de saúde, a pessoa "investe" em cuidados médicos e preventivos da mesma forma que uma empresa "investe" na manutenção de seus equipamentos. Esta teoria, desenvolvida inicialmente por Grossman (Grossman, 1972), tem tido grande influência na análise do gasto em saúde. Apesar de relativamente recente enquanto modelo econômico, a noção da contribuição dos serviços de saúde ao desenvolvimento é antiga, já que está na base das primeiras políticas de Saúde Pública nos primeiros anos do século XX.

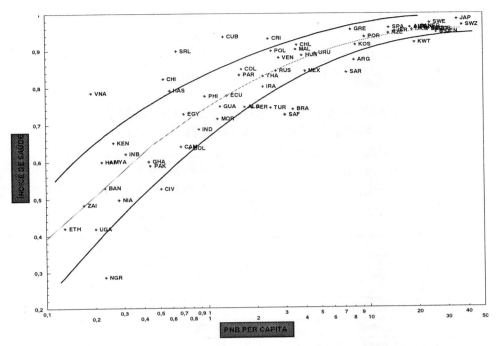

GRÁFICO I: RELAÇÃO ENTRE RENDA *PER CAPITA* E NÍVEL DE SAÚDE

A QUESTÃO DO FINANCIAMENTO

O financiamento representa a contrapartida dos bens e serviços produzidos: diz respeito a "de onde vêm os recursos" enquanto que a análise de produção descreve "para onde vão" esses recursos. As estimativas do gasto total por fonte de financiamento também são imprecisas no Brasil, principalmente em função da ausência de uma metodologia padronizada para sua estimação. Oferecemos no Quadro V uma estimativa do autor para 1998, que é compatível com estimativas recentes de outras fontes. Pode-se observar que pouco mais da metade do gasto consolidado é representado pelo gasto privado, em rápido crescimento nos últimos anos principalmente no seu componente de gasto com planos e seguros de saúde. Este segmento cobre hoje cerca de 40 milhões de brasileiros, ou 25% da população, contra 25 milhões em meados dos anos 80. A proporção do gasto privado no total é relativamente alta (55%, ou 52% segundo o relatório da OMS), se comparada com os países desenvolvidos (32% segundo o relatório da Organização Mundial da Saúde) ou os países de renda média (39%). Assim, nas comparações internacionais o Brasil se destaca por ter um gasto consolidado em saúde relativamente elevado, como já foi dito, e também pela relativamente baixa proporção do gasto público neste total.

QUADRO V: DISTRIBUIÇÃO DO GASTO EM SAÚDE POR FONTE – 1998

FONTE	VALOR (US$ MILHÕES	VALOR *PER CAPITA* (US$)	% DO PIB	% DO TOTAL
Gasto Público	24,0	145	3,2	44,7
Federal	15,1	92	2,0	28,1
Estadual	4,7	28	0,6	8,8
Municipal	4,2	25	0,5	7,8
Gasto Privado	29,7	180	3,9	55,3
Planos e Seg. de Saúde	15,4	93	2,0	28,7
Gasto Direto Familiar	14,3	87	1,9	26,6
GASTO TOTAL EM SAÚDE	53,7	325	7,1	100,0

Fontes: Estimativas do autor, baseadas em dados do IPEA/DIPOS, do IBGE (POF 1996) e da Abramge.

No gasto público predomina o gasto federal, a maior parte do qual é de responsabilidade do Ministério da Saúde; entretanto, outros ministérios também contribuem para este gasto, no atendimento a clientelas internas (servidores do órgão e Forças Armadas por exemplo) ou externas (como o Ministério da Educação no caso dos hospitais universitários). Desde meados dos anos 80, entretanto, a participação do governo federal e dos governos estaduais diminuiu, enquanto que a dos governos municipais vem aumentando substancialmente, sem dúvida uma conseqüência do processo de municipalização.

Quanto à distribuição dos recursos públicos por fonte, predominam as contribuições específicas em nível federal (CPMF, Contribuição sobre o Lucro Líquido das Empresas, e Cofins) e os impostos gerais em nível dos estados e municípios (ICMS, IPTU e ISS). Conforme indicado no Quadro VI, esta distribuição se alterou bastante desde o início dos anos 90, quando a principal fonte de financiamento do sistema público era a contribuição previdenciária (Contribuição sobre a Folha de Salários). A partir de 1993, esta fonte deixou de ser utilizada para o financiamento do SUS, sendo substituída por um conjunto de contribuições à qual se agregou em 1997 a CPMF. Este processo ocorreu basicamente pela impossibilidade de financiar o pagamento de benefícios previdenciários e assistência à saúde apenas com a contribuição previdenciária num contexto de extensão dos direitos previdenciários, envelhecimento progressivo da população e recessão econômica. Apesar das justificativas dadas para sua criação, nenhuma destas novas contribuições vem sendo aplicada exclusivamente na área da saúde, e seu impacto sobre os recursos da saúde foi sempre reduzido pela diminuição do aporte das fontes existentes.

No que diz respeito ao gasto privado, sua composição mudou bastante nas duas últimas décadas. A participação do gasto direto – correspondente aos pagamentos efetuados diretamente pelas famílias aos prestadores e na aquisição de medicamentos e outros bens – vem caindo, enquanto a participação dos planos de pré-pagamento e seguros saúde vem crescendo ano a ano com a expansão da cobertura desses esquemas. A composição do gasto familiar – aquele que as famílias tiram do bolso para pagar consultas médicas, exames, medicamentos ou mensalidades de planos de pré-pagamento – tem mudado bastante. O Quadro VI mostra que a proporção do gasto das famílias representado pelo pagamento de profissionais e hospitais vem caindo, enquanto que a proporção do gasto com planos e seguros de saúde aumenta acentuadamente. Em 1996 quase 58% do gasto familiar em saúde é representado pela aquisição de medicamentos e o pagamento de mensalidades de planos e seguros. Isto sugere que nas duas últimas décadas o pagamento direto a prestadores diminui à medida em que aumenta a cobertura pela seguridade social por um lado e pelos sistemas de pré-pagamento por outro. A compra de medicamentos pelas famílias permanece como item importante do gasto familiar, representando a maior parte do consumo de medicamentos no Brasil.

O crescimento dos gastos com saúde naturalmente se defronta com uma disponibilidade de recursos sempre limitada. A alocação de recursos para a saúde, em qualquer país, é necessariamente disputada com outros setores econômicos (infraestrutura, indústria) e sociais (educação, saneamento, etc.). Este fato, que em Economia é chamado de uso competitivo de recursos, somado à tendência de crescimento dos custos da saúde e às necessidades não atendidas que existem em muitos países em desenvolvimento, faz com que a questão do financiamento à saúde se torne crucial e estratégica. Dois outros fatores contribuem para isso. Primeiro, a distribuição do ônus de financiar o setor, que remete à questão da eqüidade. Segundo, a fragilidade do financiamento da saúde frente às flutuações econômicas, já mencionada. Portanto, dependendo do país, a questão do financiamento pode estar relacionada com o montante de recursos disponíveis (nível), com sua estabilidade, ou com sua distribuição entre grupos sociais ou demográficos (eqüidade).

QUADRO VI: DISTRIBUIÇÃO DO FINANCIAMENTO PÚBLICO POR FONTE

Fonte	1992	1995	1997
Ministério da Saúde	*72.4*	*62,9*	*65**
– Contribuição sobre Folha de Salários	55,9	0,0	0,0
– Finsocial/Cofins	30,2	44,4	15,7
– Contribuição s/ Lucro Líquido das empresas	1,4	27,4	24,1
– Contribuição Prov. s/ Movimentações Financeiras	0,0	0,0	31,2
– Fundo Social de Emergência	0,0	14,9	19,1
– Tesouro (Ordinários e Títulos)	12,4	10,0	4,2
– Outros	0,1	3,3	6,0
Estados	*14.8*	*19.7*	*17**
– ICMS	–	–	94,4
Municípios	*12.8*	*17.5*	*18**
– ISS	–	–	47,8
– IPTU	–	–	39,7

Fontes: Marques (1999) e Fernandes (1998). * Estimado. Não disponível

QUADRO VI: DISTRIBUIÇÃO DO GASTO FAMILIAR COM SAÚDE, 1975-1996

Item	1975	1987	1996
Total Gasto em Saúde (R$/mês)	52,68	111,81	97,19
Medicamentos	33,9%	33,2%	28,7%
Planos e seguros	–	8,2%	29,1%
Honorários Médicos	17,8%	7,6%	4,0%
Dentistas	18,0%	16,2%	14,8%
Hospitais	17,0%	5,7%	2,4%
Óculos e lentes	–	6,5%	2,6%
Outros	13,2%	22,6%	18,3%
Total em Salários Mínimos	0,27	0,70	0,79
Total em % Gasto Familiar Total	3,08	5,97	6,53

Fonte: IBGE (POFs 1988 e 1996, ENDEF 1975). Os valores se referem ao gasto das famílias residentes em regiões metropolitanas. Na ENDEF não se identificava o gasto com Planos e Seguros e Óculos e Lentes.

Em relação à repartição do ônus financeiro no Brasil não existe um levantamento sistemático que permita chegar a conclusões seguras, porém as análises parciais efetuadas até o momento sugerem que o padrão de financiamento do setor é bastante iníquo, na medida em que a maior parte do gasto público é financiada por impostos e contribuições regressivos (como o ICMS) ou que podem facilmente ser repassados ao preço do produto sobre o qual incidem (caso da maioria das contribuições federais), de um lado, e que o financiamento privado, principalmente o direto, representa uma proporção importante do gasto total.

Os governos dos diversos países vêm enfrentando estas questões de várias maneiras. Em alguns casos, como no Brasil, procurou-se substituir fontes tradicionais de financiamento, julgadas insuficientes ou muito sensíveis às flutuações econômicas, por novas fontes. É o que a reforma sanitária brasileira procurou fazer ao propor novas fontes de recursos mais estáveis. Também se tenta aqui, desde meados dos anos 80, aumentar a "fatia" dos recursos públicos que é alocada à saúde, fixando em lei uma proporção mínima desses recursos sobre o orçamento público. A proposta feita em finais dos anos 80 de alocar 30% da receita previdenciária à saúde, e a Proposta de Emenda Constitucional atualmente em debate no Congresso, que além disso requer de estados e municípios que aloquem 12 % e 15%, respectivamente, de seu orçamento à saúde, constituem exemplos disso.

Em outros casos, procura-se expandir a base de financiamento, mediante a diversificação das fontes. Vários países têm expandido os esquemas públicos de seguro saúde ou estimulado o surgimento de planos e seguros privados, enquanto outros introduziram a cobrança de taxas de utilização no momento em que o usuário procura o serviço. A cobrança de taxas de utilização em serviços públicos de saúde vem sendo proposta por organismos internacionais de desenvolvimento como o Banco Mundial e o Banco Interamericano de Desenvolvimento, e mais recentemente pela Organização Mundial da Saúde.

Esta cobrança é freqüentemente criticada por constituir um fator agravante das desigualdades de acesso, já que os mais pobres não teriam condições de pagar essas taxas. Entretanto, estudos realizados em diversos países mostram que a questão não é tão simples, e que a gratuidade do serviço muitas vezes não garante, e pode até não facilitar, o acesso pelos grupos de baixa renda. Primeiro, porque o preço monetário pago pelo usuário não é o único fator condicionante do acesso aos serviços, e pode muitas vezes nem ser o principal. O tempo (de espera), a distância e a qualidade do serviço podem constituir em muitos casos os principais obstáculos ao acesso. Segundo, os serviços públicos de melhor qualidade são em muitos casos "capturados" pelos grupos de renda mais alta (a questão da universidade pública e dos serviços hospitalares de excelência são os melhores exemplos). Por outro lado, em países como o Brasil, a população mais pobre já paga do próprio bolso uma proporção substancial de sua renda para obter bens e serviços de saúde (cerca de 5%, segundo a Pesquisa de Orçamentos Familiares de 1987, e de 7 a 9%, segundo a POF de 1996). Como demonstrado em alguns estudos, a cobrança de um taxa de utilização quando acompanhada de melhoria da qualidade dos serviços e do acesso físico pode eventualmente contribuír para reduzir o custo final de utilização do serviço.

A TENDÊNCIA DOS CUSTOS

Uma questão que tem ocupado muitos economistas, além de autoridades sanitárias e governos, é a tendência de rápido crescimento dos custos com saúde observada na maioria dos países. Esta tendência está bastante documentada nos países industrializados, mas também se verifica na maioria dos países em desenvolvimento. Este ritmo de crescimento tende a ser maior do que o do crescimento da produção econômica, medida pelo PIB. Assim, os países industrializados gastavam, em média, 4 % do PIB em saúde no início da década de 1960. Esta proporção subiu para 6,7% em 1975 e 8,1% em 1989, estando hoje em 9,1%, como se vê no Quadro VII. Esta tendência é preocupante por várias razões. Primeiro, por que uma proporção crescente dos recursos produzidos num país deve ser utilizada para financiar o setor saúde, em detrimento de outros setores possivelmente também necessitados (como Educação, Infraestrutura, etc..). A longo prazo, uma tendência de forte crescimento na proporção da Saúde no PIB pode, em tese, se tornar insustentável economicamente: se o ritmo de crescimento verificado nos anos 60 a 80 se mantiver nos próximos 20 anos, os países industrializados poderão chegar a gastar com saúde o equivalente a 20 a 25% do PIB, algo bastante difícil de se sustentar economicamente. Já hoje, a saúde representa elemento significativo no custo de produção de certos produtos (20% do custo de um automóvel nos Estados Unidos, como já dissemos). Em segundo lugar, porque essa tendência torna cada vez mais difícil financiar a prestação de serviços de saúde, já que os recursos disponíveis são sempre limitados e não crescem na mesma proporção.

QUADRO VII: CRESCIMENTO DO GASTO EM SAÚDE NOS PAÍSES INDUSTRIALIZADOS

País	1960	1975	1989	1997
Estados Unidos	5,2	8,4	11,8	13,7
Japão	2,9	5,5	6,7	7,1
França	4,2	6,8	8,7	9,8
Canadá	5,5	7,3	8,7	8,6
Alemanha	4,7	7,8	8,2	10,5
Reino Unido	3,9	5,5	5,8	5,8
Itália	3,9	5,8	7,6	9,3
Suécia	4,7	8,0	8,8	9,2
Espanha	2,3	5,1	6,3	8,0
*Média**	4,1	6,7	8,1	9,1

Fonte: Schieber e Poullier (1991); e WHO (2000). * Média não ponderada.

Vários fatores concorrem para o crescimento dos gastos e dos custos em saúde, entre os quais se destacam:

- Crescimento da população, que aumenta o número de pessoas usuárias de serviços de saúde; o ritmo do crescimento demográfico é bem maior entre os países de renda média e baixa, o que torna este um fator mais importante nesses países;
- Generalização do seguro saúde em suas formas pública (seguridade social) e/ou privada, que facilita o acesso aos serviços; ao diluir o risco de doença, e portanto de gasto com serviços de saúde, entre um número maior de pessoas, o seguro saúde permite que mais pessoas possam utilizar estes serviços, mas também faz com que o usuário desses serviços não se preocupe com seu custo no momento da utilização, já que ele paga pouco ou nada neste momento; segundo estudos realizados em vários países, este fato gera uma demanda por serviços de saúde que é maior do que se houvesse pagamento no momento da utilização; parte desta demanda adicional pode até ser desnecessária;
- Valorização do direito à saúde: a saúde é, no Brasil e em muitos outros países, considerada como um direito extensivo a toda a população; isso se deve à característica de "bem meritório", na terminologia econômica. Trata-se de um bem ou serviço ao

qual a sociedade confere um valor especial, por razões éticas ou morais. Este bem passa então a ser valorizado além de sua contribuição específica para a riqueza social. Isto naturalmente faz com que o consumo de serviços de saúde seja maior do que seria se uma lógica estritamente econômica governasse sua produção e distribuição, como ocorre com a maioria dos outros bens e serviços;

- Possibilidade de indução de demanda: o profissional médico é o principal intérprete das necessidades do paciente, e portanto quem define a demanda de serviços; mas é também o principal prestador desses serviços, seja individualmente, seja como proprietário ou gerente de um prestador institucional; em função desta posição ambígua do médico estudiosos sustentam que é possível ao médico gerar demanda para seus próprios serviços independentemente da necessidade real do paciente, a chamada "demanda induzida";
- Transição demográfica, que resulta no envelhecimento progressivo da população e na maior prevalência de doenças crônico-degenerativas, o que por sua vez requer serviços de saúde mais complexos e caros; países como o Brasil estão "envelhecendo" muito rapidamente, requerendo mudanças importantes na organização do sistema de saúde e no perfil de serviços oferecidos, já que grupos demográficos e doenças distintas requerem serviços diferentes;
- Incorporação de tecnologia, um fator muito importante na área da saúde; na maioria dos outros setores de atividade uma nova tecnologia costuma resultar em maior produtividade e custos mais baixos de produção; isto não se dá necessariamente no setor saúde, onde a incorporação tecnológica é em geral aditiva e não substitutiva, ou seja, uma nova tecnologia não substitui a anterior, mas passa a ser utilizada paralelamente a ela; uma conseqüência desse fenômeno é a utilização crescente de serviços diagnósticos e terapêuticos, que podem melhorar a precisão do diagnóstico mas costumam resultar em custos maiores; essa corrida tecnológica requer por sua vez pesados investimentos em pesquisa, que encarecem o produto final;
- Ineficiências estruturais do setor saúde, decorrentes em parte dos fatores anteriores e em parte da falta tradicional de preocupação com a gestão e o custo dos serviços por parte dos profissionais de

saúde; até hoje é comum se ouvir dizer que a saúde, sendo um direito, preocupações e critérios econômicos são inoportunos quando não imorais, e tentativas de medir e controlar os custos dos serviços são vistos como uma ingerência na relação entre o médico e seu paciente; por outro lado, uma proporção importante dos recursos de saúde são investidos em atividades de alto custo e pouco impacto em termos de saúde coletiva.

Os quatro primeiros fatores atuam principalmente na quantidade de serviços utilizada (crescimento extensivo, ou de demanda), enquanto que os demais atuam principalmente no custo desses serviços (crescimento intensivo, ou de custo). Um estudo realizado nos Estados Unidos identificou como principais fatores no crescimento do gasto em saúde a generalização do seguro saúde e a incorporação de tecnologia. O índice de preços do setor saúde costuma aumentar em ritmo maior do que os preços no resto da economia, tanto nos países industrializados como no Brasil. Por exemplo, no Brasil no período de dezembro de 1994 a dezembro de 1999 os preços dos serviços de saúde (Índice de Preços ao Consumidor Ampliado-Saúde e Cuidados Pessoais) aumentaram em proporção superior ao IPCA geral em todos os anos exceto 1999; no período como um todo, o aumento dos bens e serviços de saúde foi 54% maior que no índice geral (Quadro VIII). Mais recentemente, aumentos nos preços de medicamentos acima do índice geral de preços geraram uma intervenção do Ministério da Saúde, que incluiu o estímulo à comercialização dos genéricos.

Esta tendência de crescimento dos custos em saúde vem motivando iniciativas por parte de governos e empresas visando contê-la. O desenvolvimento e operacionalização de políticas e mecanismos de controle de custos têm se tornado nos últimos 15 anos uma prioridade dos sistemas de saúde em todo o mundo, e vêm contribuindo bastante para o crescimento da Economia da Saúde, já que ela dispõe do instrumental teórico necessário para isso.

QUADRO VIII: ÍNDICE DE PREÇOS
DA SAÚDE E GERAL – 1994–1999

Período	IPCA Geral	IPCA Saúde*
Dez 95 / Dez 94	20,88	33,96
Dez 96 / Dez 95	9,56	13,82
Dez 97 / Dez 96	5,22	5,93
Dez 98 / Dez 97	1,65	4,49
Dez 99 / Dez 98	8,91	8,68
Dez 99 / Dez 94	54,33	83,40

* Saúde e cuidados pessoais. Fonte: IBGE.

As principais estratégias utilizadas para o controle dos custos podem ser classificadas em dois grupos:
• As de contenção de demanda, que procuram reduzir a utilização desnecessária de serviços mediante o estabelecimento de entrada única ao sistema de assistência médica, a obrigatoriedade de autorizações prévias para a utilização de certos serviços (como internações eletivas e procedimentos de alto custo), e a cobrança de taxas de utilização (para serviços normalmente oferecidos gratuitamente), franquias e co-pagamentos;
• As de contenção da oferta, que visam disciplinar a oferta de serviços via responsabilização do prestador (essencialmente o médico) por gastos acima do esperado, encaminhamento preferencial aos prestadores que adotam os critérios e padrões sugeridos pelo financiador, e a adoção de protocolos clínicos.

Várias dessas estratégias consubstanciam o chamado sistema de assistência gerenciada – ou *managed care*, que tem recebido muita atenção nos últimos anos, em função da sua adoção sistemática em boa parte do sistema de saúde americano. Este sistema de gestão de cuidados também inclui outros mecanismos de controle como o monitoramento sistemático de casos (*case management*), em que o tratamento de um paciente internado, por exemplo, é acompanhado sistematicamente desde a internação até a alta, procurando-se assegurar simultaneamente a qualidade da assistência e o controle de custos.

Outra estratégia bastante propalada consiste em investir em ações de natureza preventiva e/ou de promoção da saúde, que em tese resultam em menor utilização de procedimentos curativos mais caros, já que previnem o aparecimento de doenças ou reduzem sua progressão. Em geral, é mais fácil e mais barato tratar uma doença quando ela é diagnosticada no início. Na verdade, o efeito de redução de custos atribuído às ações preventivas e promocionais depende do contexto em que são empreendidas e do prazo em que medimos seus resultados. Podem até resultar num aumento da procura por serviços curativos se estas ações preventivas facilitarem o acesso ao sistema de saúde por parte de grupos populacionais com necessidades anteriormente não ou parcialmente satisfeitas. Por outro lado, alguns estudiosos entendem que medidas preventivas contribuem para o aumento do gasto em saúde a longo prazo na medida em que fazem com que pessoas vivam mais e portanto consumam serviços de saúde por mais tempo.

A GESTÃO DE RECURSOS

O Gráfico II relaciona o gasto em saúde e o nível de saúde dos diversos países. Como no caso da relação entre renda e saúde, discutida na Seção 2, é possível identificar uma correlação geral positiva entre essas duas variáveis: países com maior gasto em saúde tendem a desfrutar de melhores indicadores de saúde. Isto se dá não só porque maior gasto em saúde permite maior oferta e cobertura de serviços de saúde, mas também porque o maior gasto em saúde está geralmente associado a maior renda (como visto acima) e melhores condições de vida em geral. Entretanto, aqui também é possível identificar países que parecem fugir desta regra geral. Vietnã (VNA), China (CHI), Filipinas (PHI), Sri Lanka (SRL), Paraguai (PAR), Colômbia (COL), Malásia (MAL), Cuba (CUB), Chile (CHL) e Costa Rica (CRI) ostentam um valor do indicador de saúde acima do esperado para seu nível de gasto em saúde; na situação oposta encontramos Moçambique (MOZ), Níger (NGR), Costa do Marfim (CIV), Haiti (HAI), África do Sul (SAF), Argélia (ALG) e Arábia Saudita (SAR), além de, mais uma vez, o Brasil. O gráfico mostra que o sistema de saúde brasileiro produz indicadores de saúde bem abaixo do que se poderia esperar com o nível de gasto em saúde do país (aqui incluídos o setor público e o setor privado). Outros relatórios, como o da Organização Mundial da Saúde (WHO, 2000), chegam à mesma conclusão: o montante de recursos investido em saúde por um país é apenas parte da equação para melhorar o estado de saúde. Tão ou mais importante é o que se faz com esses recursos, como são utilizados. E o problema do setor saúde brasileiro não está na insuficiência de recursos, mas na maneira como esses recursos são alocados e aplicados.

Foi dito anteriormente que o setor saúde freqüentemente sofre de problemas estruturais relacionados com a eficiência na organização e funcionamento dos serviços de saúde e com a alocação de recursos dentro do setor. Os relatórios de técnicos nacionais e internacionais costumam apontar o desperdício e a má utilização de recursos como problemas importantes do setor no Brasil. Esses problemas estão geralmente relacionados com o conceito de eficiência, que pode ser definido como a relação entre os recursos utilizados e os resultados obtidos: quanto maior resultado obtido com um dado recurso, ou quanto menor o recurso para se obter uma determinado resultado, maior a eficiência.

A questão da eficiência na saúde pode ser analisada de dois pontos de vista:

- A eficiência alocativa, que diz respeito à distribuição dos recursos entre os diversos insumos necessários à produção (do serviço de saúde, por exemplo) ou entre as diversas alternativas para se atingir um determinado resultado; é alcançada quando a proporção utilizada entre os diversos insumos num processo produtivo - mão de obra, materiais, tecnologia - é próxima do tecnicamente ideal, ou seja nenhuma alteração nessa proporção poderia aumentar o resultado ou reduzir o custo;
- A eficiência técnica, relacionada à produtividade de um recurso e à minimização de desperdícios e ociosidades no processo produtivo.

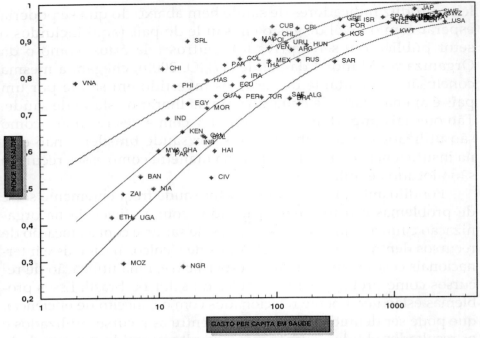

GRÁFICO II: RELAÇÃO ENTRE GASTO EM SAÚDE E NÍVEL DE SAÚDE

Ineficiências alocativas ocorrem quando há utilização excessiva de um determinado insumo em relação a outro; por exemplo, um gasto com recursos humanos em proporção muito alta em relação ao orçamento deixa recursos insuficientes para a aquisição de medicamentos ou de materiais de consumo ou a manutenção de equipamentos; neste caso, parte dos recursos humanos existentes pode ficar ociosa, já que não haverá instrumentos de trabalho em quantidade ou qualidade suficiente. Seria melhor ter menos recursos humanos e uma distribuição mais equilibrada do orçamento entre os diferentes insumos. É o que procura assegurar a lei Camata, ao fixar um teto de 60% para o gasto com pessoal nos órgãos públicos.

Do ponto de vista econômico, a produção de serviços de saúde e a organização dos sistemas de saúde devem ser gerenciadas no sentido de se obter o melhor (ou maior) resultado ao menor custo possível. Isto vale tanto para uma instituição pública, que deve procurar a melhor utilização possível dos recursos públicos, quanto para uma empresa privada que procura maximizar seu lucro. A otimização dos recursos existentes se obtém assegurando a eficiência alocativa e técnica, ou seja, distribuindo os recursos de maneira equilibrada e reduzindo desperdícios.

Um corolário desta orientação é a aplicação dos recursos disponíveis em atividades e programas que produzam o maior resultado ao menor custo. Para isso é preciso identificar aquelas intervenções de saúde mais *custo-efetivas* - ou seja, que levam ao maior/melhor resultado em relação ao custo - e priorizá-las na alocação de recursos. Principalmente quando existem duas ou mais alternativas para se obter um determinado resultado, deve-se escolher aquela que o faz ao menor custo. Este princípio parece muito lógico, obvio até. No entanto, o sistema de saúde brasileiro - aqui incluindo os setores público e privado - é conhecido por despender uma proporção alta dos recursos disponíveis com intervenções caras e de pouco impacto sobre a saúde da população, quando problemas simples e baratos de serem equacionados, como a mortalidade infantil, permanecem em níveis inaceitáveis.

Neste sentido o Banco Mundial e a Organização Mundial da Saúde têm defendido a idéia de que os recursos públicos teriam maior impacto sobre a saúde da população se fossem concentrados num pacote limitado de serviços básicos de saúde. O Quadro IX apresenta o conteúdo e o custo deste pacote segundo a proposta do Banco Mundial. Segundo esta proposta, um pacote de serviços que permitiria resolver a maioria dos problemas de saúde de um país de renda média como o Brasil custava, em 1993, 62 dólares *per capita*, ou menos de 1/5 do montante que o Brasil gasta hoje em saúde. É preciso assinalar que esta proposta está baseada em critérios estritamente técnicos de alocação de recursos, priorizando a atuação do Estado em serviços com alta relação custo-efetividade. Esses critérios são definidos no âmbito do modelo de finanças públicas apresentado no Gráfico III, que classifica os bens e serviços de saúde em função do seu maior ou menor componente público. Naturalmente, fatores políticos e/ou éticos podem limitar a viabilidade de uma política como essa no Brasil, já que aqui a constituição de 1988 garante a todos a cobertura para serviços de saúde em geral. De qualquer modo, ela tem o mérito de chamar a atenção para o fato de que é relativamente barato equacionar os problemas de saúde mais freqüentes de um país como o Brasil, e que uma política de prioridades mais claras por parte do governo e maior ênfase na eficiência e resultados por parte de prestadores públicos e privados poderia melhorar significativamente o nível de saúde da população em geral a um custo baixo.

A otimização dos recursos existentes implica portanto a alocação e utilização eficiente desses recursos, priorizando-se as intervenções mais custo-efetivas e eliminando-se desperdícios e ociosidades. Além disso, a adoção dos mecanismos de controle de custos já apresentados também pode contribuir para o objetivo de maior eficiência e otimização de recursos. A proposta de um pacote mínimo de serviços básicos está relacionada com um movimento de redefinição do papel do Estado na área da saúde. Em muitos países onde se dá um processo de reforma setorial, a redefinição do papel do Estado assume grande importância. Na maioria dos casos, trata-se de reduzir o papel do Estado enquanto prestador direto de serviços, reforçando sua função de regulamentação do setor, de definição, planejamento e avaliação das políticas de saúde, e de financiamento de um conjunto mais restrito de serviços destinado em prioridade à população mais pobre.

QUADRO IX: PROPOSTA DO BANCO MUNDIAL PARA UM PACOTE BÁSICO DE SERVIÇOS

Componente	Custo *per capita* (US$)	Atividades
1. Saúde pública	7	Programa de imunizações, saúde escolar, prevenção do fumo e alcoolismo, informação e educação em saúde, vigilância epidemiológica e sanitária, prevenção das doenças sexualmente transmissíveis e AIDS.
2. Serviços clínicos essenciais	15	Tratamento de doenças específicas (tuberculose, DST, infecções e traumatismos menores), atenção à criança, ao pré-natal e ao parto, planejamento familiar, alívio da dor.
3. Serviços clínicos discricionários	40	Demais serviços curativos básicos, em quantidade limitada.
Total	62	

Fonte: Banco Mundial (1993)

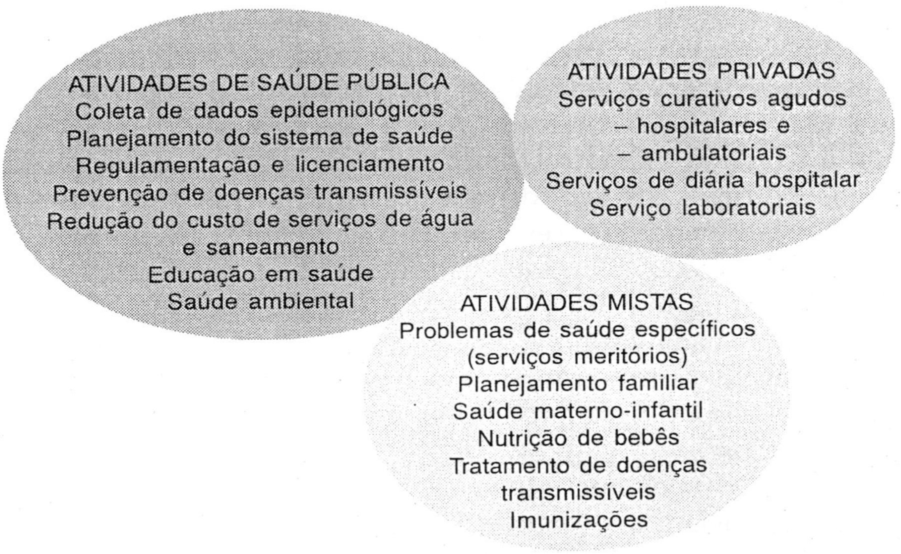

ATIVIDADES DE SAÚDE PÚBLICA
Coleta de dados epidemiológicos
Planejamento do sistema de saúde
Regulamentação e licenciamento
Prevenção de doenças transmissíveis
Redução do custo de serviços de água
e saneamento
Educação em saúde
Saúde ambiental

ATIVIDADES PRIVADAS
Serviços curativos agudos
– hospitalares e
– ambulatoriais
Serviços de diária hospitalar
Serviço laboratoriais

ATIVIDADES MISTAS
Problemas de saúde específicos
(serviços meritórios)
Planejamento familiar
Saúde materno-infantil
Nutrição de bebês
Tratamento de doenças
transmissíveis
Imunizações

GRÁFICO III: MODELO DE FINANÇAS PÚBLICAS EM SAÚDE

Naturalmente, políticas orientadas para a eficiência e mecanismos de controle de custos não são neutros, e podem repercutir negativamente na qualidade dos serviços ou na eqüidade de acesso se utilizados indiscriminadamente. A redução indiscriminada de custos pode inclusive prejudicar a própria eficiência perseguida; mas uma utilização criteriosa desses mecanismos balanceada com um monitoramento da qualidade e eqüidade pode dar resultados mais satisfatórios em termos da saúde da população brasileira.

DESAFIOS PARA A GESTÃO DE SERVIÇOS DE SAÚDE NO BRASIL NOS PRÓXIMOS ANOS

As questões discutidas até aqui possuem implicações bastante importantes para a gestão dos serviços de saúde, sejam eles públicos ou privados. O ambiente macroeconômico em que se insere o setor saúde brasileiro afeta diretamente a maneira como os serviços devem ser gerenciados, e os resultados desta gestão. A década dos 90 trouxe muitas mudanças nas relações econômicas entre países e na vida das pessoas, num processo que se convencionou chamar de globalização. Este processo se caracteriza, entre outros aspectos, pela liberalização das relações de troca, pela desregulamentação e utilização crescente dos mecanismos do mercado para resolver questões de eficiência e alocação, e pela perda relativa de poder de ação e regulação dos estados nacionais frente a corporações cada vez maiores e mais poderosas. Na área da saúde este processo também se faz presente, e o Brasil não é exceção. Por aqui, as mudanças que ocorrem no setor saúde são em parte conseqüências deste processo, e incluem:

- Competição cada vez mais clara entre os sistemas público e privado de saúde, com o crescimento acelerado deste último e parte crescente da população optando por cobertura de planos e seguros privados;
- Acirramento da competição no âmbito do setor privado entre empresas financiadoras (planos de pré-pagamento, seguradoras) e entre empresas prestadoras de serviços;
- Abertura e internacionalização do mercado privado de serviços de saúde, com a entrada de grandes corporações internacionais na área de seguros e planos de saúde e na prestação direta de serviços;
- Adoção crescente de paradigmas de eficiência e controle de custos pelas empresas e instituições brasileiras atuantes no setor, sob pena de perder competitividade;
- Busca de maior eficiência por parte do setor público, através da adoção de modelos gerenciais mais flexíveis e/ou mistos, incluindo por exemplo gestão terceirizada;
- Redefinição do papel do Estado e redistribuição das responsabilidades entre níveis de governo, com a consolidação da função reguladora do poder público, principalmente em nível federal, que define pela primeira vez um marco regulatório para o setor privado.

Essas mudanças vêm afetando a maneira pela qual os serviços de saúde são organizados, financiados e prestados. A gestão de serviços de saúde no Brasil sempre se caracterizou por ser uma atividade desempenhada basicamente pelo profissional médico e pelo amadorismo, tanto no setor público quanto no setor privado. A gestão era vista em muitos casos como um prolongamento inevitável, ou um apêndice, da assistência médica. A presença preponderante do profissional médico na gestão dos serviços tem duas conseqüências: a primeira é o próprio amadorismo, o pessoalismo e a despreocupação com a qualidade do gerenciamento, já que a formação do médico o capacita a cuidar dos pacientes mas não a gerenciar recursos de maneira eficiente. O Brasil é um dos poucos países em que a gestão de serviços de saúde é prioritariamente médica. A segunda é a crença ainda bastante difundida de que a análise econômica, o enfoque gerencial ou a preocupação com os custos nos serviços de saúde são vistos como atitudes "mercenárias", que colocam em risco o valor da saúde como direito, a qualidade dos serviços ou a equidade do sistema de saúde, quando não atrapalham a relação médico-paciente, e por isso são indesejáveis na área da saúde e devem ser limitadas ao absolutamente indispensável.

A conseqüência dessa postura é que as questões gerenciais e econômicas são raramente consideradas de modo sistemático. No entanto, as seções anteriores mostraram claramente que na verdade o setor saúde tem uma dimensão econômica importante e inescapável que assume vários aspectos. Essa dimensão deve ser levada em conta e analisada, pois o contrário costuma levar a desperdícios e à utilização irracional de recursos. Essa constatação e as pressões de natureza macroeconômica e competitiva têm contribuído bastante para as mudanças que se observam no setor saúde brasileiro em anos recentes.

As tendências que se pode identificar para os próximos anos na gestão de serviços de saúde representam em geral um aprofundamento e aceleração de questões e processos que eram emergentes durante os anos 90, e incluem:

- Profissionalização da gestão dos serviços de saúde, sendo exercida cada vez mais por profissionais com formação específica;
- Incorporação de métodos de trabalho mais adequados e modernos, com utilização crescente de técnicas de análise e avaliação econômica, planejamento e gestão, e processamento e transmissão eletrônicos de informações;
- Adoção de modelos gerenciais que privilegiam a autonomia e responsabilidade de gestão; isto implica na descentralização crescente do poder decisório e da responsabilidade pela alocação de recursos para as instâncias executivas, e a responsabilização destas pelos resultados alcançados ou não;
- Incorporação da preocupação com a eficiência e o controle de custos como parte integrante do planejamento e gestão em saúde, o que requer a adoção de metodologias específicas e sistemáticas de estimação e análise de custos;

- Atenção crescente com a performance e o desempenho de instituições e sistemas de saúde, que priorizam intervenções mais custo-efetivas; esta tendência implica a utilização de técnicas de avaliação que associam as dimensões econômica e epidemiológica, como a análise custo-efetividade;
- Redução continuada do espaço para o repasse puro e simples de aumentos de custos, seja em função de regulamentação, seja pela competição crescente, obrigando cada instituição ou empresa a cumprir sua parte na busca da eficiência e a resolver seus problemas de ineficiência;
- Pressão crescente por parte dos grupos de defesa dos consumidores no sentido de melhorar a qualidade dos serviços e coibir práticas abusivas; esta tendência reforça o processo já perceptível de transformação do "paciente" em "consumidor";
- No setor privado, acirramento da competição entre prestadores, assim como entre operadoras de planos de saúde, levando ao fechamento de muitas instituições hoje existentes ou sua absorção por outras maiores; deverão sobreviver poucas instituições maiores e mais eficientes;
- Transformação progressiva das instituições públicas de saúde em organizações autônomas gerenciadas profissionalmente; alguns serviços ou unidades poderão ser simplesmente privatizados, enquanto que muitas outras passarão a funcionar segundo o paradigma de gestão privatizada; apenas os serviços típicos de saúde pública deverão continuar funcionando em regime de administração direta.

Enfrentar esses desafios requer a adoção de instrumentos de análise, planejamento e avaliação adequados e de utilização ainda restrita no Brasil. Entre eles destacamos dois que lidam diretamente com a dimensão econômica da saúde e cuja adoção e utilização criteriosa será determinante para o sucesso das instituições de saúde nos próximos anos: o sistema de apuração de custos e a análise custo-efetividade.

A mensuração dos custos é cada vez mais indispensável, pois permite:
- Determinar as necessidades de recursos de programas e intervenções específicas e do sistema de saúde como um todo; infelizmente, a maioria das instituições de saúde brasileiras elabora seu orça-

mento para o próximo ano com base no gasto registrado em anos anteriores, quando o correto seria basear-se no custo real das atividades programadas; .

- Comparar estratégias ou programas alternativos para se atingir um determinado objetivo, permitindo assim escolher a(s) de menor custo;
- Elaborar estratégias eficazes de controle e contenção de custos, com base nos custos apurados e na identificação de desvios em relação ao custo esperado;
- Negociar em melhores condições valores para o pagamento ou o reembolso de serviços prestados; até hoje esta negociação se dá sem base concreta, já que pouco se conhece do custo real dos serviços.

Poucas são as instituições de saúde brasileiras até hoje com pleno conhecimento de seus custos, e aquelas que possuem um sistema de apuração de custos utilizam metodologias não padronizadas e/ou falhas, o que dificulta a comparação do custo de um serviço entre diferentes instituições. Entretanto, um número cada vez maior está adotando esta metodologia, e este processo se intensificará nos próximos anos na medida em que a informação sobre o custo do serviço se torna cada vez mais estratégica.

Uma técnica cada vez mais utilizada no planejamento e avaliação em saúde é a análise custo-efetividade. Ela tem por finalidade comparar o custo e o impacto de duas ou mais intervenções de saúde, e pode ser aplicada em vários contextos:

- Análise comparativa de estratégias ou programas alternativos para se atingir um determinado objetivo; isto permite escolher a melhor alternativa do ponto de vista econômico – aquela de menor custo e/ou maior impacto;
- Avaliação dos resultados de um programa ou intervenção específico, permitindo decidir pela continuidade ou interrupção do programa;
- Avaliação de tecnologia médica ou de estratégia de tratamento, permitindo identificar os protocolos ou estratégias de tratamento mais adequados e viáveis.

A metodologia geral da análise custo-efetividade é bastante simples, e consiste basicamente em identificar e mensurar todos os custos – diretos e indiretos – do programa ou intervenção em foco, e na identificação e mensuração dos seus resultados, definidos em geral em termos do impacto epidemiológico em nível populacional. Um dos principais méritos da ACE reside na obrigatoriedade da coleta e sistematização de informações completas sobre a organização do programa analisado, seu custo e seu impacto. Através deste processo, o analista é muitas vezes obrigado a repensar e explicitar o objetivo e escopo do programa. Num setor de atividade como o da saúde, em que muitas informações são produzidas e poucas são analisadas, esta é uma contribuição importante. Outro mérito é o de reunir numa mesma análise duas dimensões que em geral se opõem e são tratadas por profissionais distintos: a dimensão econômica, dada pelo custo do programa ou intervenção, e a dimensão epidemiológica, dada pelo seu impacto. A ACE obriga portanto ao diálogo entre os gerentes/economistas/financistas e os profissionais de saúde responsáveis pelo cuidado ao paciente.

A Economia da Saúde é a disciplina que lida com a dimensão econômica da saúde. As questões discutidas neste capítulo demonstram a absoluta necessidade de se incorporar de modo sistemático esta dimensão no planejamento, análise e avaliação da organização, prestação e financiamento da saúde. Por outro lado, reconhecer a importância da dimensão econômica na saúde não significa de modo algum dar-lhe preeminência em detrimento das questões de qualidade ou justiça social. Os objetivos e prioridades do setor saúde serão sempre definidos na arena política, em função dos valores definidos pela sociedade. Entretanto, é indispensável que os tomadores de decisão no setor saúde estejam conscientes e familiarizados com as conseqüências econômicas das alternativas entre as quais devem escolher, e a dimensão econômica deve ser levada em conta como um dos critérios de decisão. Além disso, os modelos e técnicas econômicos de análise são de grande valia na discussão e equacionamento das questões tidas como "não econômicas", como qualidade e eqüidade.

REFERÊNCIAS BIBLIOGRÁFICAS

BANCO MUNDIAL. Relatório sobre o desenvolvimento mundial, 1999-2000. Washington, 1999.

BANCO MUNDIAL. A organização, prestação e financiamento da saúde no Brasil: uma agenda para os anos 90. Relatório n. 12655-BR, Washington, 1995.

CORNIA, G. A., JOLLY, R. e STEWART, F. (Editors). *Adjustment with a human face*, v. 1 – Protecting the vulnerable and promoting growth. Clarendon Press: Oxford, 1990.

FERNANDES, M. A. de C. et al.: *Gasto social das três esferas de governo* – 1995. IPEA, Texto para discussão n. 598, Brasília, 1998.

FOLLAND, S., GOODMAN, A. C. e STANO, M. *The economics of health and health care*. Prentice Hall, Englewood Cliffs: NJ, 1993.

GROSSMAN, M. The demand for health: a theoretical and empirical investigation. *Occasional Paper n. 119*, National Bureau of Economic Research, New York: Columbia University Press, 1972.

MARQUES, R. M. *O financiamento do sistema público de saúde brasileiro*. CEPAL/ECLAC, Serie Financiamiento Del Desarrollo, Santiago de Chile, 1999.

SCHIEBER, G. J. e POULLIER, J. P. International health spending: issues and trends. *Health Affairs*, 10 (1991): 106-116.

World Health Organization: World Health Report 2000. Genebra, 2000.

5

ÉTICA E GESTÃO EM SERVIÇOS DE SAÚDE

Elma Lourdes Campos Pavone Zoboli[1]
Paulo Antonio de Carvalho Fortes[2]

INTRODUÇÃO

Nas últimas décadas tem crescido o interesse pela reflexão e discussão ética nos diversos espaços sociais. Isto se passa em um momento histórico-social de transformação, de substituição de tradicionais valores éticos, constituindo-se numa sociedade pluralista, na qual coexistem diferentes compreensões e interpretações sobre os princípios e valores éticos e não se aceita a existência de deveres absolutos.

Na gestão de serviços de saúde, se for levada em conta a razão de ser dos organizações sanitárias, fica patente a presença da ética no cotidiano desta atividade. É muito difícil separar a ética no cuidado em saúde da ética em administração, já que a proposta primária dos serviços de saúde é cuidar das pessoas e este cuidado pode ser afetado pelas decisões administrativas.

A ética é um dos instrumentos de que o homem lança mão para garantir a coesão social. É a reflexão crítica sobre o comportamento humano. Reflexão que interpreta, discute e problematiza os valores, os princípios e as regras morais, à procura do "bom" para a vida em sociedade. Sociedade que é pluralista e secularizada.

---

[1] Assistente da Escola de Enfermagem da USP. Mestra em Saúde Pública.

[2] Professor associado da Faculdade de Saúde Pública da USP. Livre docente de Saúde Pública.

Os atos éticos, exclusivos dos seres humanos, devem ser livres, voluntários e conscientes. Para determinado ato ser julgado eticamente é preciso que se caracterize por afetar pessoas e que existam alternativas de ação. Além da existência de alternativas é necessário que seja possibilitada a escolha entre opções existentes e exista liberdade de agir conforme a decisão e a alternativa escolhida. A ética supõe que as pessoas tenham liberdade e poder para considerar as diferentes opiniões, analisar os pontos fortes e fracos destas e das diferentes possibilidades de ação e escolha, com base nos méritos de cada alternativa, nunca esquecendo que em qualquer escolha há riscos e custos potenciais.

Quando a pessoa tem apenas uma alternativa de escolha ou somente pode agir segundo uma determinada alternativa, seu ato não pode ser julgado eticamente. Neste sentido Gianotti (1994, p. 241) considera que a ética não avalia simplesmente se um ato é correto ou incorreto, mas "adquire esse predicado enquanto assegurar que o agente está se comportando como podendo agir de outro modo e levando em consideração que outra pessoa também esteja mantendo sua condição de sujeito".

A ética, em nossos dias, tem tido uma abordagem multidisciplinar e multiprofissional, observada dentro de uma perspectiva intercultural e humanista. Diferentemente do direito e da deontologia, visa à interioridade do ser humano, solicita convicções próprias do indivíduo, aceitação livre e consciente das normas, mas como as duas outras disciplinas, é necessário ressaltar que a discussão e prática ética tem ampla significação socio-econômica e política.

A RESPONSABILIDADE ÉTICA DO GESTOR DE SERVIÇOS DE SAÚDE

Um dos principais indicadores da qualidade no planejamento e na gestão dos serviços de saúde, ao lado da eficácia, efetividade, eficiência e otimização, deve ser o respeito aos princípios éticos, pois a tomada de decisão exige a análise de uma série de fatores que vai além dos números, por mais precisos que sejam.

As decisões tomadas no âmbito de uma organização de saúde não afetam somente sua vida. Os que dela participam, como os trabalhadores, os usuários, os mantenedores e a comunidade, são igualmente atingidos. Assim, as decisões dos gestores em saúde, por afetarem tanto os indivíduos como a coletividade, são atos de natureza ética, diversificados em razão do posicionamento do gestor na organização.

A ação administrativa comporta dilemas éticos para os quais leis e regulamentos administrativos não fornecem respostas, deixando considerável margem de liberdade para a tomada de decisão por parte do gestor, pois a aplicação dos princípios éticos requer avaliação caso a caso e não o seguimento de regras fixas e universais.

Nas situações de dilemas e conflitos, os gestores estão frente a duas opções: ou fomentam o processo decisório ético ou o retardam. Neste ponto, a responsabilidade do gestor é crucial, porque é através dele que os valores, os princípios, a visão e a missão da organização de saúde são transmitidos e colocados em prática.

Considerando que o objetivo das instituições de saúde deve ser o atendimento das necessidades de saúde da pessoa humana, o gestor deve se orientar pelo fundamento ético que define o ser humano como um fim em si mesmo, não podendo ser transformado em simples meio de satisfação de interesses individuais, institucionais, empresariais ou do Estado.

Os serviços de saúde não podem correr o risco de serem vistos como organizações que interpõem suas preocupações econômicas ou políticas como empecilho para a excelente assistência sanitária. Ao contrário, deve transparecer uma atitude de zelo na defesa das pessoas e da saúde. Neste sentido, o gestor é responsável por implementar políticas e ações administrativas que zelem pelos direitos de cidadania dos usuários.

O GESTOR DE SERVIÇOS DE SAÚDE
E A AUTONOMIA DOS USUÁRIOS

Os princípios, os valores e as teorias éticas balizam a elaboração de regras e julgamentos. Segundo DARR (1993), a gestão dos serviços de saúde deveria incorporar os princípios da autonomia, beneficência, não maleficência (não causar danos) e justiça não apenas na cultura organizacional, mas também na ética pessoal dos gestores.

A palavra autonomia deriva dos termos gregos *autos* (próprio) e *nomos* (regra, autoridade, lei, norma). Tem significados distintos, como autogoverno, direitos de liberdade, intimidade, eleição individual, livre vontade, eleger o próprio comportamento e ser dono de si mesmo. É o poder da pessoa para tomar decisões quanto aos assuntos que afetam sua vida, sua saúde, sua integridade físico-psíquica e suas relações sociais. Refere-se à capacidade do ser humano de decidir sobre o que é "bom", ou que é seu "bem estar", de acordo com seus valores, suas expectativas, suas necessidades, suas prioridades e suas crenças.

O exercício da autonomia requer liberdade de escolha entre alternativas e a possibilidade de agir em conformidade com as opções feitas. Desta forma, é em função dos agentes que as ações são consideradas autônomas ou não. Estes precisam proceder de maneira intencionada, com conhecimento e na ausência de coerções externas controladoras e determinantes do agir. A primeira destas três condições não permite gradação, os atos são ou não são intencionais. No entanto, dentro de amplo e contínuo espectro de possibilidades que vão desde a sua satisfação ou ausência completas, os outros dois condicionantes podem estar presentes em maior ou menor grau.

Ser autônomo não equivale a ser respeitado como agente autônomo. Respeitar uma pessoa como agente autônomo implica, no mínimo, em acatar seu direito de ter opiniões próprias, de fazer escolhas e de agir de acordo com seus valores e crenças individuais. É essencial um respeito ativo, que ultrapasse os limites da não intervenção nos assuntos alheios e busque assegurar as condições necessárias para que as eleições ocorram autonomamente com a mitigação do medo e de outras circunstâncias dificultosas ou impeditivas da autonomia do ato.

O respeito à autonomia não pode ser observado unicamente como um dever legal que protegeria os gestores, os profissionais e os serviços de saúde em matéria de responsabilidade jurídica. Muitas ações autônomas são impossíveis sem a cooperação ativa de outros, a fim de se vislumbrarem as opções viáveis. Respeitar a autonomia obriga os profissionais de saúde a informar, a intentar e garantir a compreensão e a voluntariedade e a fomentar a tomada de decisões substancialmente autônomas.

Na opinião de Beauchamp e Childress (1999), dois filósofos destacam-se nas interpretações atuais sobre o respeito à autonomia: Immanuel Kant e John Stuart Mill. O primeiro considera que o respeito à autonomia deriva do reconhecimento que toda pessoa possui valor intrínseco incondicional e capacidade de determinar seu próprio destino, constituindo um fim em si mesma e não somente um meio. Mill centra-se na individualidade como determinante da vida das pessoas. A todo cidadão deve ser permitido desenvolver-se em função de suas convicções pessoais, sempre que estas não interfiram na liberdade dos demais quando, então, há a obrigatoriedade de tentar persuadi-lo. Esta postura exige, além de não interferir, reforçar ativamente a expressão da autonomia.

Promover ativamente o respeito à autonomia dos usuários implica uma nova nuança à responsabilidade ética dos gestores em saúde, isto porque a maneira como os empregados são tratados pela organização reflete-se no tratamento dispensado às pessoas atendidas. Como esperar que os profissionais de saúde importem-se com os usuários, respeitando sua autonomia, se a organização sanitária não lhes dá importância alguma? Se os valores organizacionais em destaque forem os econômicos, desconsiderando-se os trabalhadores como sujeitos e encarando-os como meros instrumentos dentre os fatores de produção, é pouco provável que se alcance o respeito à autonomia dos usuários nos serviços de saúde.

ÉTICA E ALOCAÇÃO DE RECURSOS

Como as necessidades de saúde suplantam freqüentemente os recursos existentes em quaisquer dos níveis do sistema de saúde, é preciso que os gestores estabeleçam prioridades na alocação e distribuição de recursos. É necessário lembrar que, no Brasil, o gestor público enfrenta a desafiadora e difícil tarefa de atender o princípio constitucional da universalidade de acesso de todos os cidadãos às ações e serviços de saúde e, ao mesmo tempo, garantir o princípio da eqüidade que reconhece não terem as pessoas as mesmas chances, distinguindo-se não apenas pelas diferenças biológicas, psicológicas e mentais, mas cultural, econômica e socialmente. As ações orientadas pela eqüidade visariam a diminuir as desigualdades, atendendo a cada pessoa conforme suas próprias necessidades de saúde.

Todavia, em não existindo recursos para dar resposta à totalidade das necessidades de saúde que apresentam as pessoas e tendo que estabelecer prioridades na alocação e na distribuição dos recursos, quais os valores éticos a serem levados em conta na tomada de decisão? Certo é que as decisões tomadas pelos gestores são submetidas a interesses político-partidários, corporativos e econômicos, preferências pessoais ou de grupos e imposições legais ou regulamentares, mas também são baseadas em valores éticos, apesar disto não ser claramente percebido ou revelado, tanto pelos gestores como pelos próprios usuários.

Decisões políticas, para serem eficazes, têm que levar em conta os valores éticos prevalentes na sociedade em determinado momento. E, se em parte, o dilema apresentado pode ser resolvido pelas normas jurídicas em vigor – administrativas, civis ou penais – que fundamentam legalmente as atividades e a organização dos serviços de saúde, estas não são suficientes para dar conta da totalidade dos conflitos postos no cotidiano do gestor.

Na destinação de recursos para a saúde podem-se apontar diversos fatores e variáveis como importantes a serem levantados para o estabelecimento das prioridades: bases epidemiológicas e demográficas; morbidade e/ou mortalidade; vulnerabilidade da doença ou agravo à saúde aos recursos e tecnologia disponíveis; possibilidade de êxito; eficácia e efetividade dos procedimentos; força de trabalho potencialmente afetada e recuperada; possibilidade de ação preventiva; irreversibilidade e ou gravidade do dano; obrigatoriedade legal; relação custos/benefícios; transcendência e impacto social; aceitabilidade por parte dos indivíduos.

Observa-se que a maior parcela dos critérios adotados pelos planejadores do setor saúde se baseia nas teorias éticas denominadas utilitaristas, que ensejam que a conduta humana para ser ética deve objetivar a utilidade social, trazendo o maior benefício para o maior número de pessoas. Essa corrente ética, fortemente influenciada pelo pensamento de filósofos de origem anglo-saxônica, pretende que as conseqüências e fins dos atos meçam seu valor ético.

Essa linha de pensamento ético pode se contrapor a que seja priorizada a aplicação de recursos em atividades assistenciais que dão baixa cobertura populacional, como as crescentes demandas de incorporação ao sistema de saúde de técnicas de alcance restrito e de alto custo, tais como reprodução medicamente assistida, transplantes, hemodiálise, testes genéticos, etc.

É necessário também atentar, como alertam posições divergentes ao domínio da linha utilitarista, que a utilização de critérios como magnitude, força produtiva, transcendência, prejuízo econômico, custos/benefícios, deva ser avaliada com a merecida reflexão ética, pois pode resultar em discriminação de grupos humanos minoritários, tais como idosos, deficientes e portadores de patologias menos prevalentes. Aceitar a lógica predominante na sociedade capitalista, que compreende como "benefício" a preservação da capacidade laborativa, a força de trabalho, pode ter como resultado que diversos grupos sociais e etários não serão adequadamente atendidos em suas necessidades, pois serão considerados "improdutivos".

Cabe então questionar: o que é utilidade? Deve ser avaliada em termos médicos ou sociais? No caso da utilização do critério custos/benefícios, amplamente aceito em economia, equivalendo-se à "eficiência", como mensurar benefícios em saúde? Se benefício não é noção inteiramente técnica ou econômica, envolvendo juízo de valores éticos da sociedade, seria evitar o sofrimento físico ou psíquico, a dor, a morte? Diminuir seqüelas? Ou aumentar a produtividade do ser humano?

No Brasil, o ordenamento jurídico aponta para que a distribuição dos recursos seja fundamentada em indicadores e parâmetros epidemiológicos[3]. Mas, quais são as bases epidemiológicas a serem consideradas? Quais os grupos etários, patologias ou agravos à saúde a serem priorizados? O que justifica a valorização de ações relacionadas às crianças e aos adolescentes em contraposição a recursos destinados à terceira idade e a prioridade dada à mulher em seu período de maternidade e não em todas fases de sua vida? Por que atender aos reclamos de ampliação de medidas relativas à saúde dos que estão na força de trabalho e não se priorizar os portadores de transtornos físicos ou mentais?

Remeter as decisões somente a critérios técnico-epidemiológicos e demográficos, sem considerar que esses mesmos critérios estão impregnados de valores morais, a nosso ver, é restringir demasiadamente a questão, pois, se em países do chamado primeiro mundo se tende a priorizar políticas natalistas, nos países de terceiro mundo há um clamor para o controle da natalidade, o que nos conduz a concluir que numa mesma matéria podem-se tomar decisões éticas diferenciadas e contrapostas.

---

[3] Lei federal nº 8080, de 19.09.90

Desta forma, o gestor tem a obrigação ética de fundamentar suas decisões em uma cuidadosa deliberação que inclua os trabalhadores, produtores e usuários. Neste sentido, a comunidade, através de seus mecanismos de participação social, como os conselhos e conferências de saúde, por poderem espelhar os múltiplos interesses e valores morais existentes, constituem-se em importantes instrumentos de auxílio para o gestor na escolha de alternativas na priorização de recursos.

A ÉTICA GESTÃO EM SAÚDE E O *MANAGED CARE*

Nos últimos anos, uma nova modalidade de gerir os sistemas e a assistência médico-sanitária vem avançando a largos passos e impondo uma reviravolta qualitativa nas discussões e reflexões acerca de gestão em saúde e ética. É o cuidado administrado ou *managed care*, como é mais conhecido por sua nomenclatura em inglês.

De forma geral, o *managed care* envolve um sistema de atenção à saúde que administra recursos, qualidade e acesso associados à prestação de cuidados. Com o *managed care*, pela primeira vez, o elemento chave centra-se na administração. Esta, intencionalmente, controla os recursos estendendo sua influência sobre as decisões clínicas dos profissionais de saúde, especialmente os médicos. O *managed care* impõe restrições às escolhas dos usuários, no que diz respeito aos provedores e às opções de procedimentos e também limita a autonomia dos profissionais de saúde, principalmente dos médicos.

Utilizando-se de rígidas técnicas administrativas, a administração usualmente é feita por médicos, enfermeiros ou pessoal administrativo treinado. Envolve o uso de protocolos médicos para avaliar as decisões clínicas, negando pagamento para os procedimentos considerados desnecessários; de "administradores" de casos individuais para coordenar a prestação de serviços naqueles de maior complexidade e mais caros; da revisão retrospectiva da utilização de serviços; de clínicos gerais que funcionam como "guardadores" da porta de entrada do sistema (*gatekeepers*) controlando o tratamento médico e os encaminhamentos para especialistas; de autorizações prévias à admissão hospitalar de usuários e de uma série de outros dispositivos administrativos. O fator crucial é que as escolhas tradicionalmente feitas exclusivamente dentro da relação clínica são explicitamente controladas por arranjos organizacionais.

Como o *managed care* se refere a qualquer sistema de atenção à saúde que vise a atingir uma proposta clara através do controle da atividade clínica, sua eticidade depende da proposta e dos meios empregados para consegui-la e de como estes elementos serão priorizados, em caso de conflitos. A proposta pode incluir, dentre outras, distintas metas como a qualidade da assistência a um único usuário, o benefício pessoal do usuário, a contenção de custos, o bem da sociedade ou o ganho de lucros. Alguns destes objetivos são eticamente sustentáveis e outros repreensíveis.

Em outras palavras, a questão abarca como relacionar os reclames da economia e as demandas da ética. Em uma situação de conflito, a ética tem precedência sobre a economia, mas não pode esquecê-la. Isto porque ela possibilita à sociedade conseguir propostas almejadas com eficiência, produtividade e otimização no uso dos recursos, muitas vezes escassos. Entretanto, a economia não deve determinar os fins e os objetivos das vidas das pessoas e das sociedades e tampouco prescrever se estes são eticamente corretos ou não.

As organizações de *managed care* devem ser reguladas por políticas públicas que limitem o que elas podem fazer, com vistas a assegurar padrões mínimos de conduta e de fidelidade a certos valores, como a obrigação fiduciária de agir no melhor interesse do usuário; a importância da honestidade nas relações entre os profissionais de saúde e o usuário e o direito do usuário receber informações que possibilitem a escolha entre opções clinicamente razoáveis. É de suma importância não impor o fardo ético dos sistemas de *managed care* exclusivamente à consciência individual dos profissionais de saúde. As ações heróicas são louváveis, mas a sociedade deve traçar políticas públicas que tornem cada vez menos necessários os apelos à consciência, que minimizem os conflitos de interesse criados pelos incentivos e que reduzam os riscos impostos àqueles que optam por ações conscientes, como as ameaças de demissão.

Em alguns contratos selados entre as organizações de *managed care* e os profissionais de saúde, especialmente os médicos, estão previstas cláusulas determinando a restrição da informação a ser providenciada por estes aos usuários. Freqüentemente, a informação a ser excluída abrange as intervenções médico-sanitárias relevantes não cobertas pelo plano, por serem consideradas de custo proibitivo, ou os especialistas indicados na resolução do problema do usuário, mas que estão fora da rede de provedores aprovados. A autonomia e a liberdade de escolha do usuário são violadas pela falta de informação e os profissionais falham no cumprimento de sua obrigação fiduciária de honestidade e promoção da autonomia da pessoa sob seus cuidados.

Atualmente, inseridos em uma sensação de escassez de recursos, as decisões são tomadas pelos gestores que buscam otimizar cada unidade monetária investida na saúde. O espectro para a avaliação do necessário ou apropriado passa a ser plasmado pelo fator econômico. Em um contexto de lucro, interpreta-se a assistência apropriada e necessária em relação aos objetivos de maximização dos ganhos. No contexto não lucrativo, estes conceitos são entendidos a partir da meta de servir uma população na melhor relação custo/benefício.

Não se pode perder de vista que um dos objetivos centrais do *managed care* é criar uma forte pressão no sentido de puxar para baixo os custos assistenciais através de uma diminuição no passo da inovação médica, particularmente a incorporação de intervenções de alto custo e alta tecnologia na prática clínica. Assim, o modo como o *managed care* administra a assistência à saúde depende da interpretação dada aos benefícios definidos como cobertos.

As organizações que operam em *managed care* acordam um "pacote" de cuidados de saúde pré-determinado para prover assistência dentro de um protocolo de coberturas definido. Se os gastos ultrapassam o valor financeiro acordado, o prejuízo é repassado aos profissionais e/ou serviços de saúde, que se vêem obrigados a dividir as perdas e os lucros, individual ou coletivamente.

Para conter os gastos com a assistência médica, as organizações de *managed care* lançam mão de diferentes estratégias que guardam em comum a ausência de incentivos econômicos para a agressividade na provisão de serviços. Constituem alguns exemplos: a retenção de parte do pagamento devido aos profissionais em um fundo destinado à compensação dos riscos financeiros e a concessão de bônus segundo a economia feita nos procedimentos diagnósticos e terapêuticos. De qualquer forma, como a definição do que é necessário transfere-se do âmbito clínico para o administrativo, há um risco de que as necessidades dos usuários passem a ser cada vez mais mecanicamente fixadas.

Tentativas de limitar serviços usualmente nascem de boas intenções, como eliminar os desperdícios e diminuir o consumo da assistência médico-sanitária, tornando-a, assim, suportável para os orçamentos. No entanto, os estímulos para se gastar menos podem se tornar extremamente perigosos para os usuários, principalmente se não houver a contra-partida equivalente para a melhoria da qualidade da assistência prestada. Na prática, geralmente, os incentivos desencorajam o uso dos recursos de maneira ampla, inclusive daqueles que podem beneficiar o usuário.

A viabilidade econômico-financeira dos serviços e sistemas de saúde não pode ser conseguida a qualquer preço. O gestor precisa ter presente que o propósito primário do setor sanitário está no cuidado às pessoas. O desafio consiste em encontrar o ponto médio ideal entre a super e a subutilização, pois ambas são potencialmente maléficas aos usuários.

O teste ético de qualquer sistema de atenção à saúde deve incluir seu impacto sobre os usuários e os profissionais de saúde. Na forma como o *managed care* está sendo correntemente implementado, observa-se a criação de conflitos éticos de tal magnitude que os profissionais conscientes podem se ver forçados a comprometer sua integridade pessoal para sobreviverem. Isto porque a racionalização da prestação de serviços, com base no custo, tem limitado acesso aos procedimentos não só potencialmente benéficos, mas aos imprescindíveis.

Assim, é premente pautar a gestão dos serviços de saúde por uma ética que se mostre capaz de, através do diálogo, da participação e do manejo adequado de princípios e valores, como a honestidade, a autenticidade, a integridade, a coerência pessoal, a justiça e a eqüidade, harmonizar a excelência do cuidado em saúde com a excelência da organização.

A ÉTICA, O GESTOR E A DISPONIBILIDADE TECNOLÓGICA

Tecnologia, segundo Pitelli da Guia (1995, p. 76), pode ser entendida enquanto instrumental derivado do conhecimento científico humano, utilizado para a transformação intencional de uma realidade concreta.

315

As inovações tecnológicas das últimas décadas no campo das ciências médicas e biológicas resultaram em importantes benefícios para o ser humano, como a possibilidade de redução de doenças imunopreveníveis através da imunização em massa, a diminuição da mortalidade por doenças infecto-contagiosas devido ao uso de antibióticos, o prolongamento da vida de diabéticos, a possibilidade de maior sobrevida aos portadores de neoplasias, etc.

Ao mesmo tempo também possibilitou atuar nas fronteiras da vida e da morte: identificação das características pessoais através de exames genéticos, reconhecimento antenatal das condições de viabilidade do feto e na terapêutica intra-uterina, manipulações do patrimônio genético e reprodução assistida. No tocante à fronteira da morte, foram desenvolvidos diversos e complexos sistemas tecnológicos e também foram aperfeiçoados os transplantes, visando a prolongar a vida. Disto decorreu a necessidade de definir o momento da morte e a morte cerebral, para que fosse possível o aproveitamento de órgãos e tecidos.

Tudo isto tem resultado em novos dilemas partilhados pelos gestores e profissionais de saúde. Dilemas para os quais a ética deve servir como instrumento profilático, preventivo, para mediar os possíveis confrontos entre os valores da sociedade e o desenvolvimento técnico-científico.

A utilização da tecnologia envolve reflexão relativa aos princípios éticos da justiça e da autonomia e seus derivados. Com referência ao princípio da justiça, coloca-se a questão da busca da eqüidade e da não discriminação das pessoas na utilização das novas tecnologias contrapondo-se com os altos custos delas resultantes. Spinsanti (1990) e Berlinguer (1995), preocupados com a matéria, consideram ser o progresso da biomedicina um dos fatores tendentes ao agravamento das desigualdades já existentes nos sistemas de saúde. Pessini (1995, p. 60) assim se expressa: "Em alguns centros (latino-americanos) a simples existência de alta tecnologia e centros de cuidado médico ultra-especializados levanta perguntas adicionais acerca da discriminação e injustiça na assistência médica."

Em países do terceiro mundo a demanda por tecnologia, por parte tanto dos profissionais de saúde quanto dos usuários, cresce e pode levar à ampliação das desigualdades existentes no sistema. Essa demanda é expansiva, devendo-se, em parte, à ação da tecnologia sobre o "imaginário" dos indivíduos e da coletividade, sendo concebida como instrumental racionalizador, eficaz e capacitado à resolução de todas as necessidades de saúde. O acelerado consumo por parte dos usuários e o incremento da utilização pelos profissionais de saúde é resultante tanto da maior disponibilidade de informações sobre as possibilidades tecnológicas como da expressiva influência exercida pelos meios de comunicação e pela própria indústria.

A influência da indústria de insumos e equipamentos ocorre, usualmente, por meio de algumas práticas comuns, como: financiamento de pesquisas; gasto de grandes somas de dinheiro na promoção de produtos; subsídios para a participação de profissionais em congressos, simpósios, cursos e outros eventos; distribuição de incentivos e presentes; interferência nas publicações através do pagamento de anúncios; ligações com os formadores de opinião e propagandas.

O abuso da utilização tecnológica, além de sofrer influência de interesses lucrativos, da busca de aumento de prestígio ou mesmo do prazer em poder manipular, receitar, prescrever "mercadorias novas", também pode ser motivado do sincero desejo dos profissionais de saúde ajudarem as pessoas. Quanto a este último aspecto, o desafio ético que se apresenta é como conciliar a visão tradicional de fazer o melhor pelo usuário com a realidade de perseguir cada último procedimento disponibilizado pela tecnologia. O imperativo ético de agir no melhor interesse do usuário, se encarado em um único sentido, pode incluir esforços e tentativas caras e pouco específicas com um modesto benefício a um grande custo.

Portanto, convém ao gestor manter-se atualizado quanto aos avanços tecnológicos e quanto à importância de incorporar os novos insumos, equipamentos e medicamentos. É essencial atentar para o fato de que, muitas vezes, estas incorporações favorecem mais aos que produzem e comercializam as inovações tecnológicas do que aos usuários.

Finalmente é necessário ressaltar que esta reflexão entende que não é eticamente desejável a limitação do desenvolvimento do conhecimento científico e tecnológico, mas este deve ser disciplinado no interesse da sociedade, que dele deve ser a real beneficiária. Cabe responsabilidade ética ao gestor de saúde na avaliação dos efeitos da incorporação tecnológica em seu ambiente institucional, fundamentada nos dizeres de Kung (1992), para quem a tecnologia deve se adaptar ao ser humano e não tentar criar um ser humano que a ela se adapte.

REFERÊNCIAS BIBLIOGRÁFICAS

[Anonymous]. *Administrative ethics in the 1990s*: CEOs confront payment, access dilemmas. Hospitals 1992, 1, p. 20-28.

BEAUCHAMP, T. L., CHILDRESS, J. F. *Principios de ética biomédica*. Trad. de T. G. García-Miguel, F. J. J, Gutiérrez, L. F. Grande. 4. ed. Barcelona: Masson, 1999.

BERLINGUER, G. Prioridades en salud y prioridad de la salud. *Cuadernos médico-sociales;* 70: 21-9, 1995.

BLANCHARD, K., PEALE, N. V. *O poder da administração ética*. Trad. de R. Jungmann. São Paulo: Record, 1994.

BROWN, M. T. *La ética en la empresa:* estrategias para la toma de decisiones. Trad. de J. Piatigorsky. Barcelona: Paidós, 1992.

BUCHANAN, A. E., SHIMM, D. S., SPECE, JR., R. G. (Editores). *Conflicts of interest in clinical practice and research.* New York: Oxford, 1996.

CHILDRESS, J. Conscience and conscientious actions in the context of MCOs? *Kennedy Institute of Ethics Journal*, 1997, 7, p. 403-411.

COHEN, C., SEGRE, M. *Bioética*. São Paulo: EDUSP, 1995. Definição de valores, moral, eticidade e ética. p.13-22.

CORTINA, A., CONILL, J., DOMINGO-MORATALLA, A., GARCÍA-MARZÁ, V. D. *Ética de la empresa*. 2. ed. Madrid: Trotta: 1996.

DARR, K. Patient-centered ethics for health services managers. *JHHRA*. 1993, 16, p. 197-216.

DRANE, J. F. Cuestiones de justicia en la prestación de serviços de salud. *Bol Of Sanit Panam*. 1990, 108(5-6), p. 586-98.

ENGELHARDT JR., H. T. *The foundations of bioethics*. New York: Oxford University Press, 1986.

FADEN, R. Managed care and informed consent. *Kennedy Institute of Ethics Journal*. 1997, 7, p. 377-379.

FORTES, P. A. C. *Ética e saúde*. São Paulo: EPU; 1998.

_____. Reflexões sobre a bioética e o consentimento esclarecido. *Bioética*. 1995, 2 (2), p. 129-35.

_____. Responsabilidade ética do administrador de saúde. *AdSaúde Jornal*. 1994, II (2), p. 2.

FORTES, P. A. C., MUÑOZ, D. R. O princípio da autonomia e o consentimento livre e esclarecido. In: COSTA, S. I. F., GARRAFA, V., OSELKA, G. (Coord.). *Iniciação à bioética*. Brasília: Conselho Federal de Medicina, 1998. p. 53-70.

GALÁN-MORERA, R., MALAGÓN-LONDOÑO, G., PONTÓN-LAVERDE, G. *Administración hospitalaria*. Bogotá: Médica Internacional, 1996.

GARRAFA, V. *A dimensão ética da saúde pública*. São Paulo: Faculdade de Saúde Pública, 1995.

GIANOTTI, J. A. Moralidade pública e moralidade privada. In: NOVAES, A. (Org.). *Ética*. São Paulo: Companhia das Letras, 1994, p. 239-45.

GRACIA, D. *Ejercicio de la medicina y gestión de la salud*. Problemas éticos de la gestión sanitaria. [snt] [apostila do Ciclo de Bioética Clínica do I Magíster en Bioética da Universidade do Chile e do Programa Regional de Bioética para a América Latina e Caribe OPAS/OMS]

_____. *Fundamentos de Bioética*. Madrid: Eudema, 1989.

GUIA, R. G. *O elo partido:* relacionamento médico-paciente na era tecnológica. Dissertação (Mestrado) – Faculdade de Saúde Pública da Universidade de São Paulo. São Paulo: USP, 1995.

HERRANZ, G. El hospital como organismo ético. *Vida Médica*. 1994, 46(4), p. 18-28.

KUNG, H. *Projeto de ética mundial*. São Paulo: Paulinas, 1992.

MANSHEIM, B. J. What care should be covered? *Kennedy Institute of Ethics Journal*. 1997, 7, p. 413-19.

PELLEGRINO, E. D. Managed care at the bedside: how do we look in the moral mirror? *Kennedy Institute of Ethics Journal*. 1997, 7, p. 321-330.

PESSINI, L. O desenvolvimento da bioética na América Latina. *Saúde em Debate.* 1995, 47, p. 57-66,

POWERS, M. Managed care: how economic incentive reforms went wrong. *Kennedy Institute of Ethics Journal.* 1997, 7, p. 353-360.

RODWIN, M. A. *Medicine, money, and morals: physicians' conflicts of interest.* New York: Oxford, 1993.

SHARPE, V. A. The politics, economics and ethics of appropriateness. *Kennedy Institute of Ethics Journal.* 1997, 7, p. 337-43.

SPINSANTI, S. *Ética biomédica.* São Paulo: Paulinas, 1988.

STOBO, J. Who shoud managed care? The case for providers. *Kennedy Institute of Ethics Journal.* 1997, 7, p. 387-389.

THOMASMA, D. C. Promisekeeping: an institutional ethos for healthcare today. *Front Health Serv Manage.* 1996, 13 Suppl 2, p. 5-34.

VASQUEZ, A. S. *Ética.* 20. ed. Rio de Janeiro: Civilização Brasileira, 2000.

VEATCH, R. Introduction. *Kennedy Institute of Ethics Journal.* 1997, 7, p. VII-X.

VEATCH, R. M. Medical ethics an introduction. In: Veatch, R. M. *Medical ethics.* Boston: Jones and Bartlett, 1989. p. 1-26.

ZOBOLI, E. L. C. P. A interface entre a ética e a administração hospitalar. Dissertação (Mestrado) – Faculdade de Saúde Pública da Universidade de São Paulo. São Paulo: USP, 2000.

RECURSOS HUMANOS EM SAÚDE: REFLEXÕES E DESAFIOS

Vitória Kedy Cornetta

O Brasil é um país que convive com grande heterogeneidade na relação "trabalho –produção".

Podemos observar, em algumas instituições, o quão pouco valor e importância são dados à gestão dos seres humanos.

Em muitas instituições do serviço público prevalece, ainda, o esquema tradicional de pessoal. E se funcionou razoavelmente no passado, passa atualmente por sérias crises que alcançam grandes proporções, como a figura obsoleta de "departamento de pessoal", que só atua em atividades puramente burocráticas, como folha de pagamento, "premiações" e contabilização de freqüência, não sendo contemplados os programas de gestão de estrutura organizacional, políticas de benefícios (que não são os benefícios conhecidos como vale-refeição, vale transporte e cesta básica), prêmios relacionados ao desempenho, planejamento de treinamento e de desenvolvimento, entre tantos outros.

Os gestores, ao se confrontarem com esses problemas, ou assumem uma atitude de autodefesa ante essa situação ou se refugiam fora da questão dizendo que os problemas são do setor de RH, ou que os mesmos decorrem da legislação do serviço público e, portanto, fora da ingerência de sua responsabilidade.

Outros problemas que interferem seriamente são os advindos de soluções "provisórias", tais como contratações irregulares, desvios de função e diferentes modalidades no pagamento de produtividade, causando um desconforto muito grande nos assuntos relativos a recursos humanos.

Até hoje, o costume é de não se privilegiar a competência técnica dos que executam ações da chamada "administração de pessoal". Mesmo reconhecendo-se hoje a necessidade de advogados para cuidar dos problemas trabalhistas envolvidos com a função, o conhecimento específico está longe de ser privilegiado nas organizações de saúde, particularmente nas do setor público. Em conseqüência, o que vemos normalmente é o seguinte quadro: quanto menos importante é considerada a atividade de administração de pessoas, menos qualificado é o pessoal que trabalha nesse departamento e menos adequado é o trabalho ali desenvolvido, tornando-se um serviço sem o lugar de destaque que deveria ocupar no contexto organizacional.

Podemos observar, porém, que as questões de qualificação e gestão de pessoal têm estado presentes no discurso oficial referente aos serviços de saúde. Contudo, o que se tem constatado é que essas preocupações não são traduzidas em situações concretas, para definir políticas capazes de resolverem os problemas que vêm se acumulando e adquirindo proporções cada vez mais graves.

Outro ponto que se considera relevante com relação aos problemas de recursos humanos diz respeito à formação de profissionais da área de saúde.

A preparação do indivíduo para fazer parte da mão-de-obra especializada inicia-se nas instituições de ensino que, apesar dos grandes esforços por elas realizados, através de uma convivência mais efetiva com os serviços de saúde, mantêm-se distantes das políticas por estes praticados. Mesmo quando, através de pequenos projetos ou cursos específicos, a academia tenta se aproximar, verifica-se que o desencontro é considerável. Essa medida tem levado muitos docentes a refletir que a universidade não pode existir sem os serviços de saúde, dada a natureza do processo educacional e, por outro lado, a necessidade dos serviços de saúde, que não podem prescindir das academias, que conferem a habilitação e conhecimento profissional. Esses fatos têm levado muitos docentes a refletir que os serviços de saúde não podem prescindir das escolas, pois estas conferem conhecimento e qualificação, assim como estas não podem prescindir daqueles, devido à natureza do processo educacional.

Outro ponto que necessita de atenção especial das instituições de ensino é a formação de quadros de pessoal de nível técnico intermediário ou pessoal auxiliar. Neste caso, o sistema educacional não tem tido compromisso algum com as práticas de preparação e de qualificação desse pessoal, e se observa que esse recurso, assaz crítico dentro dos serviços de saúde, tem-se apresentado tecnicamente muito deficiente, prejudicando o desempenho funcional e acarretando sérios prejuízos para a organização e para o usuário merecedor e carente de um atendimento com qualidade.

No campo da saúde, cabe ressaltar que os maiores esforços devem ser feitos no sentido de evitar o tecnicismo e o biologismo, prejudiciais e presentes no ensino tradicional dessa área. Aqui, o grande desafio, como foi citado anteriormente, é diligenciar para que o discurso pedagógico acerque-se da prática.

O ideal seria que a nossa didática adotasse, nas várias etapas de formação, o panorama que os pedagogos chamam de "uma viagem de transformação", ou seja, a desejável relação contínua de fluxo e refluxo entre ação e educação e entre o operacional e o teórico-conceitual.

Admitem alguns especialistas que os recursos humanos, uma vez formados, são os mais difíceis de se transformarem e de se adaptarem a novas modalidades de atenção e a novas situações administrativas; e, ainda, que a modificação dos padrões tradicionais é incapaz de superar os defeitos do sistema onde trabalham.

Embora essas alegações, em parte, tenham cabimento, não devem constituir motivos para negligenciarmos a formação e a reciclagem dos profissionais de saúde, diante da influência que irão exercer no processo de transformação setorial. Faz-se mister que o processo de educação aborde situações concretas do trabalho desses profissionais, explore a valorização e o comprometimento com as atribuições que lhes competem, especialmente acerca da sua atuação no nível básico, como porta de entrada do sistema.

Felizmente, em algumas instituições a reforma e o desenvolvimento refletiram-se diretamente na atuação de RH, que ficaram frente a frente com o desafio imposto pela nova realidade: abandonar a postura focada em processos burocráticos, como por exemplo a pagadoria e o controle de freqüência, para alavancar o crescimento da maior riqueza das organizações, as pessoas.

Por outro lado, aqueles que visualizaram as pessoas como diferencial competitivo e realizador fizeram do RH a área integradora das estruturas internas e externas da instituição, tornaram-se exceções e se destacaram entre as instituições.

Eles sabem a chave do sucesso: pensar globalmente e agir localmente.

Se nos últimos anos os avanços tecnológicos, de um lado, provocaram mudanças significativas nos costumes, nas atitudes e nos estilos de vida, de outro lado estimularam aspirações em parcelas ponderáveis da população, que passaram a ter consciência de seus direitos a um estado de bem-estar não conhecido antes e que hoje se traduz com freqüência em maiores exigências.

Assim, a incapacidade das sociedades em satisfazer as crescentes necessidades sociais exige não só novas formas de tratamento como também o enfoque de um novo humanismo, para restituir ao homem a primazia em todos os aspectos do desenvolvimento.

RECURSOS HUMANOS NO CENTRO DAS TRANSFORMAÇÕES

O que temos observado atualmente são crises sucessivas num mercado de trabalho em rápida transformação. Vivemos também em uma era de hiper-competição, a qual exige um novo conjunto de habilidades que, até bem pouco tempo, não se podia sequer imaginar.

O enfoque do papel das pessoas na organização e do valor do conhecimento delas mudou, exigindo nova tecnologia de gestão. O conhecimento sobre o negócio, os clientes, a tecnologia, e assim por diante, está se tornando a última fronteira da excelência.

Torna-se fundamental criarem-se condições e apoiar o desenvolvimento e a comunicação desse conhecimento. É imprescindível perceber a importância de transformar o conhecimento da organização em ativo a serviço dela própria, em vez de permanecer apenas propriedade de indivíduos ou de grupos internos.

O conhecimento não se encontra apenas nos documentos e nos sistemas de informação, mas também nos processos de trabalho, nas práticas de grupos e na experiência acumulada das pessoas. Além disso, as pessoas que obtêm conhecimento através daqueles que já o possuem, do aprendizado interpessoal e compartilhado e de experiências e idéias o têm usado nas organizações há muito tempo. Ele está por trás de um sem número de decisões estratégicas e operacionais.

Nessa nova organização, o homem se transforma em um condutor de informações num concerto de cultura. A cultura organizacional adquire uma importância crucial à medida que interfere nos resultados da organização, e por isso hoje em dia há um interesse muito grande em torno desses valores.

Crescemos acostumados a mudar apenas por reação a forças externas, e não por desejo de se superar ou de ambição intelectual. Em conseqüência, a maioria das pessoas se apega passivamente à rotina.

Nessa perspectiva, os profissionais de recursos humanos passaram a se tornar agentes de aprendizado e consultores de *performance*, na visão de que a capacidade de aprendizado coletivo de uma organização ultrapassa qualquer tecnologia ou serviço específico.

Os gerentes de recursos humanos são os responsáveis pela integração dos indivíduos e pela comunicação de produtos e processos de trabalho.

Eles precisam migrar de uma abordagem tradicional de supervisão para outra: a de líderes e treinadores da força de trabalho. Os gestores de recursos humanos devem ser exemplos de mentalidade aberta para a inovação e para o aprendizado.

O estilo gerencial até então usado, a concepção do papel das pessoas no trabalho e as inadequadas distribuições de informação e de poder na organização estão na raiz da alienação e da perda do conhecimento.

As novas tendências fazem com que os profissionais de RH reflitam sobre o novo paradigma de atuação e tornem o seu papel, de fato, relevante para as empresas em que trabalham.

Nessa linha, os gestores deixam de direcionar seus esforços para as atividades específicas voltadas exclusivamente para tarefas, e passam a se concentrar em promover o autodesenvolvimento e o pensamento crítico, levando-o a sair de trás da mesa e ir para onde o trabalho está sendo realizado.

Um consenso tem sido comum: o de não poder continuar trabalhando com recursos humanos como está, pois vários administradores de alto escalão têm contestado sua atuação, havendo um descompasso entre o negócio da instituição, as estratégias corporativas e os planos de RH.

Os gestores de RH precisam se organizar, pois não se trata simplesmente de alinhar os planos de recursos humanos com a estratégia institucional. Faz-se necessário que esses gestores integrem-se na estratégia corporativa, meta natural na presente fase em que a gestão de pessoas ganha proeminência e está sendo revalorizada. A alta cúpula chegou à conclusão de que para aumentar a competitividade e a qualidade dos serviços oferecidos nada é mais importante dentro da instituição do que o capital humano.

O processo de mudanças nas organizações para torná-las mais competitivas exigirá, pela nova concepção das políticas de gestão, a definição de novos padrões, voltados à obtenção de melhores resultados em termos de inovações, qualidade de serviços e produtividade no trabalho.

Para guardar coerência com os novos padrões tecnológicos e as relações de trabalho, dever-se-á assumir como premissas as necessidades de:

— valorização do capital humano na empresa, ou seja, gerir o trabalho e as pessoas, e não simplesmente recursos ou números;

— atração e manutenção das pessoas com alto potencial e grande qualificação para o trabalho;

— criação de condições favoráveis à motivação individual e à mobilização dos grupos em torno das metas organizacionais;

— possibilidades de crescimento funcional e desenvolvimento profissional no próprio local de trabalho;

— oferta de incentivos, vinculados a resultados atingidos, preferencialmente em tarefas executadas em grupos ou coletivamente;

— adaptação de políticas de recursos humanos, integradas à realidade institucional e aos contextos econômico, social e político nos quais atuam.

A mudança de enfoque do papel das pessoas na organização oferece uma ameaça e uma oportunidade para recursos humanos. A ameaça é que paira em todas as instituições: a da extinção para aqueles que não se adaptarem a esses tempos competitivos. Mas a oportunidade que se abre é a da retomada de valorização do papel do ser humano no trabalho e, com ela, a importância de sua gestão.

O gerenciamento da mudança é muito complexo e requer muita atenção por parte da liderança institucional pois, normalmente quando se propõem mudanças substanciais da reestruturação, ocorrem as seguintes reações nos trabalhadores:

— 10% aceitam de imediato;

— 25% aceitam com um pouco de convencimento;

— 35% aceitam com muito convencimento;

— 30% aceitam somente após a mudança ocorrida e ter sido bem sucedida.

Todo processo de mudanças envolve estrutura e tecnologia adequadas para que se processem com um mínimo de traumas, aproveitando-se dos recursos existentes, envolvendo-se os agentes e simpatizantes da mudança e levando-se em consideração a política organizacional.

O NOVO PERFIL GERENCIAL

Sempre que acontece uma mudança de cenários, tanto na esfera privada como na pública, é necessário repensar as práticas, os processos e as formas de resolver problemas utilizados pelas pessoas. O administrador, seja ele um gerente, um coordenador de equipes, etc., está no centro dessa turbulência, independente do seu ramo de atividade. Por isso, é importante repensar a gestão.

O gestor atualmente precisa estar apto a perceber, refletir, decidir e agir em condições totalmente diferentes de antes. Os processos de trabalho envolvem equipes de diferentes áreas, com linguagens e personalidades diferentes. As decisões envolvem, cada vez mais, um grande número de variáveis. E os prazos de ação estão cada vez mais curtos.

Ao se modificar uma estrutura, modificam-se também as pessoas. O grande desafio dos líderes é conseguir que os funcionários aceitem nova responsabilidade, que compreendam a importância do trabalho em equipe, que se adaptem às mudanças e que sejam mais produtivos.

São múltiplos os papéis a serem desempenhados pelo gestor de RH quando na condição de empresário do capital humano. Torna-se imperioso que o gestor seja o "arquiteto" de novas competências essenciais para que a instituição possa oferecer melhores serviços; que também se torne o propulsor de uma verdadeira fábrica de "novos talentos" desenvolvendo uma nova geração de líderes; e que ainda possa contribuir para a formação de contatos com o ambiente externo ao longo de sua atividade, obtendo assim melhores resultados com o cliente e com a própria comunidade.

Há cerca de dois mil anos, foi escrito um livro chamado *A Arte da guerra*, por um chinês de nome Sun Tzu II, no qual reflete sobre o papel do líder na criação de um clima de respeito e confiança.

Para Sun Tzu II, "os comandantes (dirigentes) devem ser justos; se não forem justos, não terão dignidade. Se faltar a dignidade, irá faltar-lhes o carisma; se faltar carisma, seus soldados (funcionários) não irão enfrentar a morte (dificuldades e obstáculos) por eles. Portanto, a justiça é o cérebro da arte do guerreiro (dirigente)".

Sun Tzu II ensina ainda que "os comandantes devem ser dignos de confiança; se não forem dignos de confiança, suas ordens não serão cumpridas. Se as suas ordens não forem cumpridas, as forças não ficarão unificadas e não atingirão seus objetivos. Portanto a confiabilidade é o pé da arte do guerreiro".

Uma característica básica do nosso líder é a sua capacidade de conduzir, com entusiasmo, toda a equipe. As estratégias devem ser transparentes, sem influências de "forças ocultas". O líder conhece, desenvolve e utiliza as habilidades de cada um; reconhece o bom desempenho e delega tarefas para que as pessoas, percebendo o significado, contribuam para o objetivo comum.

Mesmo líderes consagrados possuem estilos distintos, e situações diferentes exigem estilos diferentes.

Não se aprende muito em livros ou conferências. Aprende-se mesmo com a experiência pessoal direta. A liderança é aprendida pelo exemplo.

Ao se analisar um líder, é importante em primeiro lugar conhecer sua relação com o fracasso. Por parte das organizações há duas versões nesta área:

1– A que atribui ao líder todo o peso do fracasso;
2– A que busca analisar o que gerou o fracasso para se evitar a repetição do acontecimento.

Por sua vez, existem duas características pessoais constantes dos líderes que se envolveram em casos de fracassos:

1– Combinação de falta de perspectiva, arrogância e não saber ouvir;
2– Falta de inteligência emocional e/ou interpessoal.

328

Quando essas duas características se apresentam em um conjunto num gestor, praticamente prenuncia-se seu fim no ambiente de trabalho.

O psicólogo Daniel Goleman, formado por Harvard, criou o quociente emocional (QE), que mede a capacidade de uma pessoa se manter equilibrada para enfrentar conflitos e mudanças. Segundo ele, o QI e os conhecimentos técnicos são importantes mas, a inteligência emocional é condição *sine qua non* para a liderança eficaz.

Com base na experiência adquirida ao analisar 188 empresas de grande porte, de nível internacional, o autor enumera os cinco principais componentes da inteligência emocional no trabalho, assim elencados:

Autoconhecimento ou Autopercepção

Primeiro componente da inteligência emocional, constitui-se de uma profunda percepção das próprias emoções, dos pontos fortes e fracos e das necessidades e impulsos. As pessoas com alto nível de autoconhecimento não se mostram excessivamente críticas e nem tem expectativas irreais. São, em vez disso, francas com elas mesmas e com os outros, capazes de falar de forma precisa e aberta e ampliam, também, a compreensão das pessoas sobre os seus valores e objetivos.

O autoconhecimento também pode ser identificado nas avaliações de desempenho. Os profissionais que se conhecem bem sabem quais suas limitações e seus pontos fortes e não têm dificuldade para falar a respeito, mostrando-se, em geral, sedentos de críticas construtivas.

Já aqueles com baixo grau de autoconhecimento interpretam a mensagem "você precisa melhorar" como ameaça, ou ainda como sinal de fracasso, colocando-se sempre em atitude de defesa.

Autocontrole ou Auto-Regulação

É o componente que nos impede de sermos prisioneiros dos sentimentos. É uma espécie de diálogo interno constante. As pessoas que se dedicam a esse diálogo interno tem momentos de mau humor como todo mundo, mas encontram maneiras de controlá-los e até canalizá-los para algo útil, não se torturando por muito tempo quando se encontram em seu mundo de reflexões.

As pessoas com controle sobre os sentimentos e impulsos são capazes de criar um ambiente de confiança e justiça.

Automotivação

A palavra chave é ALCANÇAR. Tais profissionais buscam desafios criativos, adoram aprender e se orgulham de um trabalho bem feito.

As pessoas motivadas a melhorar sempre também querem ter uma maneira de acompanhar o progresso, tanto o delas quanto o da equipe. Costumam manter as metas sob controle, rastreando não somente mensurações difíceis como também lucrativas e participativas.

Mostram também uma energia inesgotável para fazer as coisas de forma cada vez melhor e costumam se sentir inquietos com a situação vigente.

O otimismo e o compromisso para com a empresa são fundamentais na liderança.

Empatia

De todas as dimensões da inteligência emocional, esta é a mais facilmente reconhecida.

Empatia significa, na verdade, levar seriamente em consideração os sentimentos dos funcionários, junto aos demais fatores, durante o processo de tomada de decisões.

A empatia, como componente da liderança, é particularmente importante, nos dias de hoje, por três razões: utilização do trabalho de equipe em escala crescente; rápido ritmo do processo de globalização; e necessidade, cada vez maior, de reter as pessoas de talento, isto é, as que se sobressaem entre as demais.

Sociabilidade

Tal como a empatia, a sociabilidade ou habilidades sociais, diz respeito à capacidade de uma pessoa administrar seu relacionamento com outras pessoas.

É um comportamento amigável com um único objetivo: o de impulsionar as pessoas na direção desejada, seja para que concordem com uma nova estratégia, seja para que se entusiasmem com relação a uma nova atitude institucional.

A sociabilidade pode ser reconhecida de várias formas. As pessoas sociáveis são, por exemplo, hábeis gerentes. São, da mesma forma, persuasivas – uma manifestação das características de autoconhecimento, autocontrole e empatia combinadas. E a motivação, quando visível, faz desses profissionais excelentes colaboradores; seu entusiasmo pelo trabalho se espalha para outras pessoas.

AS PESSOAS E AS INSTITUIÇÕES

As pessoas que trabalham nas instituições são chamadas de "recursos humanos", um termo cruel conforme o parecer de Bárbara Shipka, autora do livro *Liderança num mundo de desafios*. Para ela, tal termo rebaixa o ser humano ao nível de mercadoria, ou ainda de recurso material ou financeiro. As mercadorias podem se esgotar ou se deteriorar com o tempo, porém as pessoas possuem seu valor como pessoas e habilidades de liderança, seja como representante do menor, ou até mesmo do maior, nível hierárquico dentro das organizações.

O ser humano, desde o pensamento grego, endossado pela tradição cristã, cientificamente reforçado por Descartes e pela tradição ocidental, foi visto como tendo um corpo e uma mente. Assim, corpo e espírito foram vistos separadamente e sem ligação alguma com os eventos históricos e culturais.

Porém, com a evolução das ciências contemporâneas, essas afirmações são colocadas em discussão. Os atuais parâmetros científicos para se estudarem fenômenos da natureza mostram que não se deve estudá-los dividindo-os em partes.

A concepção moderna é estudar a evolução dos fenômenos de acordo com o grau de complexidade e da evolução das estruturas do organismo. Quando se fala de ser humano, estamos falando, ao mesmo tempo, de uma série de acontecimentos simultâneos, em nível de complexidade crescente. Assim, estrutura neurológica, fisiologia das emoções, relações afetivas, pensamento, linguagem, consciência, personalidade, comportamento histórico e cultural são aspectos estruturais de um ser indivisível: o fenômeno humano.

O pensamento a respeito do homem como um ser eminentemente racional sempre esteve muito arraigado nas instituições, levando-as a exacerbar a importância dos processos produtivos, lógicos, matemáticos, "previsíveis", e a minimizar ou ignorar os aspectos afetivos e emocionais. São esses aspectos compartilhados pelos membros de uma instituição que levam as pessoas a desenvolverem crenças, valorizá-los e perpetuá-los.

Se pensarmos na quantidade de horas que as pessoas se mantêm trabalhando das instituições, no desenvolvimento profissional e pessoal proporcionado, no amadurecimento emocional conquistado, no círculo de amizades, poderemos concluir que o sentido de viver da maioria dos funcionários está relacionado ao trabalho.

As instituições e os especialistas se deram conta de que não adianta focar apenas a questão de produção. Torna-se mister, também, cuidar da qualidade das pessoas. Não se pode conceber mais cuidar da qualidade do trabalho que está sendo desenvolvido sem se preocupar com a qualidade de vida de quem trabalha.

Os programas de qualidade de vida no trabalho são exigências dos tempos. A tecnologia é importante, mas são as pessoas que levarão as organizações para frente.

Existe um ciclo contínuo de mudanças e aprendizagens, e novas habilidades precisarão ser desenvolvidas.

Fazer com que as pessoas assumam o compromisso de mudar constantemente não é tarefa fácil. Para isso é preciso que estejam engajadas no processo de determinar como suas condições de trabalho e a natureza de suas tarefas podem ser aprimoradas.

Thomas F. Gilbert, considerado o pai da "tecnologia do desempenho", foi o autor do clássico texto sobre análise de desempenho e expressou "gerenciar pessoas certamente tem a ver com descobrir mecanismos para torná-las competentes e explorar ao máximo seu potencial de desempenho".

Para aperfeiçoar esse potencial são necessários três elementos: conhecimento, capacidade e motivos, que são valores, crenças, preferências, do que as pessoas gostam e do que não gostam

Quando se cria uma cultura na qual as pessoas estão aprendendo, crescendo e se desenvolvendo, as mudanças tornam-se legítimas.

Outros aspectos fundamentalmente importantes são os objetivos e as metas organizacionais, e o grupo de trabalho que auxiliará a desenvolver as atividades com eficiência e eficácia.

O investimento no potencial humano precisa ser maior do que as questões tecnológicas, e assim despertar nas pessoas interesse e satisfação no trabalho.

A idéia é criar organizações mais humanizadas, que tenham o ser humano como seu principal diferencial.

TENDÊNCIAS DOS RECURSOS HUMANOS

Estamos vivendo hoje com as facilidades que as comunicações nos trazem e que, até bem pouco tempo, nem sonhávamos. Num futuro próximo, graças aos grandes investimentos em redes de tele-comunicações, distância e tempo serão abolidos.

O primeiro passo das instituições, tanto as privadas como as públicas, foi investir em processos para garantir os resultados.

Mas, na conta do capital humano, os valores realmente produti-vos – as pessoas – ficaram em segundo plano. Ainda hoje, grande parte das instituições investe em equipamentos e, como já dito, dá pouca importância à gestão dos seres humanos.

Para poder mudar a mentalidade desses gestores arcaicos e ten-tar obter resultados positivos no processo de mudança de paradig-mas da administração pública, tornando-a mais flexível e adaptan-do-a a mudanças futuras, é preciso, além de desenvolver um corpo de funcionários competentes e capazes, também responsabilizá-los por seus atos.

Os gestores de pessoas devem tornar-se agentes de contínua transformação, não só nos processos, mas também numa cultura que aumente a capacidade da organização em aceitar mudanças.

É necessário dominar as metas, os pontos fortes e fracos da organização, para motivar na equipe o compromisso com a mu-dança. É preciso estimular todos a assumirem suas responsabili-dades e fazer com que seus colaboradores primeiramente cres-çam, e isso só é possível a partir de um programa de evolução permanente.

Outro passo importante é identificar falhas operacionais e im-plantar sistemas de informação descentralizados, orientados a pro-cessos, rede de comunicação ampla, por Intranet e Internet, ambas conectadas, para eliminar a distância e o tempo entre os contatos das pessoas.

Após os problemas de infra-estrutura terem sido solucionados, torna-se necessário "enxergar" a instituição como o resultado de encontros multidisciplinares, marcados pelo trabalho realizado por equipes, focados no cliente e em processos organizacionais altamente envolvidos na gestão de mudanças.

É através da mudança de mentalidade, alinhada à educação e *performance*, em vez de treinamento convencional, que se conseguirá implantar novas formas de gerenciamento.

As necessidades do ser humano são diversificadas, assim como também o é o potencial de geração de resultados, e dificilmente poderemos satisfazê-las ou atingi-los de forma linear se as técnicas e/ou programas implementados para o seu desenvolvimento não detectarem e contemplarem essas diferenças.

Cabe ao gestor de pessoas desenvolver e elaborar suas atividades, de modo planejado, compartilhado e integrado, demonstrando de forma transparente, segura e determinada (porém flexível) o que se pretende alcançar com o seu trabalho, que deverá, ainda, ser voltado para resultados e fonte de estímulos à inovação e criatividade.

Apesar dos descompassos e descompromissos observados no decorrer do texto, é inadmissível abrir espaços para que o desânimo, estimulado pelas adversidades do momento, instale-se nas pessoas que trabalham.

As aspirações mais fortes devem ser as de renovar e progredir.

REFERÊNCIAS BIBLIOGRÁFICAS

CHANLOT, Jean François. *O Indivíduo nas organizações. Dimensões esquecidas*. São Paulo: Atlas, 1995.

CONTE, Dante, FENAYA, Norman. *Estratégias em ação. Reflexões para educação pessoal e profissional*. São Paulo: Quality Mark, 1999

GOLEMAN, Daniel. *What makes a leader?* Harvard Business Review, 1998.

MACEDO, Gutemberg. Como sobreviver num mercado sem emprego. *Você S/A*, São Paulo, ago. 1998.

MOLTA, Paulo Roberto. *Gestão contemporânea*. São Paulo: Re-
cords, 1991.

MORGAN, Gareth. *Imagens da organização*. São Paulo: Atlas, 1995.

SILVEIRA, Luiz Ricardo. *Clima organizacional*. São Paulo: Quality
Mark, 1991.

SLATER, Robert. *Liderança de alto impacto*. São Paulo: Campus, 1996.

TERRI, Egan, TSUI, Anne. et al. Being different: relational demography
and organizational attachement. *Administrative Science Quartely*,
v. 37, n. 4, p. 530-570, 1992

WHITAKER, Alan. The transformation in work: post-fordism
reviewed. In. HUGHES, Michael, REED, Michel. *Rethinking
organization*. London: Sage, 1992.

O Conhecimento e a Pesquisa na Saúde: Suas Implicações no Cenário Atual

Tamara Iwanow Cianciarullo

Existem múltiplas maneiras de se visualizar o conhecimento no âmbito da saúde. Um dos modos de categorizar o conhecimento na área da Enfermagem, utilizado há muitos anos pelas enfermeiras, foi desenvolvido por Carper em 1978. Segundo esta autora, o conhecimento pode ser organizado em função de quatro padrões fundamentais: o empírico, o estético, o pessoal e o ético. Esta abordagem utilizada pelas enfermeiras vem desde os anos setenta, direcionando as formas de organização dos conhecimentos produzidos na Enfermagem.

Pretendemos utilizar os mesmos conceitos e estruturas para situarmos a produção de conhecimento na área da saúde.

O conhecimento empírico representa o conhecimento tradicional, objetivo, lógico, identificado por nós como sendo da linha positivista. Tradicionalmente os estudos realizados nesta linha de pensamento são quantitativos, resultados de medições, análises e replicações validadas, sistematizadas, por meio de leis e teorias, objetivando descrever, explicar e predizer fenômenos específicos relacionados à saúde.

O conhecimento empírico caracteriza a ciência da saúde, pressupondo explicações e descrições sobre os fenômenos observados no cotidiano e as maneiras de controlar esta realidade.

Durante muitos anos os profissionais da área da saúde alinharam-se e deram suporte a este paradigma positivista, acreditando que os resultados quantitativos em sua objetividade controlada possibilitavam a generalização dos estudos, essenciais ao processo de geração do conhecimento e sua divulgação, garantindo a sua credibilidade e respondendo a todas as necessidades de assistência à saúde dos pacientes, das famílias, dos grupos específicos e das comunidades.

Um outro padrão de conhecimento, o estético, possibilita a visualização da arte no cenário da saúde. A compreensão e a interpretação das experiências vivenciadas subjetivamente pelos profissionais em suas relações com o cotidiano profissional e com o mundo e a compreensão do modo de viver dos seus clientes produz um conhecimento muito particular destas relações, possibilitando uma aproximação distinta e única do fenômeno no espaço das relações assistenciais dos profissionais envolvidos neste processo.

O padrão estético fundamenta-se na experiência vivenciada, na intuição e na compreensão da singularidade de cada relação interpessoal que acontece durante o processo de trabalho desenvolvido por um profissional. Pode ser compreendida por meio de estudos que fazem uso de metodologias qualitativas de pesquisa, que buscam identificar as diferenças e as semelhanças na interpretação e compreensão dos fenômenos que qualificam os modos de viver e vivenciar os processos de saúde e doença dos clientes (pessoas, grupos, famílias e comunidades) sob a sua própria ótica.

O padrão de conhecimento pessoal caracteriza-se pelo conhecimento que o profissional desenvolve a partir de seu " eu", e expressa-se por suas habilidades e pela manutenção, utilização e atualização dos seus conhecimentos. Inclui o *self* e a construção de um espaço próprio, elaborado a partir de suas crenças e valores, comprometido com a construção do seu espaço profissional, onde se processam as relações interpessoais, fundamentadas no compromisso de buscar compreender o outro. Presenciando, iluminando e sensibilizando os processos de interação humana, o profissional caracteriza a humanização dos processos de trabalho profissionais. Esta dimensão do conhecimento na área da saúde remete também para o paradigma qualitativo da pesquisa, visto que obriga o pesquisador a fazer uso de pressupostos filosóficos compatíveis com as múltiplas visões do ser humano.

O padrão de conhecimento ético reflete nossas obrigações e nossos crenças pessoais sobre o que deveria ou não ser feito em determinadas situações. Esta dimensão abstrata fundamenta-se nos princípios e códigos de ética e de conduta. Exige uma compreensão das diferenças existentes entre as pessoas em termos de suas posições filosóficas.

Outra dimensão do conhecimento a ser discutida é a dimensão política, na qual se localizam as formas complexas de interação com o ambiente social, que permitem ao profissional situar-se com seus propósitos profissionais específicos e universais no contexto das relações profissionais, delineando o significado social dos processos assistenciais pelos quais é responsável.

Este ir e vir entre os mundos objetivo (biológico) e subjetivo (vivencial) é recente no âmbito da saúde, e caracteriza um grande avanço, na minha opinião, na direção da definição dos processos assistenciais curativos e cuidativos, compreendidos no espaço das relações interpessoais humanas (enfermeiro/cliente, família e comunidade), validados de forma objetiva (métodos quantitativos) e subjetiva (métodos qualitativos) nos sistemas de manutenção e/ou melhoria da qualidade de vida nos processos de viver e ser saudável, e também de morrer.

Nos últimos dez anos um novo paradigma emerge no cenário deste novo século, definido como qualidade de vida, que parece representar uma nova forma de ver o ser humano no contexto do SEU processo de viver e, principalmente, de interpretar a sua VIDA. Este novo fato, constitui um novo desafio para os profissionais da saúde, visto que os diferentes conceitos de qualidade de vida refletem em sua estrutura as formas de compreender os processos de viver e ser saudável.

Por outro lado, o desenvolvimento do conhecimento exige um preparo específico do profissional, que ainda se encontra atrelado essencialmente às universidades consideradas de ponta, apesar de já existirem instituições de saúde onde se desenvolvem programas de pós-graduação de excelente nível.

A PESQUISA NA ÁREA DA SAÚDE

A pesquisa na área da saúde enfatiza a otimização da saúde, prevenção de doenças e deficiências, enfocando a longevidade e a qualidade de vida como um novo paradigma.

Inovações e mudanças no sistema de saúde no sentido de buscar o custo-efetividade são essenciais para a sociedade em geral. Estas necessidades derivam da expansão da população de idosos, do aumento da pobreza afetando particularmente as crianças, da diminuição dos cuidados familiares e das estruturas de suporte familiar, da maciça reestruturação dos empregos disponíveis, que requerem maior uso da tecnologia e menor atividade física, e um aumento importante dos processos de imigração de diferentes culturas.

Iniciativas como a realizada recentemente em Brasília, Conferência Nacional de Ciência, Tecnologia e Inovação, onde pesquisadores, empresários, políticos e representantes de organizações não-governamentais (ONGs) discutiram os rumos da ciência e tecnologia no Brasil caracterizam a importância do desenvolvimento do conhecimento para um país. Logo após a realização do evento foi proposta pelo presidente da República a criação de novos fundos setoriais, entre os quais o da Saúde.

Se temos que conviver na atualidade com a escassez de recursos humanos, físicos, financeiros e tecnológicos, tanto nos sistemas de provisão de serviços de saúde quanto nos processos de desenvolvimento do conhecimento e tecnologia, cabe buscar formas de otimização das parcelas de recursos disponíveis, capazes de "fazer a diferença" no cenário da saúde como um todo, e este todo refere-se em grande parte aos processos inovadores desenvolvidos sob a orientação de pequenos e produtivos grupos de profissionais, entre os quais distinguem-se os que participam do processo de reorganização da Secretaria Municipal de Saúde de Chapecó, em Santa Catarina. Saber priorizar e estabelecer metas e implementar estratégias irrefutáveis no cenário das políticas públicas relacionadas aos processos assistenciais influenciam o direcionamento da pesquisa e conseqüentemente do desenvolvimento, respondendo aos problemas vigentes e emergentes da sociedade como um todo. Esta parece ser a única opção que temos no cenário nacional.

Estabelecer linhas de pesquisa é sem dúvida importante, mas priorizá-las e determinar as suas diretrizes junto à sociedade civil certamente dará aos profissionais da área da saúde força e suporte para uma nova inserção no cenário institucionalizado do fomento às pesquisas.

Assumir a dianteira na determinação das respostas que a sociedade quer ter em relação aos processos de melhoria da qualidade dos serviços e dos processos de trabalho dos diferentes profissionais da área da saúde certamente contribuirá para demonstrar nossas competências tanto na determinação do *locus* das nossas pesquisas quanto dos procedimentos utilizados.

Por outro lado, percebe-se um novo cenário, neste início de milênio, qual seja o paradigma emergente, identificado em nível global e com uma presença marcante de grupos estudando, pesquisando e reconstruindo conceitos de qualidade de vida.

Médicos, enfermeiros, tecnólogos, assistentes sociais, sociólogos, antropólogos e outros profissionais dedicam-se a descobrir o significado da qualidade de vida para os seus clientes, visto que perceberam que em algumas situações não basta prolongar a vida, há que se compreender o seu significado para os clientes, suas famílias e comunidade para poder estabelecer estratégias de alcance de metas comuns ao profissional e ao cliente, fundamentadas em crenças e valores mais próximos possível da realidade do último.

DIRETRIZES PARA A AÇÃO

Compreender a realidade do cotidiano e a visão dos usuários dos serviços de saúde parece ser uma das mais importantes, senão a única, possibilidade de aproximação dos problemas relativos ao distanciamento entre as necessidades percebidas pelos usuários e aquelas atendidas pelos profissionais das instituições formais.

Esta compreensão deve obrigatoriamente incluir uma visualização técnica das condições de urbanização, da evolução demográfica, das condições econômicas, dos recursos disponíveis e das condições de saúde da população, entre outros aspectos importantes, além de exigir uma proximidade importante da ponta, representada pelo usuário com suas relações formais e informais estabelecidas nos cenários públicos.

Conhecer o seu município ou o seu distrito significa ter e manter um acervo atualizado de indicadores, conteúdos e fatos que o distingam de todos os outros semelhantes, e que o caracterizem como único num cenário específico.

REFERÊNCIA BIBLIOGRÁFICA

CARPER, B. A. Fundamental patterns of knowing in nursing. *Adv. Nurs. Sci.*, 1 (1), 1978, p. 13-23.

impresso na
**press grafic
editora e gráfica ltda.**
Rua Barra do Tibagi, 444
Bom Retiro – CEP 01128-000
Tels.: (011) 221-8317 – (011) 221-0140
Fax: (011) 223-9767